U0124583

教育部人文社会科学研究规划基金资助项目"内向型汉英学习词典多维释义模式的构建：基于心理动词的词典学研究"（11YJA740033）

内向型汉英学习词典多维释义模式的构建：基于心理动词的词典学研究

胡文飞　著

科学出版社

北 京

内 容 简 介

本书以"意义驱动的多维释义模式"为纲，系统地构建了汉英学习词典的多维表征模式。通过抽样调查，本书揭示了当前汉英词典释义存在的问题和不足，并立足于中介语语料库系统归纳了中国学习者对二语词汇的习得机制及其词典学意义。在理论回顾、抽样调查和用户需求分析基础上，本书构建了汉英学习词典的多维释义模式，并通过控制试验进行了验证分析，从而有效弥补了传统汉英学习词典释义的诸多不足，对未来汉英学习词典的编纂也极具指导意义。

本书适合高校和科研院所外国语言学及应用语言学专业（尤其是词典学方向）的教师、学生和相关研究人员阅读。

图书在版编目（CIP）数据

内向型汉英学习词典多维释义模式的构建：基于心理动词的词典学研究 / 胡文飞著. —北京：科学出版社，2013.8
ISBN 978–7–03–038414–0

Ⅰ. ①内… Ⅱ. ①胡… Ⅲ. ①英语–词典–研究 Ⅳ. ①H316

中国版本图书馆 CIP 数据核字（2013）第 194279 号

责任编辑：刘彦慧　王昌凤 / 责任校对：张富志
责任印制：钱玉芬 / 封面设计：无极书装

联系电话：010-6401 9074　电子邮箱：liuyanhui@mail.sciencep.com

科学出版社出版
北京东黄城根北街 16 号
邮政编码：100717
http://www.sciencep.com

双青印刷厂印刷
科学出版社发行　各地新华书店经销

*

2013 年 11 月第 一 版　开本：A5（890×1240）
2013 年 11 月第一次印刷　印张：9 1/4
字数：300 000

定价：58.00 元
（如有印装质量问题，我社负责调换）

序

近年来不时有人来函和登门索序,我一般都婉言谢绝了,一是因为工作实在很忙,二是觉得自己还不具备给人写序的资历。文飞教授找我,思考再三我还是答应了,一是因为对他的研究比较熟悉,二是他对学术的执著和在词典学方面超强的领悟力打动了我。认识文飞是在2007年,那时他刚硕士毕业,怀着对语言学,尤其是词典学浓厚的兴趣和极大的热忱来广东外语外贸大学考博,并以优异的成绩考取我校的教育部人文社会科学重点研究基地——外国语言学及应用语言学研究中心,成了我的博士生。他入校后,我很快发现他理论基础扎实,且思辨能力强,对语言学、词典学的理论和学理有很强的领悟力,进步也很快,并且如期完成了学业和学位论文。他毕业后回到读硕士研究生的母校四川外国语大学工作,很快就因杰出的科研能力和丰富的科研成果而被破格晋升为教授。

在我的印象中,文飞是个踏实、勤奋、上进的学生,他讷于言而敏于行,做事从不拖沓。他语言学理论基础扎实,学术视野较广,具有较强的科研潜质和创新能力。他们这样一代词典学科班出身的年轻学者对我国词典学的学科研究和发展将会作出重要的贡献。

词典学是一门交叉学科,其建设和发展需要从语言学、认知科学、心理学、翻译学、二语学习和教学等相关学科汲取营养。唯有如此,词典学研究才能不断推陈出新,并结出丰硕的成果。该书无论是在理论研究方面还是在实证分析方面都体现了这种跨学科特征。一方面,作者充分吸收了语言学的前沿理论,如自然词汇语义结构的多维性和系统性、语义框架的映射和整合、交际模式的转换、心理表征的可及性等;另一方面，认知科学和心理学中的一些重要理论也被有机地融入到本研究中，如原型理论、完形理论、心理词库、启动效应和认知饱和度等，把这些理论、方法和原理与词典学研究结合起来就是该成果的创新基础。当然，词典学的研究离不开用户视角的思考，对二语学习者的语言认知特点的探讨和二语习得的相关成果的应用也是该研究的重要内容，对高原现象、词汇习得能力、用户自主、回避策略等的探讨充分体现了该书立足于学习型词典，服务于用户外语学习的根本出发点。

该书在研究方法上突破了传统的单一研究范式，确立了词典本体、编者和用户相结合的整合式研究体系。传统的词典研究以编者为中心，常立足于编者视角来分析词典的词目、义项、标注、例证等宏观与微观表征结构的合理性和科学性。在该书中，作者拓展了传统词典学的研究视野。一方面，通过对词典释义现状的调查、中国学习者二语词汇习得机制的探索，以及用户对汉英词典查阅现状的分析，作者从词典本体和用户的角度为新型释义模式的构建提供了现实依据。另一方面，作者还立足于编者视角积极探寻如何系统构建内向型汉英学习词典的多维释义模式，以此更好地满足词典用户的查阅需求。这种立足于词典本体、用户和编者三位一体的研究，有利于词典编者更全面、系统地把握源语词目的意义表征。

该书在研究手法上也表现出了多样化。当前汉英词典的释义大多停留于传统的主观内省式研究方法，重视主观思辨，而对语料调查、诱导实验等其他方法使用较少。本书采用了多种研究手段，包括抽样分析、语料库分析、问卷调查、控制实验等。多样化的研究手段确保了研究视角的多维性，这利于编者全方位、多层面地了解用户，更科学、系统地分析当前汉英词典的编纂现状。此外，多元的研究手段也增强了研究结果的科学性和可靠性。词典是服务于用户的，而科学的用户研究离不开实验支持，毕竟，对用户的认知结构、心智分析都需要先进设备和科学的手段来再现人脑认知结构、加工过程和信息处理模式，这都是传统研究手段所不可及的。

该书对中国的词典学研究极具理论和现实意义。一方面，该书不仅系统归纳了传统汉英词典表征结构模式，并开拓性地构建了新型汉英学习词典的意义表征模式，这极大地完善了汉外词典的意义表征体系，对丰富和完善汉外学习词典的理论方法具有重要的意义。此外，它立足于认知语言学和二语习得的相关理论对内向型汉英学习词典释义模式的探索也是一种研究视角的创新，这种从用户认知视角研究词典需求的方法，对目前汉英词典的设计和编纂也有很好的借鉴作用。

当然，任何理论著作都不是十全十美的，该书也不例外。该书的不足，主要在于调查样本还不够大。在语料分析、查阅需求分析和诱导实验中，该书的用户(调查对象)都仅限于中国高校大学生，汉英词典其他用户(如中学生、自学者、翻译工作者等)并未被纳入调查之列。此外，部分行文或语言显得有些生硬，这也是外语专业学生的通病。当然，语言的提炼和深化非一朝一夕所能完成的，这是个积累的过程，相信作者在未来的作品中会不断进步、不断提高的。

瑕不掩瑜，纵观全书，从理论阐释、数据分析到结果讨论，该书都展现出了作者的创新思维和学术功底，其理论贡献、创新研究及对未来汉英学习词典编纂的实践意义，已经远远超过了这点不足。我有幸在该书出版前通读全书，谨诚恳地向读者推荐这部佳作。

是为序。

章宜华

2013 年初秋于白云山麓

前　言

　　释义是词典编纂的灵魂，但汉英词典的释义研究一直比较薄弱，是词典学界亟待解决的难题之一。词典研究的用户转向、汉英词典释义的研究现状，以及内向型汉英词典的编纂使用状况，构成本研究的现实依据。

1. 用户研究成为词典编纂者关注的焦点

　　德国的接受反应论使西方文艺批评的研究取向从"作者中心论"和"文本中心论"转而进入了"以读者为中心"的新的研究范式。词典学在由传统词典学向当代词典学演绎过程中也蕴涵着类似的研究范式的转变。从 Quirk（1978：vii）倡导的"对使用者的需要要有敏锐的预见"，到赵元任（王宗炎，1985：259）提出的"编词典首先要研究词典使用者的'背景'"，用户的重要性已经逐渐被人们所认可。科学的词典编纂观使国内外词典学家（Hartmann，1983；2003；Wiegand，1984；Tono，1989；章宜华和雍和明，2007）对传统编纂模式不断反思、诘问，并尝试通过用户研究来对原有的模式进行优化和重构。

　　传统模式以词典编者为中心，词典的规划、设计、语料的收集及词义的表征都代表着编者的意志。在传统的词典编纂范式下，编纂者往往专注于书证的收集和整理，按收集的书证来自主确立词目、划分义项并进行释义。新兴的词典交际观突出了词典用户在词典交际中的主要作用，把用户纳入整个词典编纂或交际框架中来考虑（章宜华和雍和明，2007）。这就意味着编者必须充分尊重用户的查阅需求、查阅习惯，以及查阅过程中的认知心理。词典编纂正变得越来越为用户着想，越来越以用户为中心。这一转变无疑标志着词典理论研究在内容和方法上的突破和革新

（雍和明，2003a；2003b）。认知词典学以独特的研究视角为词典编纂提供了一种全新的研究范式。它以外语学习者为中心，以词汇中所蕴涵的语言能力、认知心理、词汇表征为研究对象。认知词典学从语言认知和用户视角对词典编纂和使用进行研究，实现了由以编者为中心的传统词典编纂思维向以用户为中心的现代词典编纂思维的转变（章宜华和雍和明，2007）。在研究本体上，认知词典学聚焦于以下几方面：用户查阅词典的需求；词典用户的词汇心理表征模式；用户词汇能力的发展；用户查阅词典所使用的学习策略；词典语义网络的构建等。

由此可见，无论是词典交际观还是认知观，用户需要都居于重要的地位，表现出学习者倾向。在词典研究和设计中，研究用户需要的根本目的在于了解使用者的深层次需要，顺应其认知特征和习得规律，以此来最大限度地发挥词典在学习过程中的作用。

2. 汉英词典释义的研究现状不容乐观

汉英词典是中国英语学习者不可或缺的工具，它对用户英语生成能力的提高意义重大。对汉英词典释义的研究尽管数量众多，但研究现状仍不容乐观，表现出一定的局限性，并有大量问题急需解决。

1) 词典学界对汉英词典释义的研究内容单一。在结构层次上，它集中于词义的等值性研究，对汉英词典释义的结构成分、表征能力，以及信息承载能力等涉及不多。在内容形式上，词典学界对汉英词典释义的研究多停留于对部分释义组构成分的分析，如对应词的准确性、例证的合理性及标注的科学性等，缺乏对整个释义系统宏观、全面的思考和分析。此外，在评价体系的构建过程中，它以理论评价为主，建设性意见不足。当前，学界对汉英词典释义的评价多限于查错、评论，旨在发现问题，但缺乏具体的建设性意见。

2) 当前学界对汉英词典释义的研究在方法论上也比较单一。一方面，它的研究范式单一，多集中于传统的词典学研究范式。汉英词典释义涉及语义学、心理学和信息科学，因此需要整合相关学科的优势，形成多元的混合式研究体系。另一方面，它的研究方法单一。当前汉英词典的释义多停留在传统的主观内省式研究方法，重视主观思辨，而对语料库调查、诱导实验等其他方法使用较少。

3) 当前汉英词典的释义研究还存在较多问题急需解决。首先，对汉英词典释义的本质认识不足。将汉英词典释义的本质局限于提供"对等词"，而对其释义组构成分的多维性、系统性及相互关联性认识不足。其次，缺乏系统、全面的释义现状调查。对汉英词典释义现状的调查分析多停留在单一、离散的个案调查，缺乏深入、系统的全面分析，因此难以真实反映释义现状。再次，对用户的需求调查不够全面。在汉英词典释义的相关研究中，对用户需求的分析多以编者的主观预设为主，而很少对用户的认知特征及需求进行全面、系统的调查。最后，未能构建科学的释义表征模式。对汉英词典释义的研究虽然论著丰硕，但对释义模式的研究仍比较零散、系统性不强，未能形成科学的、应用性较强的释义表征模式。

3. 内向型汉英词典的编纂和使用状况亟待改善

汉英词典主要用于帮助使用者了解并使用汉语在英语中对应的表达方式，通过源语与目的语之间的映射实现对被释义词的诠释。然而，目前汉英词典的编纂和使用现状亟待改善，主要体现在：

1) 汉英词典的编纂现状比较混乱。尽管现有的汉英词典多达 200 多部，在编纂的方法上也有诸多改进，但目前的汉英词典编纂仍然比较混乱。尤其在词目收录和提供语法信息方面，编纂者对用户的需求感到困惑，没有形成固定的、成熟的编纂机制。这类问题集中凸显为以下几对矛盾：内向与外向；理解与生成；继承与创新；自主与依存。这些矛盾使当前的汉英词典编纂显得主观随意。

2) 汉英词典的使用频率较低。对于广大英语学习者和工作者而言，汉英词典有解惑释疑之功能，成为其学习不可或缺的工具。然而，相关研究(雍和明，2003a；阚怀未和王颖，2003)表明，汉英词典的使用频率仍然较低。汉英词典的使用频率低，根本原因在于它不实用，简单地提供对应词不足以解决用户在现实中的使用问题（用户查阅到英语对应词仍无法正确使用）。由此可见，我们的汉英词典还没有发挥它应有的功能，其用途和效能还未被用户认可，因此亟待完善和提高。

本书在内容上共分 8 章。第 1 章扼要分析了传统汉英词典释义的相关研究及存在的问题。第 2 章对主流汉英词典的释义现状进行全面分析，主要包括汉英词典整体释义结构体系调查和心理动词的释义现状分析。第 3 章是基于词典用户视角的二语词汇习得机制分析。本章通过心理动词的等距抽样，并利用语料库对其使用现状进行分析、对比，归纳中国学习者二语词汇的习得规律并分析其词典学意义，以此为词典编纂提供依据和指南。第 4 章是基于词典用户视角的汉英词典查阅现状分析。本章通过问卷调查的手段来再现用户查阅汉英词典的认知心理过程。第 5 章是汉英学习词典多维释义的认知阐释。本章立足于双语词典多维释义的理论框架，阐释汉英学习词典进行多维释义的必要性、可能性，并详细描述其释义特征。第 6 章是汉英学习词典多维释义模式的构建。在实验调查和理论分析的基础上，本章系统构建了汉英学习词典的多维释义模式（包括释义原则和释义结构）。第 7 章为诱导实验，主要研究汉英学习词典多维释义模式对中国 EFL 学生英语生成能力的影响，以便对多维释义模式的表征效果提供实验支持。第 8 章总结、归纳全书，并提出今后的研究方向。

在本书撰写过程中，广东外语外贸大学的章宜华教授从选题、结构安排，到材料组织、文字加工，都给予了悉心指导，并在本书即将出版之际拨冗写序。先生甘为人梯、奖掖后学的高尚师德将激励我在学术道路上不断进取。感涓涓师恩，情深意切；忆谆谆教导，铭肌镂骨。此外，黄建华教授、源可乐教授、王仁强教授、何家宁教授和徐海教授等专家的关爱、鼓励和直面诘问都是我宝贵的财富，也是本研究得以进行的重要基础。感谢科学出版社的刘彦慧女士和我的研究生汪奇文、余仕湖、郑娟和郑逸，他们在本书付印出版前对部分文字提出了修改意见。最后，我要感谢我的家人。感谢我的父母，他们不仅给予了我生命，还赋予我坚韧不拔的精神。感谢我的岳父、岳母，他们无私的付出与关怀每每催人奋进。感谢我的妻子肖燕宇和儿子胡宸豪，妻子的宽容、支持和鼓励是我人生旅途中最温馨的收获，而对儿子的思念则总是漫漫长夜中的第一抹曙色，照我前行。

本书是教育部人文社会科学研究规划基金资助项目"内向型汉英学习词典多维释义模式的构建：基于心理动词的词典学研究"（编号 11YJA740033）的研究成果，并在出版过程中得到四川外国语大学后期资助（编号 sisu201124），在此一并致谢。

胡文飞

2013 年 8 月

目 录

词典略语表

《汉英78》=《汉英词典》(吴景荣，1978)

《现代汉英》=《现代汉英词典》(外语教学与研究出版社词典编辑室，
     1988)

《新时代》=《新时代汉英大词典》(吴景荣和程镇球，2000)

《汉英辞典》=《汉英辞典》新世纪版(吴光华，2001)

《实用翻译》=《实用汉英翻译词典》(吴文智和钱厚生，2001)

《新汉英》=《新汉英辞典》(吴光华，2003)

《新世纪》=《新世纪汉英大词典》(惠宇，2003)

《外文汉英》=《汉英大词典》(王瑞晴和王宇欣，2006)

《现汉》(1978)=《现代汉语词典》(中国社会科学院语言研究所词典编
     辑室，1978)

《现汉》(1983)=《现代汉语词典》(中国社会科学院语言研究所词典编
     辑室，1983)

《现汉》(1996)=《现代汉语词典》(中国社会科学院语言研究所词典编
     辑室，1996)

《现汉》(2002)=《现代汉语词典》(中国社会科学院语言研究所词典编
     辑室，2002)

《现汉》(2005)=《现代汉语词典》(中国社会科学院语言研究所词典编
     辑室，2005)

《牛津高阶双解》(1997)=《牛津高阶英汉双解词典》(第4版)(霍恩比，
     1997)

《朗文当代英语》=《朗文当代英语词典》(英国朗文出版公司，1993)

表 目 录

图 目 录

第 1 章

传统汉英词典心理动词的释义研究

1.1 汉英词典释义的本质研究、历时分析与模式探索

释义是词典实现交际目的不可或缺的重要手段，然而，当回顾汉英词典释义的相关文献时，我们发现它们大都散存于各类词典著作中，缺乏专门系统的研究。出现这种情况，魏向清（2005b：5）认为，原因在于人们误认为"双语词典的释义工作是以单语词典释义为基础，所以双语词典的释义问题也自然可以从单语词典的释义研究中得到理想的答案"。为了更直观、全面地了解汉英词典释义，我们将从本质研究、历时分析、理论探索等方面进行分析阐释。

1.1.1 汉英词典释义的本质研究

从哲学层面上讲，对任何事物或现象的本质探索都应该立足于认识论、存在论和发生论本质，这种立体的多元研究取向有助于我们对研究本体进行全面、系统的分析。在传统的双语词典研究中，人们对释义的研究多立足于分析，重解释说明而轻系统综合。这种基于词义分析的微观研究忽视了词汇语义认知的整体特征和系统特征，缺乏宏观研究的优势（魏向清，2005b：17）。"本体论对存在的把握并非首先在经验领域里进行的，而应在逻辑思辨层次上进行。也就是说，它的研究道路是自上而下，即由思辨到经验。"（张柏然和许钧，1997：57）

因此，它强调从理性思辨出发，对传统的感性经验进行反思与总结。对汉英词典而言，这种多元的本质研究具体包括：汉英词典释义的认识论本质研究，即汉英词典释义是什么；汉英词典释义的存在论本质研究，即它以何种形式存在；汉英词典释义的发生论本质研究，即它以何种形式表征。

1. 汉英词典释义的整合重构性

双语词典编纂的基本目的是在一种语言的词汇单位与另一种语言的词汇单位之间找出意义相等的对应词（拉迪斯拉夫·兹古斯塔，1983：404），这种基本目的决定了汉英词典的释义在本质上具有对译特征，强调两套符号的对应。事实上，相关研究（拉迪斯拉夫·兹古斯塔，1983；Snell-Hornby，1986a；Svensén，1993；黄建华，1987；2000；章宜华，2002；2006a；魏向清，2005b；章宜华和雍和明，2007）已经对这种"对译特征"进行了系统阐释。汉英词典，作为一种双语词典，在本质上也具有这种对译特征，但汉英词典的积极性本质和中国用户的客观需求使它更多地表现出整合性和重构性，具体包括信息的原型整合和图式重构。

一方面，汉英词典作为人类文化交际的产物，是顺应人们语言学习和交流的需要而产生的。所以，汉英词典的释义应立足于规定性原则，将单语蓝本及其他大型语料库所提供的语言信息进行相应的原型整合，为用户提供具有原型特征的各类语言信息，以此来增强用户对语言变体特征的类比和判别能力。另一方面，由于汉英语言的不同构性，以及用户心理词库表征结构的非对称性，在汉英语言层面寻求绝对的对等变得很难（董燕萍和桂诗春，2002）。为了弥补这种语言转换的不足，汉英词典的释义将提升为对图式的转换和重构，即原有的汉语知识经过图式合成、意义表征、图式分离等过程完成对交际模式的转换，然后以英语为表述手段对汉语图式进行重构和再现。

2. 汉英词典释义存在的系统性

系统论的兴起，使"整体大于部分之和"这一古老的名言获得了新的科学阐释。系统论的新范式代表了"在科学的整体哲学与人类看待世界的方式方面的一次重大转变"（李曙华，2002：33）。汉英词典释义在本质上以系统的方式存在，它是由相互联系、相互作用的诸多子系统构成的集合或统一体，具体表现在：

1）汉英词典的释义系统强调系统内部元素（子系统）的相互联系、相互作用及系统的整体性，它是由各元素组合而成的统一的整体。汉英词典的释义对象是源语系统中的词汇子系统，而不是对每一个词汇单位孤立的语义描述。词汇的整体性决定了汉英词典释义在本质上也具有整体特征，它强调对语词整体意义的转换，以此构建一种包含诸多语义复合体的交际模式。

2）汉英词典释义系统是开放的，单语词典释义的动态开放性和网络特征构成了双语词典释义的认知基础。一方面，释义的动态开放性是基于汉语语词多义性的客观要求。汉语词汇的语义稳定性是相对的，而词汇语义集是动态的、开放的，因为人们每天都在使用和创造新词，不断改变和丰富着已有词汇的语义（魏向清，2005b）。另一方面，释义的动态开放性也是基于汉英词典框架结构的需要。独立词目的相对自主性并不能割裂词目之间存在的种种语义关联，而这种语义关联在汉英词典的微观结构中更为密切，因为所有微观结构都服务于同一宗旨：交际需要。语义的动态性和释义组构成分的关联性要求汉英词典的释义呈开放状态，处于不断完善、系统化的过程中。

3）汉英词典释义的多级层次性体现在词典的框架结构中，尤其是在词典文本系统的组织结构方面。无论是传统的二分法（宏观结构和微观结构）（黄建华，1987），还是现代词典学的四分法（总观结构、宏观结构、中观结构和微观结构）（章宜华和雍和明，2007），都显示出丰富的层次性。

此外，在词典的微观结构方面，不同的认知视角（perspective）所映射的图式在汉英词典中表现为不同的义项，而这些义项在排列结构上呈现出"中心-边缘逐层排列"的层次性特征。对释义的微观结构成分进行单一的线形排列，无法全面反映出义项与词目、义项与义项之间的多重组合关系。

3. 汉英词典释义表征的多维性

释义是对语词的描写，其实质是对词的形态结构、概念结构和系统关系等多种结构成分的表征，具有极大的合成性和多维性。语词是在特定环境中产生的，有其产生时的特定语法功能和搭配关系，而基于不同的认知视角反映的不同图式在词典中表现为不同的义项，这些义项与基本概念框架一起构成词条的复合语义表征（章宜华，2006a）。

双语词典释义表征的多维特征是基于自然语言语义本体多维性的客观需要，也是释义者为构建综合的、具有强解释力的交际模式的主观需要。这种多维表征不仅能重现源语自然语义的网络结构，而且能通过目的语重构语义框架结构（章宜华，2006a）。在汉英词典释义中，这种释义表征在宏观上提升为对"交际模式"的翻译转换，涉及目的语词汇中的语用合成、概念合成、句法合成、形态合成，以及表义附加成分和语义网络的合成①。在合成过程中，各框架成分之间相互协作、相互制约，共同构成一个多层面、全方位的意义表征系统。

1.1.2　汉英词典释义的历时分析

从第一部汉英词典（1815 年）问世至今，中国的汉英词典无论是理论研究还是编纂实践都历经了创新和完善的过程。在整合诸多学者（吴景荣，1979；1980；1992；张万方，1997；曾东京，1999；2003；彭宣维，

---

① 即源语的语用知识、概念知识、句法结构等表征成分，经目的语对应图式的映射、重构、加工和整合后，以目的语的形式得以重述和再现（具体见章宜华和雍和明，2006a；2007）。

2001；徐式谷，2002a；2002b；素欣，2004）的研究成果后，我们将汉英词典释义分为 3 个阶段：汇编释义（1815~1911 年）、模仿释义（1912~1977 年）和依存释义（1978 年至今）。回顾、分析历史上的汉英词典在释义上的得失短长，对我们提高汉英词典释义质量不可或缺，因为读史使人明智。

1. 汇编释义（1815~1911 年）

汇编释义强调对词汇和义项的汇总和简单编排，但对释义的完整性、系统性和关联性关注较少（胡文飞，2011b）。该阶段汉英词典的释义为典型的汇编释义，但"实际上等于扩大了的词汇手册"（吴景荣，1992）。此外，由于受西方传教士主导，其释义具有很大的局限性，带有很强的西方烙印。最后，由于对汉语缺乏准确理解，释义表现出明显的"直译"特征，失误较多（其中有不少是严重错误）且缺乏例证支持。如 Baller 在 *An Analytical Chinese English Dictionary* 中将"豪举"释义为"bullies，ruffians"。个别汉字的英语释义不准确以致有误等，是外国人所编汉英词典的通病（徐式谷，2002a）。

当然，该阶段汉英词典的释义也有自己的特征，如在释义中重视中国传统文化知识，这一点尤其体现在对某些文化局限词的释义上。如 Giles 对"精卫衔石"的释义不仅溯源追本，洋洋洒洒长达 16 行，还涉及"炎帝"等专有名词，典故丰富，解说详细。

汇编释义阶段的代表作品为 *A Dictionary of the Chinese Language*（Robert Morrison，1815 年、1823 年）和 *A Chinese-English Dictionary*（Herbert A.Giles，1892 年）。前者为世界第一部汉英词典，共 6 卷，收录 4 万个词条。后者共收汉语单字 13 838 个，每个单字都有编号并给出其多项英文释义。该巨著对多字条目的收录数量超过了在此之前的任何一部汉英词典，且释义细腻，英语译文准确（徐式谷，2002a）。此外，该阶段还有其他多部汉英词典也采用汇编释义（表 1-1）。

表 1-1　以汇编释义为主的汉英词典

汉英词典名称	编者	出版年份
《闽英字汇》、《中韩日英字汇》、《台湾语英文字汇》	Walter、Henry、Medhurst	1837 1840
A Chinese and English Vocabulary in the Pekinese Dialect *A Chinese and English Pocket Dictionary*	Gorge Carter Stent	1871 1874
A Syllable Dictionary of Chinese Language	Samuel Wells Williams	1874
A Pocket Dictionary of the Canton Dialect *The Concise Kanghsi Dictionary*	John Chalmers	1872 1877
A Mandarin-Romanized Dictionary of Chinese with Supplement of New Terms and Phrases	Donald MacGillivray	1911
An Analytical Chinese English Dictionary	Fedrick William Baller	1875
A Pocket Dictionary: Chinese-English	Chauncey Goodrich	1907

2. 模仿释义(1912~1977 年)

模仿释义时期是中国人自编汉英辞典释义的草创、模仿并打破西方词典学家垄断的时期，也是中国人同外国人相抗衡的时期（曾东京，1999）。该阶段汉英词典的释义在表征模式、表征内容等方面大力模仿西方词典学家，表现出高度的相似性，且多无例证。当然，在模仿的同时，有些词典也进行尝试性创新，如《现代汉英辞典》(1946 年)已经开始给英语对等词标注词类(名、形、动、副等)，如"白"词条下分别注明 "*v.* make clear, state, express, manifest；*adj.* white, snowy, bright, clear, pure, fair；*adv.* in vain" 等。应该说，这是最早的"英语本位法"式的词类标注，也是最早将语法信息融入释义信息中，极具开拓意义和创新意识。事实上，这种词类标注也折射出编者对非母语用户的人文关怀。

由于处于编纂早期，这类汉英词典的释义也存在不少问题。

首先，对中国特有事物的释义少用解释性翻译，如"包子"在《汉英新辞典》《中华汉英大词典》《世界汉英词典》里分别被释义为"a pudding；dumpling""a meat patty"和"pie"。但这些对等词与汉语的"包子"意义差别很大，甚至有些截然不同，所以提供解释性翻译必不可少。

其次，对有些虚词如"得、的、地、把、了"等未加考虑。"得"在《汉英新辞典》、《中华汉英大词典》、《世界汉英词典》中都只被标注为动词。其实"得"常作虚词，用在动词或形容词后面，连接表示程度或结果的补语（张万方，1997）。如在"对这件事情，她处理得非常好"中，"得"其实是个功能词，与"非常好"一起构成补语。

最后，部分释义缺乏时代信息，这在中国香港、台湾等地出版的汉英词典中更为明显。在《最新实用汉英辞典》里作者将"信口雌黄"释义为"to criticize without ground；to criticize wildly"，其"不顾事实，随口乱说"的本义没有了。其实，该词并无批评之意，而作者将"信口雌黄"定义为"没有根据的批评"或"横加指责"等，这显然不符合原义，也与现代用法相违背。

模仿释义阶段的代表作品为《汉英词典》（张在新和倪省源，1912年）、《现代汉英辞典》（王学哲，1946 年）和《最新实用汉英辞典》（梁实秋，1971 年）。此外，其他多本国人自编的汉英词典（表 1-2）在释义方面也带有典型的模仿特征。

表 1-2　以模仿释义为主的汉英词典

汉英词典名称	编者	出版年份
《汉英新辞典》	李玉汶	1918
《汉英大词典》	张云鹏	1920
《中华汉英大词典》	陆费执、严独鹤	1930
《世界汉英词典》	盛毅人	1931
《当代汉英词典》	林语堂	1972

3. 依存释义(1978年至今)

从1978年到现在，汉英词典的释义表现出较强的依存特征，在释义内容和义项安排上多以《现汉》①为蓝本。这种依存于《现汉》的释义方法虽然方便了编者、提高了释义的准确性，但它对单一蓝本的高度依存则可能导致释义创新不足，增加了词典释义之间的相似度和重复比例。

在依存释义阶段，汉英词典释义已告别探索阶段，迈入释义类型系统化的阶段，并形成了一些特定释义方式。如在成语的释义中，凡是能直译的尽量直译，并附上必要的意译。如《现代汉英》中"桀犬吠尧"的释义"the tyrant Jie's cur yapping at the sage-king Yao; utterly unscrupulous in its zeal to please its master"，就是通过直译与意译的双重表征系统来再现源语的概念结构。

此外，该阶段的释义已经极具开放性特征，并不断向其他相关学科吸收和借鉴研究成果，以此来丰富和完善自己的释义结构。现代语言学认为，词的意义取决于其在特定词汇场中的位置，由它与一组相关词的关系决定(吴文智，2008)。基于这种词汇的语义整体观，《实用翻译》充分使用完整例句，积极反映被释词语与其他相关语词之间的组合关系，通过再现该语词在所属语义或知识结构(即参照系)中所处的位置，增强了用户在输出过程中的准确性和得体性。

依存释义阶段的代表作品为《汉英78》、《汉英大辞典》(吴光华，1995)及《新世纪》。此外，其他多部汉英词典(表1-3)在释义方面也带有典型的依存释义特征。

表1-3　以依存释义为主的汉英词典

汉英词典名称	编者	出版年份
《远东汉英大词典》	张芳杰	1992

---

① 见本书"词典略语表"，以下直接使用略语，不再标注。

续表

汉英词典名称	编者	出版年份
《汉英词典》(修订版)	危东亚	1995
《现代汉英》	外语教学与研究出版社词典编辑室	1988
《新时代》	吴景荣、程镇球	2000
《汉英辞典》	吴光华	2001
《实用翻译》	吴文智、钱厚生	2001
《新汉英》	吴光华	2003
《外文汉英》	王瑞晴、王宇欣	2006

词典是工具书,它的主要任务是释义解惑,并提供知识,特别是语用和句法方面的知识。从汇编释义、模仿释义到依存释义,应该说汉英词典的进步是巨大的,但实践的成果并不能替代理论研究,因此释义理论的探索对我们系统了解汉英词典也不可或缺。

1.1.3 汉英词典释义模式的理论探索

相对于汉英词典编纂和出版的蓬勃发展,汉英词典的理论研究则略显落后,尤其是释义研究,关于这点,我们从国内重要刊物的相关文献中可窥一斑。在对汉英词典释义本质的理论探索过程中,学界基本形成了两类观点:传统的单一对等观和现代的多维系统观。

1. 单一对等观

传统单一对等观是结构主义的产物,它源于特定的历史背景,对推进和提高双语词典编纂意义重大。纵观国内外的相关研究(胡明扬等,1982;黄建华,1987;李开,1990;李尔钢,2002;李明和周敬华,2001;章宜华,2002;2006b;赵翠莲,2004;魏向清,2005b;胡开宝,2005;赵刚,2006)我们发现,汉英词典释义的单一对等观在词典学界、心理学界和翻译界都有所体现。

（1）词典本体层面的单一对等观

词典学界习惯于将双语词典释义的解决方法寄托于单语词典，希望从单语词典的释义中找到答案（李开，1990；李明和周敬华，2001）。汉英词典也不例外，他们认为其释义的本质是寻求两种语言符号的对应和转换。立足于这种传统观念，并结合汉英词典的编纂需要和实践经验，诸多学者（黄建华，1987；章宜华，1999；2006b；李开荣，2001；李明和周敬华，2001；章宜华和雍和明，2007）总结出了一些特定的释义方式，如"对译释义"、"仿造释义"、"解释释义"、"辅助释义"和"综合释义"等（表1-4）。

表1-4　汉英词典的主要释义方式

释义方式	常用方法	使用条件	解决措施	典型例子
对译释义	同义对译	两种语词的语义内涵完全相等	理解原文的释义内容，在译语中找出对应词	蜉蝣：mayfly
	选择对译	源语词比目的语词的语义域更宽，概念更大	列举可能的对应变体，供使用者选择	借：borrow，lend，make use of
仿造释义	仿音释义	用于科技词汇及表示乐器、舞蹈、药物的词	直接音译	功夫：Kongfu
	仿形释义	用于术语、工具名称等	保留原词首字母（或缩略词）再加事物译名	丁字街：T-shaped road
	构词释义	源语词包含一些常见词素和构词规律	解释常见的语素和构词规律	道教：Taoism
	音义皆仿	多用于一些专有名词和文化特色词	采取半音译半意译仿造新词	京剧：Beijing Opera
	指称仿造	常用于一些术语、专名等	采用语义借词方式译借新词	颐和园：Summer Palace
解释释义	描述释义	目的语中没有源语所指对象的对应词汇	详细解释或描述源语词的意义	丙：（the third of the ten heavenly stems）
	近义加注	目的语词与源语中所指对象相近但不完全一致	采用解释性译语，并对其文化特色义、文化差异义等加注说明	裹脚布：bandages used in binding women's feet in feudal China

续表

释义方式	常用方法	使用条件	解决措施	典型例子
辅助释义	语用标注	部分对应词具有独特的修辞、语域等语用特征	标注出附加的语用意义,全面阐释词义信息	黑人:black people, nigger[口], [贬, 蔑]
	例证补充	部分词义信息体现在话语层次上,需要在语境中表达	在译语对应词基础上加上例证来补充	给以:give, grant. 给以好评 give good opinions
综合释义	译注综合	目的语词的概念大于源语词的概念或译名不能传达足够的信息	译名加限定性括注或译名加说明性注解	荷:(多用于书信、表示感谢)grateful, obliged
	音义兼译	目的语词具有特定的文化色彩,音义皆较独特	注意音义兼顾,自然结合	琵琶:pipa, a plucked string instrument with a fretted fingerboard

(2)认知心理层面的单一对等观

汉英词典释义的单一对等观也体现在心理学界。总体而言,多数学者(Weinreich,1953;Kolers,1963;Potter et al.,1984;De Groot and Poot,1997;董燕萍和桂诗春,2002;赵翠莲,2004)认为二语学习者对双语词库的记忆主要有两种形式,即词汇连接型(word association)和概念调节型(concept mediation)。前者强调一语和二语词汇在词名层(lexical memory)的直接连接,而概念调节型则认为一语和二语词汇通过概念层(conceptual memory)进行连接。

立足于前人的研究,赵翠莲(2004)尝试性地分析了汉英词典的 3 类词汇(对等词、文化局限词和部分对等词),并根据不同情况构建了不同的汉英释义心理模型。将心理词库的研究引入汉英词典的释义,有利于读者建立汉语和英语的语义连接模型。然而该研究仍然没有摆脱传统汉英词典释义的桎梏。

一方面,该释义模型在内容上表现出单一性(关注语词概念层面)。无论是对等词、文化局限词还是部分对等词,她认为其释义都主要是帮助词典用户激活相应的英语概念（无论是现存的还是新建的，无论是"一对多"还是"多对一"）。汉英词典释义以英语对等词作为中介，将汉语词汇与读者心理词汇中的概念相连接，从而达到使读者理解这一词汇的目的（赵翠莲，2004）。

另一方面，该模型也强调对等性，追求对应词汇的等值效应。对于以汉语为母语的读者来说，释义的原则是在目标语中找到概念意义相同的词汇（赵翠莲，2004）。在研究过程中，无论是对汉语词汇的范畴划分（对等词、文化局限词和部分对等词汇）还是对词典释义连接模型的构建，她都把"等值性"作为重要准则之一。根据等值差异，作者分别采取"提供对等词汇"、"音译+解释性翻译"、"解释性翻译+具体例词翻译"和"部分对等词+缀释"等方法，来完成对汉语概念结构的对等转换和翻译。

（3）翻译层面的单一对等观

翻译界对汉英词典释义所持的单一对等观集中表现为对其等值性、互文性和静态自足性的描述。

第一，等值性。

从 Nida（1964）、Baker（2000）等的相关研究我们发现，等值一直是翻译界所崇尚的目标之一。汉英词典在本质上涉及源语（汉语）和目的语（英语）之间的语码转换，因此释义的等值特征也就显得尤为重要。关于双语词典（包括汉英词典）的释义等值研究，国内相关学者（黄建华和陈楚祥，1997；李开荣，2001；陶原珂，2004；李明和周敬华，2001；章宜华，2002；2006a；魏向清，2005a；2005b；章宜华和雍和明，2007）所关注的焦点集中体现在以下几方面。

首先，汉英词典释义的等值在存在方式上分为静态和动态两种形式，前者主要关注对应词的等值转换，而后者主要涉及交际过程中的语句转换。进入汉英词典中的自然词汇（词目）具有双重语义特征，即静态的语言意义和动态的言语意义。语言的非同构性及民族之间的文化差异，往往导致对应词在理解方面的偏误，因此汉英词典需要用例证"动态的言语意义"来弥补语词信息。不同的形式对应于不同的翻译方法,双语词典翻译中语言层次的翻译应力求严格的意义等值,而言语层次的翻译则应该表达词目词在典型的话语中必然和可能有的含义与用法(黄建华和陈楚祥,1997)。

其次,汉英词典释义等值的核心内容为词目和例证的等值。词目等值包括语义等值、语体等值和语用等值。语义等值反映了源语词的概括特征和本质特点,所以要避免"随文生义",即某词目在特定上下文中出现的译文不足以成为该词作为词目应具有的概括性的译文(黄建华和陈楚祥,1997)。语体等值则力争做到修辞功能和色彩的等值,避免语域混淆。而语用等值指释义词应与源语词目具有同等的语用价值。例证等值在内容上包括概念等值、功能等值、语义等值、语用等值和文化等值等(具体见章宜华和雍和明,2007:310-318)。

最后,汉英词典释义的等值特征存在极大的视角差异。综合李开荣(2001)、陶原珂(2004)、章宜华和雍和明(2007)等的研究我们发现,对汉英词典释义的等值研究主要立足于以下视角:"语差"效应、思维感知和文化取向。语差释义以补充中心词汇语义的方式释义,来实现词目与对等表达的语义同指。双语词典的基本任务是研究两种语言在词汇体系中存在的差异,正因如此,双语词典也被称为"语差词典"(黄建华,1987)。陶原珂(2004)认为对于"语差"词汇,应灵活处理。对于语言系统性的差异,我们应通过词汇义值差释义来补足语义差,以此来表达词目语义。而对于文化事项义的差异,则通过语用和文化义值差释义,用描述性的语段把文化义值差附加上去。

使用不同语言的人对周围世界感知的经验有所不同,因而对词语含义的文化解释也会不同,这就造成了汉英词典释义中某些源语词与译语词语义上不对等、语言形式上不对应的情况。诸多因素,如传统观念、情感因素、认知模式等都会影响思维感知,因此立足于思维感知来分析汉英词典释义的等值性也意义重大。文化取向是指人们以不同方法观察事物、描述行为、表达概念时的着眼点和侧重点(李开荣，2001)。汉英语言表现出的文化既有差异，又有共性，因此了解它们在命名、喻体、时间等文化取向方面的差异性，有助于编者更好地揭示释义中暗含的语义特征。释义时，词义表达式必须依各自的文化取向而定。释义用词可不对应，但必须达到等值释义的效果(李开荣，2001)。

第二，互文性。

从 Kristeva(1986：36)对互文性(intertextuality)的定义到巴赫金(蒂费纳·萨莫瓦约，2003)明确提出"任何一篇文本都是吸收和转换了别的文本"，互文性理论不断推进并表现出较强的解释力。互文性对汉英词典释义很重要，具体表现在以下两方面。

首先，由于互文性在某种意义上会限制其通用性和普遍性，所以大型汉英词典在释义过程中应避免大量使用文学例证。文学例证具有很强的互文性，需要大量补充语境才能全面再现原文交际场景，而增长配例长度势必会导致词典规模的无限扩大。此外，这些互文性较强的例证不能很好地体现相关条目在汉语中的普遍意义，不具备原型特征。所以，鉴于词典作为"标准书"的特点，不妨采用一些实用的例证(赵刚，2006)。

其次，这种互文性强调词典之间的继承和发展，但这与"剽窃"是有着本质差异的，这也与其他学者(Frawley, 1989; Landau, 2001：165; 吕叔湘，2002：44)的观点一致。合理的借鉴本无可厚非，但现实中有些编者以"互文性"为借口，对其他同类词典的译文不加甄别、盲目抄袭，结果是以讹传讹，损害了读者的利益。对此，相关词典评论(吴景荣，1979; 1980；1992；高厚堃，1988；张万方，1997；曾东京，1999；2003；彭宣维，2001；徐式谷，2002a；2002b；姚小平，2002；陈忠诚，2003; 2005；赵刚和汪幼枫，2006)也指出了这种汉英词典互文过程中的通病。为防止这种互文过程中的盲目照搬，部分学者(曾东京，1999；2003；赵刚，2006；赵刚和汪幼枫，2006)认为我们可以从"准确性互文"和"创新性互文"两方面着手。前者要求译者在借鉴时要对同类词典中的译文加以对比甄别，小心求证。后者则要求译者要在参考同类词典译文的基础上勇于创新，创造出最佳译文。汉英词典的释义过程在本质上是一个无限接近完美但永远无法真正完美的求真过程，在这个过程中，创新一直都是释义的本真和原动力。

互文性立足于翻译视角，从纵向的角度对汉英词典释义的继承和创新问题进行理性的反思，但这种互文性的前提却是"追求对条目或配例准确、完整的理解和翻译"（赵刚，2006），"翻译"的理念和模式贯穿全文，所以它在根本上仍没摆脱"对等观"的束缚。此外，它在知识维度上仍表现出很强的单一性，其关注核心停留在词目词、例句之间基于"概念结构"层面上的对等性。它强调"确信其正确无误时方可使用"，而这里"正确无误"的判别标准仍然滞留于传统的概念对等，即"留心汉英两种语言中出现的新词新语及其对译"（赵刚和汪幼枫，2006）。

第三，静态自足性。

静态自足性指编者依靠有限的微观释义空间，将源语词目丰富的语义信息完整地表述出来，以便词典使用者尽可能地从词目的微观释义过程中获取完整的、系统的语言文化信息（胡开宝，2005；魏向清，2005a；2005b）。

首先，传统观点认为，由于受双语共现属性的制约，汉英词典释义涉及的语境条件很欠缺，所以其词目翻译在本质上是静态语言事实的翻译。汉英词典容量与规模的有限性又决定了释义的高度抽象性。汉英词典的词目及其义项均从大量语言材料中抽取、提炼出来，是在剥离了明确、丰富的语境条件后归纳形成的。其涉及的上下文语境条件仅仅是词汇之间的有限组合关系，与句群、段落和篇章等语境条件无关（胡开宝，2005）。这种抽象性决定了汉英词典词目翻译的静态性，即表征模式所反映的只能是言内概念意义，而不是言外语用意义。

其次，它具有很强的信息自足性。各词目相对独立，词目之间的联系只局限于语义、形态等有关联和可参见的词条，所以文本结构比较松散。由于汉英词典中各词目、义项的翻译缺乏具体的篇章语境，所以这种信息自足性要求编者"立足于两种语言与文化对比的宏观语境，依靠有限的微观译义空间，将源语词目丰富的语义信息完整地表述出来"（魏向清，2005b：233）。这种信息自足性要求用户具有一定的推理和归纳能力，能从词目的微观译义过程中获取自己需要的完整自足的语言文化信息。

通过对静态自足性的分析，我们对汉英词典词目翻译的多重对应特征有了更全面的认识。汉英词典翻译的静态自足性使编者在释义过程中更倾向于选择"对应结构"，所以它在本质上仍未摆脱传统对等观的桎梏。此外，静态自足性割裂了成分间的组合关系，强调单元的个体属性，其本质也表现出极强的单一性。

当然，对于传统的、以单语词典为蓝本、"寻求对等词汇"的结构观，我们也应肯定其积极的一面。但随着学习型词典的兴起及语言认知与习得理论在二语教学中的应用，这种传统释义观已经不能满足当代学习词典的释义需求。所以，黄建华（1987：132）提出了这种传统对等观新的发展方向："不仅应该致力于'求同'，而且要努力揭示'同'中之异。"

2. 多维系统观

认知语言学的发展使国内外学者纷纷将其研究成果引入到双语词典（包括汉英词典）释义中，建立了释义的现代认知观，其中比较有影响的是魏向清（2005a；2005b）的系统释义观和章宜华（2002；2006a）的多维释义观。

（1）系统释义观

立足于双语词典释义的整体性、层次性和动态性等内容，魏向清（2005a；2005b：118）对双语词典释义的系统性作了详细的论述。在整体性方面，双语词典的译义对象是源语言系统中的词汇子系统，而不是对每一个词汇单位的孤立的语义描述。词汇的整体性决定了双语词典释义在本质上也具有整体性，具体表现为释义过程中对词汇单位系统意义的整体把握。双语词典的译义系统是非线形的系统，因此，其整体功能具有非加合性，是大于译义系统各部分的功能之和的(魏向清，2005b：120)。

双语词典释义的层次性集中体现在词典文本系统的组织结构方面。词典在组织结构上具有丰富的层次性(黄建华，1987；黄建华和陈楚祥，1997；魏向清，2005b；章宜华和雍和明，2007)，所以隐存于双语词典文本形式之下的译义系统，最终也需要通过外层的表征系统来体现。魏向清(2005b：121)认为双语词典译义系统在纵向层次方面包括 3 部分：词典的前件、词典的宏观译义结构和后件。它在横向层次方面包括 2 部分：词典的中观结构(包括语义、语法、语用方面的种种关联)和词条的微观结构。

双语词典释义具有动态开放性特征。单语释义的动态开放性和网络特征构成了双语词典译义的认知基础。人们每天都在使用词汇、创造词汇、改变和更新着词汇，词汇是相对稳定的，而词汇语义集合是动态的，开放性的。

系统释义观突破了双语词典释义研究的传统模式(单一的对应模式)，将现代多元本质论应用于双语词典释义的宏观系统研究与微观系统研究，因此在研究取向和研究方法上都具有一定的创新性。对于汉英词典，作者承认她涉及不多，但系统释义体系为汉英词典研究提供了很大的空间(魏向清，2005b)。不过，在双语词典释义的结构优化问题上，作者最终也没有提出一个清晰、明确、操作性强的具体方案。

(2) 多维释义观

章宜华(2006a)从词汇语义表征的多维性入手，提出意义驱动的多维释义模式(简称"多维释义")。汉英词典作为双语词典之一，其释义在本质上也表现为汉语与英语之间基于原型交际模式的语义框架图式的映射，而不是限于寻求词汇或概念层面的等值。该释义模式在认识论和方法论上主要表现出以下典型特征。

1）寻求交际模式的等值转化转换。汉英词典翻译的对象——词目词乃是语言的一个"片段"，具有表义、表知和交际功能（章宜华，2006b）。从这个角度讲，释义就是对语言交际功能的抽象描述，其根本目的在于实现对交际模式的等值转换。这种交际模式是以概念结构为内核，是包含语言图式、知识图式和网络图式的集合体。

2）跨空间的语义整合。汉英词典的释义过程是汉、英语言经过多重语义整合、加工，在源语和目的语之间影射、生成共享的深层语义结构，所以它在方法论上具有典型的整合特征。译义由源语认知语义框架触发，源语在目的语中的联想图式作为源域空间以"隐喻映射"的方式为被释义词提供理解或解释手段（章宜华，2006a）。

如果说，传统的释义因为各种各样的原因而落入了"翻译对应词"的固定模式，陷入了"在绝对对等词汇基本缺失的前提下努力去寻找对等词"的逻辑悖论，那么章宜华的多维释义观（章宜华，2006a；2006b；2008；2009）能帮助我们重新审视汉英词典释义本质，跨越平面分析所产生的视野狭隘和认识不足，建立起一套立体的、全方位描述语义特征的新型汉英词典释义模式。具体而言，这种多维释义观具有三大创新意义：

1）释义方法的多维系统性。多维释义模式突破了传统"对应词研究"的单一模式，是对双语词典（包括汉英词典）释义宏观、微观并重的系统综合研究。内向型汉英词典多为积极性词典，所以必须完整、系统地描述语言的基本结构体系，因此在系统性和完整性上要高于普通语言词典（章宜华和雍和明，2007）。此外，这种综合释义能帮助用户系统规划语义网络结构，构建全面、科学的意义识解系统。

2）释义过程的动态整合性。双语词典（包括汉英词典）的释义在本质上是以意义为驱动的、多维的动态整合过程，而非孤立对应词所体现的静态译义表现形式。在释义过程中，原型交际模式充当相对独立的基本输入空间元，在源域和目标域之间进行概念映射，层创结构的形成要经过组合（composition）、完善（completion）和扩展（elaboration）等合作运作，用目的语重构源语认知语义结构(章宜华和雍和明，2007：299)。

3)释义取向的辩证统一性。多维释义观在研究取向上具有高度的辩证统一性。一方面，它是动态与静态的辩证统一。自然词汇处于不断的发展和变化中，但语义的表征、交际和传输功能使这种动态特征保持相对稳定，而自然词汇及其语义的静态稳定性特征，又为我们的词汇语义研究提供了时间保障，避免语义研究陷入不可知论的泥潭。另一方面，它也是原则性与灵活性的辩证统一。多维释义模式通过对认知语义结构构建和转换过程的描述，为双语词典释义提供具有较强通用性的释义体系。但在具体编纂过程中，由于所涉词条的特殊性，释义过程中也需要作一些灵活处理。源语图式在目的语中的触发或联想失败，则需要在原型交际模式基础上重构知识图式。如果源语图式与目的语图式有文化差异，则需要按照原型交际模式的结构对源语图式进行修改、变换、补偿或充实处理(章宜华，2006b)。

1.1.4　小结

综上所述，回顾、反思汉英词典释义的相关研究，我们对它的发展历程和现状有了清晰的认识。本节首先对释义的本体正本清源，并详细论述了汉英词典释义的整合重构性、存在的系统性及表征的多维性。此外，本节还从编纂实践的角度纵向回顾了中国汉英词典释义的发展历史，并描述了各阶段的释义特征及主要不足。最后，本节系统回顾了释义理论的发展历程(从单一对等观到多维系统观的发展和完善)。

1.2　心理动词的语言学研究

1.2.1　心理动词的定义

心理动词指"表示情感、意向、认识、感觉、思维等方面的心理活动或心理状态的动词"(胡裕树和范晓，1995：243)。国内最早提出心理动词这个概念并把它作为单一小类动词加以研究的是马建忠(1983)。此外，其他学者(陈承泽，1982；吕叔湘，1982；黎锦熙，1992；杨华，1994；胡裕树和范晓，1995；张京鱼，2001；文雅利，2007)都立足于相关研究，对心理动词进行了定义，尽管这些定义在本质和内容上略有不同。心理动词的研究在国外虽起步较晚，但发展很迅猛，众多学者(Levin，1993；Juffs，1996；2000；Arad，1998)从不同角度对心理动词进行了各种定义。

心理动词定义之所以差异较大，主要是出于以下原因。首先，研究视角的多元性。从古典"指称论"、"观念论"、"证实论"、"真值论"到现代的"阐释语义观"、"解构语义观"、"认知语义观"，语义研究形成了复合的多维研究体系。研究视角的差异性使研究者在释义过程中强调对某一属性的突显，而淡化了对他类属性的描述。其次，由于"心理"这个概念本身的复杂性。心理和思维、感觉、知觉、性格等有密切的联系，甚至可以说，只要是描述人的动词就和心理活动有关。心理的这种复杂性、交融性增加了定义的难度，也增强了各定义间的差异性。

在汉语语法界，心理动词有广义和狭义之分。狭义心理动词指与情绪有关的动词，广义心理动词包括情意类心理助词和认知类心理动词(韩琴，2006)。事实上，随着研究的深入，多数学者(黎锦熙，1992；杨华，1994；胡裕树和范晓，1995；文雅利，2007)趋向于广义的心理动词观，认为心理动词应包括心理活动动词、心理状态动词和心理使役动词等。

1.2.2　心理动词的语义特征

心理动词拥有共同的语义基础，表现出特有的主观性、体验性、自主性与非自主双重语义特征和模糊性语义特征。

首先，心理动词具有主观性语义特征。词的主观性语义是指人们所持有的看法，具有"表态"的语义特征(王寅，2001：231)。从心理动词的各种定义(马建忠，1983；黎锦熙，1992；杨华，1994；胡裕树和范晓，

1995；文雅利，2007）中我们不难看出，心理动词主要描述人类的情绪意志活动和认知活动，而且是以这一语义性质为主，且多用于表征人类的情感、意向、认知、感觉、思维方面的心理活动或心理状态等。在不同的描述（张京鱼，2001；丰竞，2003；徐睿和王文斌，2005；文雅利，2007）中，这种主观性语义特征具体涉及情绪、认知、态度等。

其次，心理动词具有体验性语义特征。一方面，体验性为语言所共有。语义是基于经验感知的，概念通过身体、大脑和对世界的体验而形成，并通过这些感知物体被人类所接受和认可（Lakoff and Johnson，1999：497）。由此可见，客观世界的概念主要是认知主体通过体验（embodiment），通过对客观世界、空间概念的感知和接触而形成的。另一方面，心理动词的体验性在程度上表现出"强体验特征"。心理动词是表示人对客观世界和内心世界的体验，是人对各类刺激物的不同层次的反映，因此在语义特征上表现出强体验性。心理动词表征了人类体验或经历的活动与状态（Biber et al.，1999），是人通过概念对内心主观世界的描述和表征。这种强体验特征使多数心理动词都有"述人"的语义特征，即感知或体验的主体多数都是"人"。

再次，心理动词具有自主性与非自主性双重语义特征。马庆株（1988）最早从自主动词与非自主动词角度对动词进行语义分析，并将"懂、惊、悸、恼、气、恨、盼"等表情绪、意志和认知的心理动词归入自主动词，而将"吃惊、害怕、忘记、遗忘"等归入非自主动词范畴。在自主动词中，动作发出者能自主发出动作，活动性强，在语义上具有"+可控"特征。如在"她恨自己的丈夫"中，"恨"是动作发出者可以避免的，是可控的动作，因此为自主动词。而在非自主动词中，动作发出者活动性较弱，不能自主发出动作，具有"－可控"特征。如在"她很害怕狗"中，"害怕"是动作发出者不能故意做出或避免的，是非可控的动作，因此为非自主动词。李临定（1990）则认为，"非自主动词所显示的动作行为是人的主观意志所无法控制的，只是客观地表示某种行为或变化（与自主动词相对）"。整合马庆株的自主性与非自主性语义定义和李临定的理论方法去考察心理动词，我们会发现它们既有自主动词的特点，也有非自主动词的特点，属于两者之间的活动词。这也与多数学者（袁毓林，1993；林杏光，1995）的研究结果一致。

最后，心理动词还具有模糊性语义特征。语言是个灰色系统，所以模糊是绝对的（王寅，2001：149）。语义的模糊性源于该词语义范畴边界的不确定、不明晰性，因为"自然语言的概念边界含混，边缘模糊"（Lakoff，1973）。一方面，客观世界的事物、现象构成了连续统，处于流变状态。因此，绝对的范畴类属划分是无法客观、清晰地反映这种连续、动态的关系。另一方面，认知经济原则和语言表述的经济性也必然导致范畴语义的模糊性和词语语义的模糊性（王寅，2001：170）。

心理动词由于涉及心理思维，因此其表述具有极强的模糊性。一方面，多数心理动词的动作性很弱，所表示的实际上只是一种很抽象的心理状态，如"爱"，这使其意义本质倾向于描写性而非叙述性，表现出极强的模糊性。另一方面，在心理动词的类别范畴化过程中，也存在着明显的模糊性。丰竞（2003）、徐睿和王文斌（2005）在肯定心理动词类型划分中的连续统特征的同时，也涉及其模糊性。心理动词在语义结构上同样表现出集束特征（cluster feature）和家族相似性（family resemblance），即凡是表示心理状态或心理活动的动词都是心理动词，这一点决定了心理动词各成员的家族资格。但事实上，在典型与非典型之间，依然存在有大片的模糊区域，这一点毋庸置疑。

1.2.3　心理动词的类型特征

由于心理动词涉及面比较广，单一框架难以全面界定，所以多数学者在界定心理动词时倾向于选择多重框架，立足于综合性研究方法。整体而言，心理动词的类型学研究集中体现在语言学领域和心理学领域。

1. 语言学界对心理动词的类型划分

在语言学界，国内外学者（丁勉哉，1959；王钟林，1979；黄伯荣和廖序东，1980；吴积才和程家枢，1981；陈承泽，1982；吕叔湘，1982；刘月华等，1983；马建忠，1983；范晓等，1987；黎锦熙，1992；杨华，1994；胡裕树和范晓，1995；张京鱼，2001；文雅利，2007；Levin，1993；Juffs，1996；2000）主要立足于 3 个视角（语义、语法及语法和语义的双重视角）对心理动词进行归类。

在心理动词研究初期，部分学者（马建忠，1983；陈承泽，1982；吕叔湘，1982）主要从语义的角度对心理动词进行分析、归类。马建忠（1983：271）在《马氏文通》（卷五）中说："凡动字记内情所发之行者，如'恐'、'惧'、'敢'、'怒'、'怨'、'欲'之类，则后有散动以承之者，常也。"所谓"记内情所发之行"，就是指心理活动，其本质上关注的是语义特征。马氏没有将心理动词与其他动词进行对比区分，但他首次把心理动词作为一个小类加以研究的做法极具开创意义。而在汉语动词的分类史上，吕叔湘（1982）最早从语义视角将心理动词单独列为一类，并将其命名为"心理活动"动词。这使心理动词概念进一步明确化，但作者仅仅在语义上对心理动词加以界定和划分，没有对其语法特点作深入研究和系统总结。

在汉语学界，部分语言学家（丁勉哉，1959；王钟林，1979；黄伯荣和廖序东，1980；吴积才和程家枢，1981；刘月华等，1983；范晓等，1987）从语法角度对心理动词进行了归类。丁勉哉（1959）围绕动词的语法特征，将表心理活动的动词分为单音节心理动词（如爱、怕、恨）和双音节心理动词（如爱护、害怕、挂念、痛恨）。范晓等（1987）还立足于不同语法准则对心理动词进行分类，具体包括：及物和不及物心理动词（能否带宾语）；行为心理动词和状态心理动词（能否与"很"组合）；爱类、欣赏类、感觉类心理动词（所带宾语的性质）。从语法层面对心理动词进行范畴归类有利于我们深入地分析心理动词的用法结构，但这种单一的研究视角难以全面、系统地揭示心理动词内部结构特征。

从 20 世纪末起,对心理动词的研究(杨华,1994;胡裕树和范晓,1995;张京鱼,2001;文雅利,2007;Levin,1993;Juffs,1996;2000)开始出现 "语法与语义相结合" 的双重研究范式。在理论构建方面,胡裕树和范晓(1995)提出对心理动词的测定应该从语义、句法和语用三个平面进行,并作了详细分类。他们认为,仅仅依靠 "(很+__)+宾语" 这样的功能框架难以对心理动词进行科学界定,因此需要融合词义类型(即用它作为谓语时所构成的句子应具有的语用性能)以及其他一些语法特点,构成立体的研究体系。在实证研究方面,文雅利(2007)将心理动词分为心理活动动词、心理状态动词和心理使役动词三类,并从语义、语法两方面对它们进行了分类研究。通过回顾、分析汉语心理动词的相关研究,文雅利(2007)从语法和语义两方面对《现汉》(第 5 版)中的 3 类共 765 个心理动词进行了系统的分类研究,并详细阐述了其语义结构、语法特征和应用特点。

2. 心理学界对心理动词的类型划分

心理动词在本质上多指表征心理活动的动词,因此对心理动词的类型研究不仅要立足于语言层面,还应关注心理层面。事实上,国内外心理学家(D'andrade,1987;Schwanenflugel et al.,1994;潘菽,1998;彭聃龄,2001;张积家和陆爱桃,2007)已经尝试从不同的认知视角,运用不同的研究方法对心理动词进行范畴划分、归类。

D'andrade(1987)将心理动词分为 6 类:感知(perceptions)、信仰(believes)、情感(emotions)、欲望(desires)、目的(intentions)、决心(resolutions)。每类心理动词都蕴涵着状态性和过程性特征,前者认为心智静态地表现为具有不同状态的认知容器,而后者则提出心智又可动态地表现为对具体操作的执行。该研究对心理动词的分类具有一定的积极意义,但由于样本过小(只 7 人),涉及面窄,因此其信度和效度都很受影响。

Schwanenflugel 等(1994)通过实验的方法,将心理动词划分为 4 类:

①输入类别，包括探索、观察、识别等。②记忆类别，包括学习、记忆、知道、理解等。③非建构性加工类别，包括描述、比较、决定等。④建构性加工类别，包括估计、猜测、思考等。该研究通过层次聚类分析，客观地反映了受试对心理动词结构的认知和判别标准，效度较高。然而，由于作者的分类标准缺乏完整性和系统性，类别界限模糊，且划分难以穷尽，所以在实际操作中有一定的难度。

我国心理学家虽然未对心理动词进行具体分类，但他们对心理活动的研究蕴涵了对心理动词的类型观。对于人的心理活动，长期以来，我国心理学界多采用知、情、意的三分法，这种三分法在中国曾经占主导(张积家和陆爱桃，2007)。其原因在于：从历时角度看，中国古代哲学一直传承着这种心理动词三分原则，这在我国古代先哲的论述中就可以找到佐证，如孔子在《论语·子罕》中所说的"知者不惑、仁者不忧、勇者不惧"。此外，从共时角度看，与中国心理学界联系密切的苏联心理学界也多持三分法。由此可见，国内外心理学界对心理动词的范畴划分仍然以知、情、意三分为主。

当然，对于这种主流的三分法，心理学界也有持不同意见者，如部分学者(潘菽，1998；彭聃龄，2001；张积家和陆爱桃，2007)所倡导的"两分法"。潘菽(1998)将心理活动分为两大类别：意向活动(简称为"意")和认识活动(简称为"知")。而彭聃龄(2001)则倾向于将心理过程分为"认知"与"情绪和动机"。在实证研究方面，张积家和陆爱桃(2007)用多维标度法分析了80个心理动词语义空间分布结构，并将心理动词分成两大类：认知心理动词和情意心理动词。当然，对于"二分法"，我们也应该理性看待。一方面，它分类的出发点和标准不同。潘菽(1998)、张积家和陆爱桃(2007)主要立足于心理活动动词进行分类，而彭聃龄(2001)则以心理过程为关注焦点。事实上，心理动词的范围远远超出了心理活动或心理过程的指称范围，而后两者只是前者的一个小类。另一方面，心理学界往往关注语义层面，而对语法层面涉之甚少。心理动词的区分目前主要是根据意义标准(张积家和陆爱桃，2007)。

以上研究表明，虽然语言学界和心理学界对心理动词的划分存有争议，划分标准已经逐渐趋于多元化，但胡裕树和范晓(1995)、文雅利(2007)的研究，在心理动词的研究史上具有重要意义。他们立足于语义、语法结合的双重体系对心理动词实行全方位研究，以此帮助我们全面、系统地认识心理动词。这也说明，汉语界和心理学界已经认识到仅立足于"语法"或"语义"的单一的平面研究很难全面、动态地描写心理动词，因此，"多维"的立体描写将成为该研究发展的必然趋势。

1.2.4　心理动词的认知特征

心理动词与人的认知活动密切相关，所以基于认知视角对心理动词的研究有助于我们全面、系统地描写其语义框架结构。在描述其认知特征时，本书将围绕其"有界-无界"特征、内部层级特征、语法化的主观性及语义识解的视角差异展开。

1. 心理状态的无界和心理活动的有界

认知上"有界-无界"的对立必然在语言结构中有所反映。因此，在对心理动词本质特征进行描述的时候，我们也应该立足于该类认知机制对其进行范畴划分。"有界"动作和"无界"动作的对立与"有界"事物和"无界"事物的对立具有平行性(Langacker，1987)。沈家煊(1995；2000)将动词有界与无界的对立特征具体归纳为以下3方面：无界动作的内部是同质的，有界动作的内部是异质的；无界动作具有伸缩性，有界动作没有伸缩性；有界动作具有可重复性，无界动作没有可重复性。

相关研究(Langacker，1987；沈家煊，1995；2000；郝琳，1999)的结果表明，心理状态动词是无界的，而心理活动动词是有界的。一方面，一些表示心理状态的动词，如"喜欢、想念、怀念、羡慕、佩服"等在程度方面的同质具有相对性，而且程度的伸缩性比较单一，所以在时间和程度范畴都属无界动词。如在"我喜欢早上去跑步"中，"喜欢"的动作在时间点上可任意分割，即取任何一个时间点表达的都是"喜欢"的动作本质，因此它具有"无界"特征。另一方面，对于一些表示心理活动的词，如"理解、领悟、曲解、误解"等都含有结果意义，语义凝结，动作内部是异质的，非此即彼，没有中间状态可言，更无程度差别。如在"经过老师的反复讲解，她终于理解了这句话"中，"理解"的动作具有严格的时间限制，当且仅当行为主体真正实现了从"不理解其意义"到"理解其意义"的质的飞跃时，才真正算"理解"，因此在时间上具有"有界"特征，而在程度上无显著差别。这些表示心理活动的动词，"有的在程度范畴是有界动词，有的在程度范畴和时间范畴都是有界动词"（郝琳，1999）。

2. 内部层级特征

无论是 Fauconnier（1975）的"量级原则"（scale principle）还是 Langacker（1987：158-161）的语义"中心性"（centrality），其实质都强调特定语词语义的内部层级特征。人类对等级特征的感知和领悟必将渗入到语言领域，凝结于语词的语义结构内，构成量级差异。由此可见，语词的语义量级是存在的，即语词在语义上普遍表现出内部层级特征，而这种层级性表现出两大特征：语义的隐性层级和搭配的显形层级。

首先，语词语义结构表现出隐性层级特征。Langacker（1987）认为一个词的概念所涉及的知识内容是分程度的（gradation），有些具有中心性，有些没有，而中心性又与规约特征（conventional factor）、类属特征（generic）、内部特征（intrinsic factor）和典型特征（characteristic factor）等因素紧密相关。以上因素的内隐特征决定了语词语义结构必然表现出一定的隐性层级特征。多数心理动词由于所表示的是一种心理状态而非动作，因而具有明显的"量"的差别，但由于心理状态的抽象性、模糊性，其语义结构的层级特征更隐性，描述更难。此外，语词的语义结构内在地表现出连续体特征，即由中心语义原型向四周边缘语义不断延伸。心理动词语义结构的这种连续体特征更为明显，如"喜欢"与"不喜欢"之间并非泾渭分明，而是蕴涵多类具有程度差异、呈黏着状态的心理动词连续体。这种连续体特征增加了心理动词语义结构的隐性层级特征，增加了语义描写的难度。

其次，语词语义结构的隐性层级特征往往可以通过搭配结构加以外在显现。无论是结构主义的组合和聚合原则(Saussure，1960)、功能主义的搭配观(Firth，1957)还是认知语言学的框架结构(Fillmore，1975：124)和构式语法(Goldberg，1995：1)，都非常强调搭配的重要性。搭配直接反映相关语词的共现关系，并间接蕴涵着语词之间的相互期待和预见，是语词内在意义的外在表现。由于心理活动的主观性、抽象性和本身的模糊性，直接的语义描写比较难，但我们可以通过对其搭配结构的推理和分析来间接描写这种语义潜势。如在"同情"中，动作主体既可以"有点儿同情"、"很同情"、"非常同情"，也可以"不太同情"，甚至"不同情"，而外部搭配结构的程度差异则可明示该心理动词语义内部的隐性层级特征。动词语义本身的多程度共容性成为组合形式多样化的深刻基础(郝琳，1999；张家合，2007)。

3. 语法化的主观性

各类研究(Hoppeer and Traugott，1993；Traugott，1982；沈家煊，1994；王寅和严辰松，2005)表明，语法化就是词汇单位和结构形式在一定语境中表示语法功能的过程，语法化的结果会生成新的语法功能。而对于语法化的程度问题，尽管各家学说相互间有争议，但他们普遍认为语法化具有明显的主观性特征。

汉语心理动词由于具有极强的心理现实性，在语法化过程中表现出很强的主观化倾向。Traugott(1982)、张家合(2007)、高增霞(2003)的研究表明，语法化使"意义变得越来越根植于说话人对命题内容的主观信念和态度"，部分心理动词也具有类似的语法化过程。Traugott 和 Heine(1991)认为语法化中的主观化倾向表现在以下几方面：由命题功能变为言谈功能；由客观意义变为主观意义；由非认识情态变为认识情态；由非句子主语变为句子主语；由句子主语变为言者主语；由自由形式变为黏着形式。心理动词在语法化过程中，词义一步步被打上主观性的烙印，预设义逐步融入词的概念意义，最终凝聚为词语的规约意义。如"酌量"最初表示"斟酌、估量"，表示一种确定心理活动，但在语法化过程中，其主观性不断增强，预设义逐步与概念意义融合，"虚化"的结果使其不确定性不断递增，最后形成了"市长将酌量调拨救灾资金"之类的句子。

此外，张家合(2007)、高增霞(2003)也认为"害怕"类心理动词具有类似的语法化过程。如"恐怕"最初只是一个心理动词，在使用过程中主观性增强，逐渐成为副词用法，表示一种"不确定"。其语法化过程是：心理动词—心理动词/副词—副词。在这个过程中，"恐怕"的动词义逐渐减弱，主观义逐渐增强，心理特征更加明显。主观义最终基本取代动词义，"恐怕"的词类就由动词转变为副词，但其心理特征依然存在。

4. 语义识解的视角差异

视角对语义结构的识解至关重要，不同的观察和分析视角会产生不同的语言表达、感知效果。对视角的研究，认知语法(Langacker，1987)主要立足于图形/背景的线形排列(figure/ground alignment)和视点(viewpoint)两方面进行分析。前者强调语义在本质上是图形与背景线形排列的复合体，因此其排列顺序、主次划分与实体的意义识解关系重大。而后者则强调对某一客观实体，我们从不同视角可以看到不同的结果。

对非常规的视角需要参照不同的水平/垂直体系，大脑的这种视角转换(transformation)能力对语义结构具有重要影响(赵艳芳，2001：138)。心理动词是人类识解内在经验的语言资源，它对感受者作宾语(experiencer as object，EO)和感受者为主语(experiencer as subject，ES)的功能划分，分别反映了人类表述自我心理的不同视角，即把人作为"认知主体"还是"体验对象"的不同识解方式。EO 心理动词以特定的刺激物为语义信息出发点，以人为体验对象，将心理过程看做是外部事物刺激、作用于人的过程。此外，其语义结构为"刺激物—动词—感受者"，在本质上含有"使成"义，在语义上表示"使……、令……"，如"amaze，disgust，enchant，stimulate"等。而 ES 心理动词则以感受者为出发点和认知主体，其语义结构为"感受者—动词—（刺激物）"，动词不含"使成"义，常常表示已经形成的心理状态，如"enjoy，fear，hate，respect"等。

EO 与 ES 的动态转换从另一角度说明了心理动词语义识解的视角差异。对于多数心理动词，其独特的论元结构和句法功能特征使它可以通过语词替换和结构变异来实现等值转换。一方面，句子"The baby fears the dog"通过语词替换，产生出等值表达式"The dog frightens the baby"。另一方面，结构的变异使"The news surprised the class"等同于"The class was surprised by the news"。然而，由于非母语学习者缺乏这种"母语敏感性"，所以在语词替换或结构变易过程中常常出现述语选择错误或论元结构错位。在二语教学中，"心理述语错误"是一种常见的全局性错误（global error），这类错误影响语句整体组织结构，阻碍正常交际，使本族语者难以接受（Burt and Duley，1975；Dulay et al.，1982）。

1.2.5　心理动词的功能特征

汉语由于没有形态变化，因此考察语词在更大的语法单位中所处的位置就显得格外重要。综合国内对心理动词的理论研究（胡裕树和范晓，1995；张京鱼，2001；韩琴，2006；乔丽彩，2006；文雅利，2007），并检索分析国家语言文字工作委员会（简称国家语委）语料库所提供的语言素材，我们认为心理动词具有以下 4 大功能：

1）在句中做述语。心理动词（主要是情绪类心理动词与认知类心理动词）做述语时后面一般都要有内论元成分。例如，在"妇女都喜欢耳环、头簪、项链、戒指、手镯等金银"中，该句的"喜欢"后接的"耳环、头簪、项链、戒指、手镯等金银"为内论元,满足述词的论元要求,也保证了句义的完整性。

2)在句中做宾语。心理动词做宾语时对述语有特殊要求。首先,述语必须是二价动词或多价动词。例如,在"我们对当地人民生命财产受到损失和威胁深表遗憾"中,述语"深表"在语法上为二价动词,它以心理动词"遗憾"做宾语,构成了完整的语义框架。当然,对于这种用法,部分学者(姚振武,1996;王冬梅,2004;王海峰,2004)将其归入动词转指用法。其次,述语从语义上来说是生命体主观或客观上的意愿(乔丽彩,2006:15)。例如,在"众人皆怀疑杨春发的失踪与张家有关,并对枯井深表怀疑"中,"怀疑"做"深表"的宾语,其主语是带有生命体特征的"众人",表示出一种"难以相信"的主观意愿。

3)在句中做状语。大多数情绪类心理动词在句中都可以做状语,修饰动词或形容词,这一点是心理动词与其他类动词在句法成分上的最大区别。如在"男孩子们害怕地相互看着"中,"害怕地"构成状语,修饰"看着",表示对情绪的补充说明。但认知类心理动词在句中一般不能做状语(乔丽彩,2006:15)。

4)在句中做定语。情绪类心理动词和认知类心理动词都可以在句中做定语,修饰名词性成分。如在"他们有不同于一般人的生活特点,比方有哀伤怨恨的演唱生涯"中,"怨恨"充当定语,其修饰的中心词为"演唱生涯"。

1.2.6 心理动词的句法特征

1. 句法的可预见性

作为动词的一个小类,心理动词,在句法结构上也表现出可预见性。事实上,无论是早期的生成语法,还是后来的认知语法,都对这种预见性进行了说明。而这种句法的可预见性也为在词典释义中进行句法结构的描述提供了可能。

生成语法学者（Belletti and Rizzi，1985；Jackendoff，1990；Pesetsky，1995）关注英语心理动词的句法特性，多是从使役性入手，旨在对其题元结构作归纳和预见，并提出心理动词的题元结构具有可预见性。心理状态动词和心理使役动词的题元都具有可预见性。在心理状态动词中，"经验者"在题元层级上优先于"目标/话题"，因此常做状态心理动词的主语，而"目标/话题"做宾语。换言之，在非标记状态下心理状态动词的句法结构多表现为[经验者+目标/话题]，如"She was very <u>surprised</u> at the news"。而在心理使役动词中则刚好相反，"使役者"在题元层级上优先于"经验者"，因此"使役者"多构成使役心理动词的主语，而"经验者"为宾语。换言之，在非标记状态下心理使役动词的句法结构多表现为[使役者+经验者]，如"They enraged me at the meeting"。

立足于相关研究（Jackendoff，1990；Pesetsky，1995；王文斌和徐睿，2005），张京鱼（2001；2002）从实证的角度说明、验证了汉语的心理状态动词和心理使役动词的不同语义结构和句法格局。通过对 Pesetsky 所提出的题元阶层进行修正、完善，张京鱼（2001）指出心理状态动词的语义结构是静止的，只表述感情或心理状态，其句法结构为[客体+感受者]，而心理使役动词的句法结构为[使役者，感受者]。由此，张京鱼（2001；2002）归纳出5种心理动词的句式，包括兼语式、心理使役动词句、被动句、致使把字句、感受者主语句等。

对于心理动词句法的可预见性，认知语言学家主要是通过分析其认知视角的转换性来间接体现的。无论是 Langacker（1987）认知语法中关于焦点调整（focal adjustment）的视角，还是 Talmy（2001）意象系统中的视角调度（deployment of perspective），都强调视角在动词意义识解中的运作机制。多数心理动词带有心理过程的反向性特征，也就是说，经验者和刺激物都可以做主语，且两者在一定程度上可通过语词转换和句法变换产生语义等同或近似的句子。刺激物与感受者的反向性特征常外在地表现为句法结构的变换，如"The news pleased the boy（刺激物做主语)"可以反向转换为"The boy was pleased by the news(感受者做主语)"。这种双向过程(two way process)表明人类的某些经验可由两种互补的或互为矛盾的方式来识解,这在其他过程中比较少见(唐青叶,2004)。

2. 习得的渐进性

　　心理动词句法、语义属性影响其习得效果,语义表达越抽象、句法属性越复杂,习得越难,越具体、越简单的越好习得。部分学者(张京鱼,2001;张京鱼等,2004;陈国华和周榕,2006;戴曼纯和刘晓英,2008)尝试从心理动词论元结构及子语类特征角度出发,通过实证研究来调查中国学生对英语心理动词句法结构的习得过程。

　　张京鱼(2002)提出了与主语有灵性(animacy)①相关的语义突显层级:零位使因(zero cause)在和无灵主语组合时比与有灵主语结合使用时更显著。有灵性是心理谓词(predicate)习得中的一个约束,学习者对经验者宾语动词的习得会表现出无灵主语要好于有灵主语的态势。此外,张京鱼等(2004)还曾以语法判断的实验手段对中学生心理谓词的习得进行了研究,结果表明:主语有灵性在中学生心理谓词习得中起到了认知突破口的作用,这一认知策略影响心理谓词的整体习得过程。由此可见,心理动词主语的有灵性与句法结构习得过程成反比,生命度越强,习得效果越差。

　　语料库是对使用者生成能力的真实记录,具有很强的语用代表性。陈国华和周榕(2006)通过对中国学习者英语语料库(CLEC)中"satisfy"的词频数目的对比,发现英语水平相对较低的高中学生(ST2)和大学英语四、六级学生(ST3、ST4)把"satisfy"作为使役谓词来使用的频次很低,而水平相对较高的英语专业学生(ST5 和 ST6)选用使役谓词的频次则有较大增长。当然,由于调查样本的极度有限(只有 1 个心理动词),该研

---

① 国内学术界将 animacy 翻译成"有灵性"和"有生性",为了术语的统一,本书统一使用"有灵性"。

究的可信度和普适性大大降低，但该研究在方法论上为后续研究（尤其是关于心理动词的习得特征）提供了一个典范。

戴曼纯和刘晓英（2008）从心理动词论元结构及子语类特征角度出发，试图揭示心理动词的句法-语义属性与二语习得之间的关系。结果表明：非心理动词习得优于心理动词；ES动词的习得优于EO动词（EO动词的习得难度大于ES）；ES动词的句法-语义特征由简单到复杂的排序与习得顺序完全一致。

上述分析表明，部分研究（张京鱼，2001；张京鱼等，2004；陈国华和周榕，2006；戴曼纯和刘晓英，2008）从实证的角度系统阐释了心理动词的习得渐进性：二语习得者遵循论旨等级，心理动词的习得也表现出普遍性规律，论元结构的复杂性与习得程度相关，结构越复杂习得程度越低。

综上所述，本节从语言学角度对心理动词进行全方位论述，内容包括其定义，相关研究的历史回顾，以及其语义特征、认知结构和句法分布等语言结构体系。系统的综述不仅使我们清楚了解心理动词的研究现状，也使我们更加了解其内部结构特征，为完善其表征模式、增强释义效果奠定了坚实的基础。

1.3　主流汉英词典的心理动词处理情况分析

客观地说，经过几代中国人的不懈努力，今天的汉英词典无论在理论研究方面还是在编纂实践方面都有长足的发展。但纵向对比的成就不能掩盖横向对比显示的反差：国内关于汉英词典的理论研究大大逊色于英汉词典的研究（曾东京，1999）。汉英词典的相关研究（黄建华和陈楚祥，1997；李蒂西，2000；李明和周敬华，2001；丁炳福，2002；段奡卉，2002；素欣，2004；武姜生，2005；章宜华和雍和明，2007）和心理动词的语义特征分析（马庆株，1988；黎锦熙，1992；袁毓林，1993；杨华，

1994；胡裕树和范晓，1995；张京鱼，2001；丰竟，2003；徐睿和王文斌，2005；文雅利，2007)表明，当前汉英词典关于心理动词的释义研究存在诸多问题，具体表现在理论研究和编纂实践两方面。

1.3.1　汉英词典释义理论研究方面的问题

在系统分析国内双语词典(包括汉英词典)的相关研究后，我们发现其对心理动词的释义在理论研究方面表现出以下不足。

1. 释义理论的缺乏

在汉英词典释义中，要不要凸显动词的语义关涉成分，如何凸显语义关涉成分，这在词典学界仍存在争议。关涉语义成分在动词义位释义过程中的揭示仍然处在一种非自觉的零散状态(于屏方，2006)。其原因主要在于缺乏具体理论作指导，关涉语义成分揭示与否基本依赖编者的语感。对动词的语义识解虽有部分理论支持，但由于其广泛的通用性和概括性，因此难以适应心理动词的特殊表征需求。然而，要科学、合理地解释汉英词典中的心理动词，我们需要系统理论的支持，因为好的词典，必须"建立在坚实而不外露的理论基础上。编者操作时依据的是理论原则，而不是自己的直觉"(黄建华，2000：156)。

2. 词类表征模式的趋同

相关研究(李蒂西，2000；丁炳福，2002；段奡卉，2002；素欣，2004；赫迎红，2006；武姜生，2005)表明，汉英词典对心理动词的释义表现出趋同特征，没有凸显词类的区别性特征。然而，这种"词类表征趋同"的释义模式在根本上背离了主流的词典释义观，因为无论是语言学家(Béjoint，2002；Miller and Fellbaum，1992；Talmy，2001；符淮青，1982)还是词典学家(Svensén，1993；Hanks，2008；Landau，2001；胡明扬等，1982；黄建华，2000；张志毅和张庆云，2001；章宜华，2002)都积极倡导词类分体释义，以顺应不同词类的意义表征需求。

词类的分体研究在语言学领域由来已久，探本溯源，我们会发现这种分类研究源自希腊语和拉丁语语法学家（Jespersen，1951：58）。分类研究不仅对词类本体进行了深层次的分析和了解，也有助于学习者通过系统的对比、分析，深入了解不同词类的差异性。

最早对不同词类的释义展开研究的是语言学家，如 Béjoint（2002）、Miller 和 Fellbaum（1992）、Talmy（2001）等。从历时角度分析，Thorndike 可能是最早根据词目词的类型和特征，采用不同方法对它进行释义的语言学家（Béjoint，2002：199）。Thorndike 采用了三种释义方法：插图、插图加释义和释义，其研究对象以名词为主，但也涉及心理动词。其首创的词类分体释义为后续的释义研究提供了典范，也为现代词典编纂提供了理论基础。在国内，符淮青（1982）积极主张按语法范畴的不同进行分类释义，并对名词、动词和形容词的释义模式进行研究。

如果说语言学家对词类释义的分体研究具有开拓性质，则词典学家的研究已经进入了本质性的探索，他们对不同词类的释义研究更系统、全面。具体而言，词典学家关注的是如何对属于不同词类的义位的释义体例（definition format）进行统一，着眼于形式层面（Svensén，1993；Hanks，2008；Landau，2001；胡明扬等，1982；黄建华，2000；张志毅和张庆云，2001；章宜华，2002）。Béjoint（2002：199）立足于编纂实践，认为对意义进行解释的方法应根据词类的不同而不同。在此基础上，Landau（2001）按词类将释义划分为 4 个范畴（名词、形容词、动词和其他词类），并逐一加以分析说明。Landau 强调释义在形式上的对等，着力于词目词左项和右项在词类上的对应，以确保同一词类在释义体例上的整齐划一。Landau（2001）的分类释义理念对汉英词典释义意义重大，是释义过程中"词类对译原则"的理论基础。

在国内，一大批学者也从宏观的角度，立足于不同词类在语法、语义特点方面的差异性，积极倡导按词类进行释义。由于他们的论著多为通论性的描述，所以偏重框架式的方向性指导(于屏方，2006)。在各类研究中，胡明扬等(1982)、黄建华(2000)、章宜华(2002)的研究极具理论和实践意义。

　　胡明扬等强调释义形式的多样性，各种释义方式应该互为补充。"应根据要注释词的不同特点来选择释义方式。自古至今还没有一部语文词典只采取一种释义方式的。"(胡明扬等，1982：136)此外，黄建华(2000：115)也对释义类别进行归类，并提出"释义是个复杂的问题，和所释对象的性质(如'属于什么词类')相关，对不同的对象往往要运用不同的释义方式"。在具体操作方面，他认为应将动词(包括心理动词)的释义分为两大部分："可代换性释义"和"不可代换性释义"。他对动词的系统研究，对我们完善和提高汉英词典心理动词的释义水平极具理论和现实意义。事实上，汉英词典的相关评论(段奡卉，2002；素欣，2004；赫迎红，2006；武姜生，2005)也多立足于以上两方面对词目词的释义质量进行评价。在实践方面，章宜华(2002)率先从词典学角度研究积极型词典的释义特征。他立足于共时的研究范式，通过随机抽样的方法，在《牛津高阶英语词典》、《朗文当代英语词典》、《当代法语词典》、《现代汉语学习词典》中抽取了 100 多个动词进行分析。多维释义模式系统归纳了动词释义的三大组构成分：释义的语法条件、概念特征和附加意义的注释(章宜华，2002：90)。多维释义的分析过程和创立根源也是立足于词体分类研究，而这种对动词释义进行的分体研究也成为词典学界同类研究的典范。

　　词类分体研究的理论基础及国内外词典学界在编纂实践中对分体释义的成功应用，客观上要求汉英词典在释义过程中秉承"分体释义"原则，尽力凸显心理动词的区别性语义、结构特征。然而，在今天的汉英词典释义中，为操作方便，也为了编纂体例和结构的一致性，人们习惯于对各类词汇都采取统一、整齐的表征结构。义项的多元特征及心理动词与其承接对象的复杂关系，使其完全不同于其他词类，理应区别对待。然而，这些研究在目前仍停留于理论探索阶段，在现已出版的汉英词典中，人们仍沿用统一的编纂体例，淡化了释义的词类之别。

1.3.2　汉英词典编纂实践方面的不足

目前国内所编纂的汉英词典已经达 200 多部，分析这些汉英词典的释义结构，并结合汉英词典的相关述评（源可乐，1996；张顺生和殷书谊，2002；段奚卉，2002；素欣，2004；武姜生，2005），我们发现在编纂实践方面普遍存在以下问题。

1. 在总体上弱化"形式描写"，简化"语言诠释"

词条基本结构包括"形式描写"和"语义诠释"，前者是词目词的基本信息，包括诸如拼写、词法、句法、语音等语言范畴，而后者包括诸如释义、用法、注释、词源等信息范畴（章宜华和雍和明，2007：59）。

立足于相关研究（源可乐，1996；段奚卉，2002；姚小平，2002；张春柏，2004）对汉英词典释义的批评，对语法、语用等信息的重视，并结合心理动词的编纂现实，我们发现当前的汉英词典在对词目（包括心理动词）的描述中过分弱化了"形式描写"，并简化了"语言诠释"。

一方面，多数汉英词典习惯于将心理动词的形式描写弱化为源语（汉语）的部分语音结构与目的语（英语对应词）的拼写。这类汉英词典在本质上只担当了"词汇手册"的功能，不足以满足用户的表征需求。毕竟，心理动词复杂的认知结构（郝琳，1999；高增霞，2003；兰佳睿，2007）和功能特征（胡裕树和范晓，1995；张京鱼，2001；韩琴，2006；乔丽彩，2006；文雅利，2007）使简单的"形式描写"无法全面揭示其语义结构和句法功能等，因此全面、系统的"语言诠释"对用户正确使用英语对应词不可或缺。

另一方面，汉英词典中语言诠释的目的在于提供目的语词的语法、语用、搭配等积极型词汇知识，以此增强用户对目的语词汇的生成能力。然而当前的汉英词典大都缺乏这些积极性知识，将"语言诠释"弱化为部分例证。"语言诠释"对心理动词意义更重大，因为它的句法结构更复杂（胡裕树和范晓，1995；高增霞，2003；兰佳睿，2007），因此在句子生成过程中更容易造成失误。因此，在心理动词释义中简化"语言诠释"对非母语用户是极"不友好"的，非母语用户可能因缺乏特定的语法、语用知识或受母语负迁移的影响而生成错误的句子，最终不能取得预期的查阅效果。

2. 在内容上关注理解性知识，忽略生成性知识

国内外学者 Tarp（2008）、黄建华和陈楚祥（1997）、李明和周敬华（2001）、章宜华和雍和明（2007）等曾从不同的视角对不同功能的双语词典进行结构与功能的区分。概括而言，消极型词典（又称为理解型词典）主要是提供详尽的对应词，而积极型词典（又称生成型词典）主要通过对意义的系统表述并提供语法、搭配、语用等详尽知识，增强用户外语词汇的生成能力。然而，目前汉英词典对心理动词的释义仍然以提供理解性知识为主，忽略了生成性知识。

1）汉英词典对心理动词的释义与他类词趋同，没有区别对待。心理动词的相关研究（马建忠，1983；马庆株，1988；胡裕树和范晓，1995；张京鱼，2001；2002；陈国华和周榕，2006；文雅利，2007）表明，心理动词在现实生活中是高频使用的，而心理描写的抽象性和复杂性使非母语用户在英语句子生成过程中更容易出错。由此可见，相对于普通词汇，心理动词的生成性词汇知识对非母语用户意义更为重大，因此在意义表征过程中理应区别对待。此外，相关释义理论研究（Béjoint，2002；Landau，2001；符淮青，1982；胡明扬等，1982；黄建华，2000）表明，对不同词类进行区别性释义是必然的，也是可行的。然而，汉英词典的前言和体例说明表明，目前对心理动词的释义在本质上仍表现出趋同特征，很少有汉英词典对其进行区别处理。由于主流的汉英词典在释义过程中多以提供理解性词汇知识为主，缺乏生成性词汇知识，因此对心理

动词的释义也大致相同。

2)汉英词典长期忽略对心理动词生成性词汇知识的重视。关于这一点，我们从各类词典评价中可以找到依据。汉英词典的各类评价（源可乐，1996；段奎卉，2002；张顺生和殷书谊，2002；素欣，2004）普遍认为，当前主流的汉英词典在内容上多以"理解"为目标取向，在某种程度上忽略了对生成能力的培养，这在心理动词的释义中更为明显。多数中国英语学习者在使用汉英词典时，查到心理动词对应的释义后，常常还需要查询相关的英汉词典或英英词典，才能彻底明确其意义、掌握其用法。这样，汉英词典在某种程度上便沦落到为读者提供查阅英英词典或英汉词典的线索的地步（素欣，2004）。

3. 对用户需求了解不够

20 世纪中后期，词典理论家（Atkins，1998；Rundell，1999；Hartmann，2001；Cowie，2002）逐渐将用户需要、认知能力、认知水平及认知策略等纳入词典研究框架，开始进入词典用户研究的理性时代。然而，对多数汉英词典而言，它们在对心理动词进行释义时仍未对用户作深入调查，对用户需求了解不够。

1)对用户需求了解不够是当前汉英词典编纂的普遍现象。无论是查阅双语词典研究的相关论著还是检索中国知网（CNKI）上关于汉英词典的研究文献，结果表明只有极少数著作或文章系统、全面地分析用户需求。部分研究（段奎卉，2002；党会莉和李安兴，2004；吴文智，2008）虽然也提到了用户需求，但是它们都是在个人经验基础上对"潜在用户"的预设，更多的是从汉英词典编者的自觉意识出发的，因此带有极强的主观性。立足于这样的大背景下对心理动词进行释义研究，是很难在用户需求方面有质的飞跃的。

2)心理动词由于语义结构更复杂，因此在释义过程中强化对用户需求的分析更具有现实意义。作为一类特殊的动词，心理动词的区别性语义特征(马庆株，1988；胡裕树和范晓，1995；文雅利，2007)、认知特征(郝琳，1999；高增霞，2003；兰佳睿，2007)和句法结构(张京鱼，2001，2002；王文斌和徐睿、2005)使它与一般动词差异较大。这种语义结构的复杂性、语法模式的灵活性等都可能对词典用户产生影响，使用户形成独特的查阅需求和认知心理。深入分析这种查阅需求和认知心理，将它与用户需求融合，以此形成综合的用户信息，这对未来的汉英词典编纂将具有直接指导意义。简言之，了解用户对心理动词的查阅需求是非常有必要的，它不仅对掌握心理动词的习得规律意义重大，而且对提高汉英词典的编纂质量也大有裨益。

3)心理动词的实验研究为强化释义过程中的用户分析提供了可能。部分研究(张京鱼，2001；2002；戴曼纯和刘晓英，2008)已从实验的角度，验证了心理动词的语义、认知、句法标记特征及其对用户英语生成能力的影响。换言之，由于心理动词在搭配模式和句法结构上不同于一般动词，所以用户对其释义有着不同于他类动词的需求和期盼。然而这些研究成果并未引起汉英词典编纂者的重视，也未在编纂实践中得到体现，这一点我们从新出版的汉英词典中可窥一斑。

4. 依存性太强，自主性不足

自主和依存作为哲学上的一对范畴，指的是有联系的甲乙两事物间的一种不对称的关系(徐盛桓，2007)。双语词典对词目(包括心理动词)的释义在本质上是译义，是源语在目的语中交际模式的映射，所以它在本质上表现出一种自主-依存的二元连接特征，即双语词典对单语蓝本的相对依存性。在汉英词典中，心理动词的释义过程表现出高度依存特征，而这种高度依存特征既是汉英词典释义共性特征的反映，也是主流汉英词典在释义过程中对心理动词语义特性关注不够的客观表现。

1)相关研究(曾东京，1999；2003；彭宣维，2001；武姜生，2005)都明示了这类依存特征在汉英词典释义中的普遍性。曾东京(2003：5)

认为，国内汉英词典共性之一就是"以《现汉》(第 1 版)为蓝本，并对词条予以增删缩合"。此外，相关研究(寒食，1993；曾东京，1999，2003；彭宣维，2001；素欣，2004)还在内容上对这种高度依存特征进行了分析。

汉英词典的心理动词在义项组织和表征方面表现出对单语蓝本词典(《现汉》)的依存本质。关于这一点，我们从词典的前言、相关词典评论(寒食，1993；曾东京，1999；2003；彭宣维，2001；陆嘉琦，1997；段奡卉，2002；素欣，2004；武姜生，2005)中可找到依据。一方面，在对心理动词义项的提取和归纳上，多数汉英词典表现出对单语蓝本词典的高度依存，创新性不足。而部分词典甚至在《前言》中明确声明，其释义理据以《现汉》为主，以此证明其释义的权威性。此外，多数汉英词典都缺乏完整、系统的语料库或数据库，语料的缺乏势必导致汉英词典在心理动词的释义过程中转向单语蓝本词典。这也从另一角度证明了在心理动词释义过程中汉英词典对单语蓝本词典的绝对依存。另一方面，相关研究(寒食，1993；曾东京，1999；2003；彭宣维，2001；素欣，2004；武姜生，2005)也从义项的组织和排列等方面论证了汉英词典在对心理动词释义过程中对《现汉》的高度依存特征，并提供了足够的证据。

2)心理动词的多维语义结构(马庆株，1988；胡裕树和范晓，1995；徐睿和王文斌，2005)和功能特征(胡裕树和范晓，1995；张京鱼，2001；乔丽彩，2006；)使其意义表征变得非常复杂。而编纂任务的紧迫性、编纂过程中的省力原则使各汉英词典编者在释义过程中倾向于借鉴单语权威词典的成果。此外，心理动词的复杂性使汉英词典编者更迷恋单语蓝本词典，因为这样不仅可以节省大量时间，还可以避免曲解、误解，防止重大遗漏(吴景荣，1980)。然而，对单一蓝本的高度依存容易使编者受蓝本的禁锢，扼杀了编者的创新和进步。毕竟，"蓝本只是一种参考。为了编出双语词典自己的风格和特色，蓝本的数量可以不只一种，而且越多越好"(李明，2003：175)。

1.3.3　小结

　　综上所述，主流汉英词典对各类词汇(包括心理动词)的释义在理论研究和编纂实践方面都存在诸多不足，关于这一点，国内的相关研究都有论述。此外，对汉英词典中心理动词存在的问题进行分析阐述，使我们更加明确了对汉英词典释义进行深入研究的必要性，并从方法论上为本研究提供了参考指南。

第 2 章

主流内向型汉英词典的释义现状调查

调查研究既体现了科学观，也蕴涵着方法论，它对词典编纂极具指导意义。本章将以心理动词为调查对象，从整体释义结构体系和心理动词释义现状（包括释义广度和释义深度）两方面对主流内向型汉英词典进行调查。

2.1　汉英词典的整体释义结构体系调查

对语言及其应用的研究可以分为两个步骤：描写和解释，其中描写是前提，而解释则是目标。释义是词典编纂的核心，了解词典的释义结构体系对我们研究汉英词典、全面反映其编纂现状，进而提高编纂质量意义重大。本节旨在通过对特定词典的调查，分析主流内向型汉英词典的整体释义结构体系，找出其优点和不足，以此为新型汉英词典的编纂提供现实依据。

我们的研究对象为 8 部内向型汉英词典：《汉英词典》（简称《汉英78》）、《现代汉英词典》（简称《现代汉英》）、《新时代汉英大词典》（简称《新时代》）、《汉英辞典》新世纪版（简称《汉英辞典》）、《实用汉英翻译词典》（简称《实用翻译》）、《新汉英辞典》（简称《新汉英》）、《新世纪汉英大词典》（简称《新世纪》）、《汉英大词典》（简称《外文汉英》）。

它们在时间上跨越了 30 年，在规模上以大、中型词典为主，且出自国内多家知名出版社，因此极具代表性。

本研究将围绕主流内向型汉英词典(共 8 部)的释义模式，从宏观结构和微观结构方面进行对比分析，具体包括：①汉英词典的属性对比。对属性的描写是一个隐性分析和逻辑推理的过程，因为词典的部分属性，如适用对象、编纂宗旨、体例说明、出版情况等，都暗含在汉英词典的前言中。②汉英词典释义结构对比。释义结构对比在内容上涵盖了释义宗旨、释义方法、释义理据等多方面。

2.1.1　汉英词典属性对比

研究词典属性对全面了解、分析词典至关重要。对词典属性的研究常通过分析词典的编纂说明、体例分析等方式进行。

通过对比分析(表 2-1)可见，主流汉英词典虽然风格各异、品种繁多，但透过词典表象，我们仍然能窥探其深层的差异性和区别特征。

表 2-1　主流汉英词典属性对比

词典名称	出版社	主编	收词量	出版年份	服务群体
《汉英78》	商务印书馆	吴景荣	单字条目6000个，多字条目5万个	1978	翻译工作者、英语教师和学习英语的读者
《现代汉英》	外语教学与研究出版社	段世镇	单字条目4800个	1988	学习英语和使用英语的读者
《新时代》	商务印书馆	吴景荣、程镇球	共收条目12万个	2000	以广大英语学习者、使用者为服务对象，也可供外国读者学习汉语、了解中国之用
《汉英辞典》	上海交通大学出版社	吴光华	单字条目1万个，多字条目11万个	2001	中外读者
《实用翻译》	漓江出版社	吴文智、钱厚生	常用字5000个，常用词3万个	2001	英语作为第二语言和外语的使用者，以及英语作为第一语言的使用者

续表

词典名称	出版社	主编	收词量	出版年份	服务群体
《新汉英》	上海交通大学出版社	吴光华	单字条目9000个，多字条目8万个	2003	广大读者
《新世纪》	外语教学与研究出版社	惠宇	共收条目14万个	2003	中外读者
《外文汉英》	外文出版社	王瑞晴、王宇欣		2006	大中学生、专业技术人员、英语爱好者、学习汉语的外国人

1）在词典命名上，多数词典选择了《词典》，而非《辞典》。在 8 部汉英词典中，有 6 部以《词典》定名，占总数的 75%，选择《辞典》的只有 2 部，占总数的 25%。事实上，以《辞典》命名的 2 部汉英工具书都由相同的主编(吴光华)和出版社(上海交通大学出版社)编辑出版。由此可见，虽然对于"词典"和"辞典"的定名人们颇有争议，但主流词典界还是倾向于将汉英词典看做提供必要词汇知识信息的工具书，因为"词典"在本质上就是"汇集语词等词汇单位，以条目的形式分别处理，提供必要的词汇知识信息，并按一定方式(形序、音序、义序等)编排的工具书"(章宜华和雍和明，2007：17)。

2）出版社在相对分散中表现出集中的趋势。出版社五花八门，但大、中型的综合类汉英词典则主要集中在商务印书馆、外语教学与研究出版社，以及上海交通大学出版社等。

3）在收词量方面。汉英词典的收词量在不断增加，多数词典(包括《新时代》《汉英辞典》《新世纪》)的收词条目已逾 10 万个，应该说覆盖面较广，收词较全，基本能够满足我们日常学习的需要。

4）服务群体方面。当前主流汉英词典的服务群体比较模糊，没有明确的界定(多数词典都表明"适用于中外读者")，无"内向""外向"之别。这个结果也与部分研究(陆嘉琦，1997；梁德润，1999a；1999b；党会莉和李安兴，2004)基本一致。究其原因，我们认为主要有以下两个：

①基于商业考虑。编者通过模糊潜在用户，使词典的使用群体无限扩大，以此提高词典销售量。②编者对编纂宗旨考虑不周。众所周知，汉英词典分为内向型和外向型，不同的编纂宗旨对应着不同的服务对象，进而产生不同的编纂方法。编纂宗旨不明确，则其服务对象自然难以准确定位。

2.1.2　汉英词典释义结构对比

释义结构是研究词典释义的基础。为了深入、系统地分析汉英词典的释义现状，本节将从释义结构的角度，对比分析 8 部汉英词典的释义宗旨、释义方法、释义理据等，从中找出规律性的东西，以此为词典编纂提供指导和帮助。

通过对比分析(表 2-2)我们发现，目前的汉英词典在释义结构上既表现出一定的共性，也包含部分区别性特征。

表 2-2　主流汉英词典释义结构对比

词典名称	释义宗旨	释义方法	释义理据	义项排列
《汉英 78》	力求准确、简明	提供对应的英语释义；无对应词时，用英语解释	以现代汉语为主	
《现代汉英》	准确	义项都注有简明扼要的汉语释义，并提供对等英语释义		
《新时代》	力求准确，避免望文生义、以讹传讹	提供词性相同的对应词；无对应词汇时，则用说明的方式处理	以现代普通话用法为主，酌收古旧义和方言义	从直译到意译
《汉英辞典》	释义广，选义精	列汉英两种释义，提供对应词	以汉语为基础	从本义、引申义到科技词义
《实用翻译》	浅显、中肯、灵活，释义有据	词目对译，精选范例来深化诠释		
《新汉英》	释义广，选义精	列汉英两种释义	以汉语为基础	本义、引申义和科技词义

续表

词典名称	释义宗旨	释义方法	释义理据	义项排列
《新世纪》	力求准确	给出对应词；找不到对应词时，给出简洁的译文	以现代汉语语义为主，酌收古义和旧义	从本义到引申义
《外文汉英》	词义准确，切合汉语原意	给出对应词；找不到对应词时，给出比较完整的解释	汉语原义	

1) 就释义宗旨而言，多数词典将"准确"作为其首要宗旨和原则，而对其应用性涉及不多。表 2-2 的统计结果表明，在 8 部汉英词典中，有 5 部明确要求释义"准确"。此外，《汉英辞典》和《新汉英》则将"释义广、选义精"作为编纂宗旨。但所有词典都没有涉及释义的实用性和可接受性，以及用户的查阅需求等。由此可见，当今的汉英词典的释义仍然停留于传统的"以编者为中心"，而"基于用户的研究"仍然处于理论探讨阶段。

2) 在释义方法上，多数词典都强调"提供对应词"，释义结构缺乏多元性。表 2-2 表明，在所调查的 8 部汉英词典中，有 6 部明确提出"给出对应词"，其他 2 部则要求"词目对译""列汉英两种释义"。而对于对应词的其他系统知识，如语法、语用等，都未涉及。

3) 释义理据的模糊性和主观性。释义理据是构建释义的基础和准则，它对释义的准确性、合理性具有决定性意义。表 2-2 表明，当前主流汉英词典的释义表现出两大特征：模糊性和主观性。一方面，全部汉英词典都非常模糊、简略地表示其释义"立足于汉语"，但对其语义结构中所蕴涵的历时、共时和地域特征等都涉及不多(只有《新时代》和《新世纪》表示其"酌收古义和旧义或方言义")；另一方面，所有汉英词典都未明确其义项的提取和设立原则，但由其"前言"和"体例"我们推测，它们多数是以编者直觉为主的内省式研究，很少从诱导实验和语料库等方面入手。然而，这种以主观内省为信息收集渠道的释义方法，可能因编者的个人偏好、知识结构差异等而出现对释义本体的偏离。

4) 义项排列原则不明。表 2-2 的统计结果显示，在所调查的 8 部汉英词典中，有 4 部对其义项排列原则缄口不提，只有《汉英辞典》、《新汉英》和《新世纪》明确表示其义项排列"从本义到引申义"，而《新时代》则暗示其义项排列"从直译到意译"。由此可见，多数编者对其编纂汉英词典的义项排列都未设立明确、操作性强的原则，这是令人遗憾的，因为"义项排列是词典编者必须作出的重要词典选择之一，这种选择的意义对词典使用绝不可低估"（雍和明，2003a：110）。

2.1.3 研究结果与反思

从以上对汉英词典属性和释义结构的全面分析我们发现，主流汉英词典结构比较混乱，未形成统一、规范的释义模式。一方面，多数词典编纂者追求目标单一，热衷于收词量大、释义准确，而对其他如能产性、实用性等不加重视；另一方面，他们对所编纂词典的服务群体、释义宗旨、释义理据、义项排列等核心内容界定不明确。换言之，由于编者在编纂过程中对以上释义结构成分的忽略或不重视，释义的规范性、客观性和科学性难以得到全面的保障。

2.2 心理动词的释义组构成分的对比

对汉英词典释义结构体系的全面调查，有利于我们从整体角度来了解主流汉英词典的释义现状，但如果我们想更深入地了解其微观结构，还需要进行具体的抽样分析，因为"好的抽样可以把研究总体转换成研究样本"（韩宝成，2000：41）。这样不仅能节省人力、物力，还能为深入调查和统计提供充分的保障。

本研究将选取内向型汉英词典的心理动词为研究对象，通过抽样分析的手段，用描写的方法从释义广度视角客观反映内向型汉英词典深层释义现状，并对比各汉英词典的共通性和差异性。

首先，在对象选取时，我们将结合文雅利（2007：71）的研究成果，把《现汉》（第5版）中的765个心理动词划分为三类：心理活动动词、心理状态动词和心理使役动词。我们的调查以文雅利（2007：71）的研究为基础，一方面是由于她的分类是立足于主流研究，理论基础扎实；另一方面是由于她对《现汉》中所有的心理动词都进行了全面分析和系统归类，能在数据统计和研究范式上为本研究提供支持。

其次，在样本提取过程中，为了使样本具有代表性，本研究将采用等距抽样的方法从765个心理动词中抽取100个。等距抽样是隔一定间距进行抽样，所抽取的样本能够均匀地分布在总体之中，所以采取这种方法抽取的样本的代表性也高一些（韩宝成，2000：43）。

最后，在样本的构成上，我们将参照文雅利（2007）的统计结果，即心理使役动词占9%，心理活动动词占35%，而心理状态动词占56%。同时，根据所抽取的样本容量（100个）和样本总量，求得间距 K 约为8（K=765/100）。通过这种方法，本研究抽取出如下心理动词，见表2-3。

表 2-3　汉英词典释义广度调查中的心理动词

动词类别	动词数目/个	动词比例/%	动词内容
心理使役动词	9	9	爱　刁难　害怕　搅扰　苦恼　陶醉　吓　兴奋
心理活动动词	35	35	猜　猜度　彻悟　揣想　当做　洞达　反思　感觉　估摸　狐疑 回想　假想　决计　考量　理解　领悟　明白　谋虑　起疑　确认 认知　省悟　思考　算计　推测　忘掉　悟　想来　醒悟　以为 阴谋　预谋　知　追想　琢磨
心理状态动词	56	56	哀悼　爱好　懊恨　暴怒　不忍　怅恨　痴迷　爱怜　巴不得 愣　宠溺　担心　发狠　发征　费神　甘于　姑息 挂牵　害怕　恨不得　怀恋　悔恨　冀图　禁不住　敬佩　看重 渴望　宽赦　迷　吝惜　难堪　偏爱　奇怪　迁怒　钦敬　忍耐 如意　奢望　生气　思乡　痛恶　妄求　畏怯　希图　嫌恶　向往 欣赏　厌弃　怨恨　震怒　注重　自愿　不图　怕　鄙薄

2.2.1　汉英词典词目收录对比：基于宏观结构的分析

　　词典的宏观结构以词目总体的编排方式为核心。立足于汉英词典的编纂实践和结构体系，本节将主要对其词目收录状况进行对比。

　　表 2-4 基本反映了该类汉英词典的收词现状，《新时代》和《新世纪》收录的词条数目最大（分别为 12 万个和 14 万个），在抽样的 100 个心理动词中，它们包含了 99 个（仅"宠溺"未录入）。而《实用翻译》收入词目最少（仅 3.5 万个），所以在本实验所抽样的 100 个心理动词中，只包含了 66 个。

表 2-4　各主流汉英词典对心理动词的收录状况

词典名称	收入心理动词的数目/个	未收入的心理使役动词	未收入的心理活动动词	未收入的心理状态动词
《汉英78》	85		彻悟　揣想　反思 考量　谋虑　起疑	懊恨　怅恨　宠溺　发怔 挂牵　冀图　宽赦　思乡 不图
《现代汉英》	82		彻悟　揣想　反思 估摸　考量　谋虑 起疑　省悟　追想	懊恨　怅恨　宠溺　发怔 挂牵　宽赦　恨不得 思乡　不图
《新时代》	99			宠溺
《汉英辞典》	90		彻悟　揣想　考量 谋虑	懊恨　宠溺　挂牵　冀图 宽赦　妄求
《实用翻译》	66	恼	猜度　彻悟　揣想 悟　　反思　洞达 估摸　假想　考量 谋虑　起疑　认知 算计　想来	懊恨　暴怒　不忍　怅恨 痴迷　宠溺　动情　发狠 发怔　甘于　挂牵　怀恋 冀图　宽赦　迁怒　思乡 痛恶　妄求　不图
《新汉英》	85		猜度　彻悟　揣想 当做　起疑　谋虑	懊恨　怅恨　宠溺　挂牵 冀图　宽赦　钦敬　痛恶 妄求
《新世纪》	99			宠溺
《外文汉英》	88		彻悟　当做　追想 鄙薄	懊恨　怅恨　宠溺　发狠 发怔　挂牵　痛恶　不图

但另一方面，我们的调查也反映出一些奇怪的现象。《汉英辞典》的收词达到 12 万个(单字条目 1 万个，多字条目 11 万个)，但在抽样的 100 个心理动词中，仅包含了 90 个，未录入的心理词汇甚至包括一些很常用的词，如"彻悟"、"谋虑"和"妄求"。而其他收词规模相当的词典(如《新时代》)，则收取了 100 个心理动词中的 99 个。对于这种情况，我们认为可能是基于两个原因：首先，编者的主观判断或个人兴趣使部分词典在词目收录过程中出现了不同的侧重点和选择偏爱，因此在心理动词的收录方面放弃或遗漏了部分词汇。其次，编者的收词规模可能略低于其声称的收词量，即由于总量较低而导致部分词目被排除在外，未能录入词典。

2.2.2 汉英词典意义表征成分的对比：基于微观结构的全面分析

词典微观结构主要指词条内部的信息组织结构，在内容上包括词头后面的所有信息(章宜华和雍和明，2007：59)。在汉英词典中，其微观结构主要包括形态标注、词类标注、例证说明、义项划分、语用标注等方面。考虑到本研究的客观实际及统计的可操作性，本研究将从目的语的形态标注、词类标注、句法描述、例证、义项及源语词目参见等表征成分方面，统计其平均数值(每个统计单位为 1 分)，并比较其共通性与特殊性。此外，在统计过程中，部分词典对个别心理动词提供的是非动词类对应词，这种情况下对应词的所有微观结构成分都不纳入统计。

表 2-5 显示，以上 8 部汉英词典的释义都表现出一些共有的特征。

表 2-5　主流汉英词典微观结构成分表

词典名称	形态标注	词类标注	句法描述	例证	义项	对应词	附加意义	参见结构
《汉英 78》	0.000	0.000	0.000	1.224	0.980	2.165	0.047	0.047
《现代汉英》	0.000	0.000	0.000	1.122	0.980	2.256	0.000	0.000

续表

词典名称	形态标注	词类标注	句法描述	例证	义项	对应词	附加意义	参见结构
《新时代》	0.000	0.000	0.000	2.152	0.960	2.444	0.071	0.020
《汉英辞典》[a]	0.000	0.110	0.000	2.284	1.070	3.023	0.034	0.034
《实用翻译》	0.000	1.000	0.000	4.212	0.894	2.667	0.000	0.015
《新汉英》[b]	0.000	0.106	0.000	1.260	1.047	2.917	0.060	0.524
《新世纪》[c]	0.000	1.020	0.000	3.650	1.100	3.469	0.163	0.204
《外文汉英》	0.000	0.000	0.000	1.148	0.977	2.705	0.034	0.023

a. 该词典在对"爱好"和"生气"进行释义时出现了极端数据[编者提供了 56 个"爱好"的对应词、50 个"生气"的对应词，远远高于其他词典对应词汇的最大值(12)]。当一组数据中出现极端数据时，就不能用它来代表该组数据的集中趋势(刘润清，1999：15)。由于它们对计算平均值不具有统计学意义，故未进入统计

b. 该词典在对"爱好"进行释义时出现了极端数据[编者提供了 48 个"爱好"的对应词，远远高于其他词典对应词汇的最大值(12)]，对计算平均值不具有统计学意义，故该词未进入统计

c. 该词典在对"爱"进行释义时出现了极端数据[编者提供了 37 个"爱"的例证，远远高于其他词典对应词汇的最大值(19)]，对计算平均值不具有统计学意义，故该词未进入统计

1)释义结构中虽然提供了对应词的原型拼写，但没有涉及其形态变化(无形态标注)，此外，它们也没有涉及句法结构。

2)释义结构对词汇的语用附加意义都涉及甚少[统计数字表明，其比例大都低于 10%(《新世纪》较高，达到 16%)]。这种情况在《实用翻译》中更严重，在所调查的词汇中，几乎没有一个心理动词的释义蕴涵有附加意义。

3)参见结构大都立足于源语(汉语)词目或义项，以此来指明源语词目之间、义项之间的信息关系。在调查的汉英词典中，除了《新汉英》和《新世纪》描绘了被释义词的系统意义之外，其他 6 部词典都很少涉及被释义词的系统意义(统计数据表明，其比例大都低于 5%，《现代汉英》甚至为 0)。这方面，《新汉英》和《新世纪》做得比较深入，前者进行

了大量的同义词汇辨析(约对一半以上的词进行了同义对比)，而后者则将源语词放入词汇网络，更多地关注该词在语义、搭配方面的组合和聚合特征。

当然，由于主编、出版机构和出版年代不同，这些汉英词典在对心理动词释义方面，更多地表现出差异性，具体表现在以下几方面。

1)在词类标注方面，有 4 部汉英词典(《汉英辞典》、《实用汉英》、《新汉英》、《新世纪》)对词类进行标注。此外，在这 4 部汉英词典中，《汉英辞典》和《新汉英》只对单音节心理动词进行词类标注，而《实用汉英》和《新世纪》对单音节和双音节词条都进行了词类标注(后者对词类的标注极其详细，如对"苦"、"猜"、"知"、"迷"、"怕"等都在同一词类(动词)下进行分类标注，以进行范畴化再分类)。

(1) 迷　mí ❶<动> be confused；be lost：⇨~漫；~失；~途❷<动> be crazy about；be fascinated by；be obsessed with：他的精彩演说~住了听众。Her wonderful speech magnetized the crowd.||他~倒了电影听众。He dazzled movie goers. ||他们对电脑着了~。They are crazy about/obsessed with computers. ⇨~恋；~信；痴~❸<动>confuse；enchant；fascinate；perplex：⇨~魂阵；~惑　　　　　《新世纪》

如在"迷"的释义中，《新世纪》分别在动词功能义项范畴内进一步分出了 3 个动词子义项(见例(1))，而其他词典只有一个动词义项。

2)在心理动词的例证方面，这些词典在数量上表现出极大的差异性，其中，《实用翻译》所提供的例证最多，平均每词高达 4.212 个，《现代汉英》提供的例证最少，平均每词仅为 1.122 个。

3)就心理动词释义所蕴涵的义项数值而言，尽管统计结果显示词典之间有一定的差异，但差异性很小。各调查词典所提供义项的平均值都在 1 个左右，只有《实用汉英翻译》略低于其他(0.894)。部分词典所提供义项的平均值略低于 1 个，原因在于这些词典对部分心理动词没有提供对应的动词类义项，而是其他义项（如《实用翻译》中的【狐疑】被释义为"<名> doubt；suspicion"）。所以统计结果显示，有多个心理动词对应词的义项为 0。其结果是，部分词典所提供义项的平均值就可能不足 1 个了。

4）在对应词方面，统计结果显示其心理动词对应词的数值比较接近（有 6 部词典的统计数据为 2~3 个）。在调查的词典中，提供心理动词的对应词最多的是《新世纪》（平均为 3.469 个），最少的是《汉英 78》（平均为 2.165 个）。

2.2.3　汉英词典之间的继承与创新：基于微观结构的组间差异对比

以上研究表明，所调查的汉英词典都未涉及形态结构和句法描述，而在词类标注、附加意义和系统关系等方面差异非常明显，所以对后者本节将深入调查，以便分析词典内部之间的继承性和创新性。本文将系统对比 8 部汉英词典共同涉及的例证、义项和对应词等方面的数值差异，具体包括：《汉英 78》、《现代汉英》、《外文汉英》的对比分析，《新时代》、《汉英辞典》、《新世纪》的对比。

1. 《汉英 78》、《现代汉英》、《外文汉英》的对比分析

表 2-5 的统计结果表明以上 3 部汉英词典在例证、义项和对应词方面的均值非常接近。为了验证我们的直觉，本研究将通过 SPSS 软件对以上 3 部词典的例证、义项和对应词分别进行组间单因素方差分析。此外，本研究中的样本总量和各单元样本数量都比较大（都大于 29 个，属于大样本），所以各样本基本呈正态分布①，因此符合统计原则，可以进行组

---

① 根据中心极限定理（central limit theorem），在实际中，不论总体数据的分布情况如何，只要每次抽样的数量够大（比如说每次抽样的容量在 30 个或 30 个以上），样本的分布就基本呈正态分布（韩宝成，2000）。在本研究中，由于各样本的抽取数量已经达到 80 个以上，所以所抽取的样本在总体上应该呈正态分布。

间单因素方差分析（one-way ANOVA）。在具体分析过程中，我们将分别从例证、义项、对应词等 3 方面逐一进行对比。结果（表 2-6~表 2-8）表明，在所对比的 3 部词典中，例证、义项和对应词的统计值在统计学上都不具有显著区别。

在例证的方差分析中（表 2-6），$F_{(2,252)}=0.129$, $p=0.879$，$p>0.05$，所以接受零假设（零假设假定 3 部词典的例证在数量上无显著差异），即它们之间没有显著差异性。

表 2-6　3 部词典在对应词方面的方差分析表

			平方和	自由度	均方	F 值	P 值
组内			0.469	2	0.235	0.129	0.879
	线性项	未加权	0.248	1	0.248	0.137	0.712
		加权	0.244	1	0.244	0.134	0.715
		离差	0.226	1	0.226	0.124	0.725
组间			458.613	252	1.820		
总和			459.082	254			

表 2-7　3 部词典在义项方面的方差分析表

			平方和	自由度	均方	F 值	P 值
组内			0.000	2	0.000	0.000	1.000
	线性项	未加权	0.000	1	0.000	0.000	0.994
		加权	0.000	1	0.000	0.000	0.994
		离差	0.000	1	0.000	0.000	0.989
组间			117.859	252	0.468		
总和			117.859	254			

在义项的方差分析中(表 2-7), $F_{(2,252)}=0.000$, $p=1.00$, $p>0.05$, 所以接受零假设(零假设假定 3 部词典的义项数无显著差异), 即它们之间没有显著差异性。

在对应词的方差分析中(表 2-8), $F_{(2,252)}=2.040$, $p=0.132$, $p>0.05$, 所以接受零假设(零假设假定 3 部词典的对应词在数量上无显著差异), 即它们之间没有显著差异性。

表 2-8　3 部词典在例证方面的方差分析表

			平方和	自由度	均方	F 值	P 值
组内			14.468	2	7.234	2.040	0.132
	线性项	未加权	12.600	1	12.600	3.553	0.061
		加权	12.695	1	12.695	3.580	0.060
		离差	1.773	1	1.773	0.500	0.480
组间			893.634	252	3.546		
总和			908.102	254			

由此可见, 3 部词典的例证、义项和对应词在数量上无显著差异。此外, 由于以上 3 部词典在出版顺序上依次为《汉英 78》、《现代汉英》、《外文汉英》, 因此我们可以初步断定后两者对前者具有一定的继承性、沿袭性。出现这种情况, 原因可能是:

首先,《汉英 78》、《现代汉英》都由北京外国语学院编纂, 在编纂理念和方法上可能具有一定的沿袭性和相似性, 所以统计结果显示它们对心理动词的释义在广度上非常接近。

其次,《外文汉英》虽然是新出版的, 但该词典在编纂过程中可能从《汉英 78》、《现代汉英》中参阅或继承了一定的内容, 所以它对心理动词的释义在广度上仍然非常接近《汉英 78》, 没有本质的超越和改进。

表 2-6~表 2-8 的统计结果显示，《现代汉英》、《外文汉英》都对《汉英 78》有一定的沿袭和继承，但两者继承的程度是否有差异？为此，我们需要以《汉英 78》为参照对象，通过组间多因素方差分析中的均值对比（K Matrix）（表 2-9）来分析《现代汉英》和《外文汉英》对其继承和沿袭的差异程度。

表 2-9　3 部词典在例证、义项和对应词方面的均值比较表

词典类型 [a]		依变量		
		例证	义项	对应词
《现代汉英》vs.《汉英78》	对比度估计	−0.102	−0.001	0.091
	假设值	0	0	0
	差异（估计-假设）	−0.102	−0.001	0.091
	标准差	0.209	0.106	0.291
	P 值	0.627	0.994	0.754
	95%的置信区间差异　下限	−0.513	−0.209	−0.483
	上限	0.310	0.208	0.665
《外文汉英》vs.《汉英78》	对比度估计	−0.076	0.001	0.540
	假设值	0	0	0
	差异（估计-假设）	−0.076	0.001	0.540
	标准差	0.205	0.104	0.286
	P 值	0.712	0.994	0.061
	95%的置信区间差异　下限	−0.480	−0.204	−0.024
	上限	0.328	0.206	1.104

a. 参考类型 =1

表 2-9 表明，以上 3 部汉英词典虽然在总体上没有统计学意义上的差异性，但彼此之间的相似度还是有区别的，统计结果表明：

1)《汉英 78》与《现代汉英》在例证方面的相似度小于《汉英 78》与《外文汉英》的相似程度[因为《现代汉英》vs.《汉英 78》例证的显著值（$p = 0.627$）小于《外文汉英》vs.《汉英 78》的相应值（$p = 0.712$）]。由此可见，在例证广度方面，《外文汉英》对《汉英 78》的继承和沿袭程度强过《现代汉英》对《汉英 78》的继承和沿袭程度。

2)《汉英 78》与《现代汉英》在对应词数量方面的相似度大于《汉英 78》与《外文汉英》的相似程度[因为《现代汉英》vs.《汉英 78》对应词的显著值（$p=0.754$）大于《外文汉英》vs.《汉英 78》的相应值（$p=0.061$）]。换言之，在对应词数量方面，《现代汉英》对《汉英 78》的继承和沿袭程度超过了《外文汉英》对《汉英 78》的继承和沿袭程度。

2. 《新时代》、《汉英辞典》、《新世纪》的对比分析

在本节，我们选择以上 3 部词典进行对比分析，主要是基于以下原因：

1)收词量都很大，都在 12 万个以上，且对于本次统计的 100 个心理动词，它们都收录了 90 个以上。

2)都由比较权威的出版社出版（商务印书馆、外语教学与研究出版社和上海交通大学出版社），分别代表当前中国汉英词典出版界的较高水平。

3)都是 21 世纪新出版的，并且都受到学术界较高的评价。

在统计过程中，我们将分别从义项、对应词和例证等 3 方面进行组间单因素方差分析（具体见表 2-10~表 2-12）。

表 2-10 3 部词典在义项方面的方差分析表

			平方和	自由度	均方	F 值	P 值
组内			1.352	2	0.676	1.590	0.206
	线性项	未加权	1.306	1	1.306	3.070	0.081
		加权	1.308	1	1.308	3.074	0.081
		离差	0.045	1	0.045	0.105	0.746
组间			119.960	282	0.425		
总和			121.312	284			

表 2-11 3 部词典在对应词方面的方差分析表

			平方和	自由度	均方	F 值	P 值
组内			52.021	2	26.010	5.014	0.007
	线性项	未加权	51.736	1	51.736	9.974	0.002
		加权	51.757	1	51.757	9.978	0.002
		离差	0.263	1	0.263	0.051	0.822
组间			1462.807	282	5.187		
总和			1514.828	284			

表 2-12 3 部词典在例证方面的方差分析表

			平方和	自由度	均方	F 值	P 值
组内			133.999	2	66.999	7.537	0.001
	线性项	未加权	111.038	1	111.038	12.491	0.000
		加权	110.753	1	110.753	12.459	0.000
		离差	23.246	1	23.246	2.615	0.107
组间			2506.829	282	8.889		
总和			2640.828	284			

1) 3 部词典在义项划分方面非常相似，变量之间在统计学意义上不具有显著差异。在表 2-10 中，$F_{(2,282)}=1.590$，$p=0.206$ 且远远大于 0.05，所以接受零假设（零假设假定 3 部词典在义项数量方面无显著差异）。该结果从另一个角度表明，3 部词典对概念意义的划分非常接近。

出现这种结果，可能是基于以下原因：一方面，3 部词典都具有相同或相近的释义理据（以《现汉》语义为主，具体见表 2-2），共同的释义理据使编者在释义过程中的义项提取、义项设立在广度上非常接近；另一方面，编纂过程中对某特定文献的共同参考（如某权威单语词典），甚至汉英词典之间的相互参考都会增加义项设立的相似性。

2) 在例证和对应词方面，3 部词典之间具有显著差异。表 2-11 和表 2-12 的统计结果显示，变量（包括例证和对应词）之间在统计学意义上具有显著差异（例证的 $p=0.001$，对应词的 $p=0.007$，都远小于 0.05，所以拒绝零假设（零假设假定 3 部词典在对应词和例证数量方面无显著差异））。再结合各变量的平均值（具体见表 2-5），可以初步断定，在对应词和例证的广度方面，《新世纪》的数量远高于《汉英辞典》，而后者又明显高于《新时代》，并且这种数值差异在统计学上具有显著性。

2.2.4 研究结果

对多数汉英词典心理动词的抽样调查结果表明：汉英词典之间在释义广度方面表现出差异性和不均衡性；在释义内容和结构方面，多数汉英词典主要关注对等词汇的消极型知识，而对积极型知识涉及不多，因此忽略了外语学习者对目的语词汇的生成性需求。此外，汉英词典之间在释义广度上也表现出一定的共通性和差异性。

2.3 心理动词的释义特征和表征效果的调查

对释义广度的分析有助于我们全面了解释义过程中的组构成分，然而这还不足以让我们了解其释义本质。毕竟，对意义表征的组构成分而言，数量是基础，而质量是关键。所以，为了深入了解心理动词释义的本质和表征效果，我们也应对其释义成分进行深度分析，具体涉及其释义特征和表征效果。

同 2.2 节一样，本节将以内向型汉英词典中的心理动词为研究对象，通过抽样分析的手段，用描写的方法从释义的原型特征和表征效果等方面，客观反映内向型汉英词典深层释义现状。

在研究过程中，本研究采取的是控制型随机抽样方法。首先，本节将从 100 个心理动词（见 2.2 节）中提取出 8 部汉英词典共同收录的 60 个词汇，确保进入调查的心理动词在每部汉英词典中都能找到对应的释义模式。其次，为了确保调查的客观性和科学性，本研究将从 60 个心理动词中随机抽取 31 个心理动词（占总样本的 51.7%，具体见表 2-13）进入最后的分析。31 个心理动词足以胜任本研究的抽样需求，因为语言行为内部在本质上表现出很大的同质性。此外，"在语言分析中对数据的处理有很多要求，因此样本不能太大"（桂诗春和宁春岩，1997：156）。

表 2-13　汉英词典释义深度调查中的心理动词

动词类别	数目/个	比例/%	具体内容
心理使役动词	4	12.9	爱　害怕　苦　吓
心理活动动词	10	32.2	猜　狐疑　决计　理解　明白　思考　忘掉　以为　预谋　琢磨
心理状态动词	17	54.9	爱好　巴不得　费神　禁不住　看重　愣　迷　怕　奇怪　如意　生气　希图　向往　厌弃　震怒　自愿　沉迷

2.3.1　对原型特征的描写：基于单语蓝本的自主-依存量级分析

双语词典释义与单语蓝本释义在本质上存在一种自主-依存联结。在这种联结结构中，源语表征是自主的，它先于目的语表征而存在，在整个释义过程中(包括义项粒度、义项设立、词类标注及例证选取等方面)居于主导地位。目的语表征则表现出依存特征，它的信息承载和概念表征必须以源语信息为依托，对源语具有极大的依赖性。

双语词典的释义具有原型特征，所以编者可以立足于以蓝本为核心的众多源语单语词典进行词典编纂(魏向清，2005a)。然而，参照原型必须科学、适度。就参考的单语蓝本而言，它应尽量多样化，此外，科学、适度地参考权威语料库对提高释义质量也不可或缺。换言之，通过分析汉英词典释义的原型特征，将这种基于单语蓝本的自主-依存量级显性化，能使我们更加明确主流汉英词典的释义理据和原则，进而判别其释义的科学性和进步性。

1. 义项的原型特征分析

在对义项的原型特征分析中，我们将以《现汉》(第 3 版[1])为原型，从义项粒度，以及义项的继承与创新性等方面进行分析。

(1) 义项粒度的多应变量方差分析

粒度(granularity)是个相对概念，对于整体而言，模块划分越细，单个模块越小，则其负责的任务越少，该模块的粒度就越细。在词典的义项划分中，如果划分出的类(或对象)拥有功能越多、范围越广，则其粒度越粗，反之越细，而类(或对象)的粒度一般与其大小(即量级)正相关(Atkins and Rundell，2008)。在等距抽样基础上，本研究通过 SPSS 软件对 8 部汉英词典与《现汉》中共有的 31 个心理动词进行了义项粒度方差分析(表 2-14)。

---

[1] 作者曾经对比过《现汉》第 1、3、5 版，发现在所调查的 31 个心理动词中，有 5 个动词的义项发生了变异(各增加了 1 个)，但其中 4 个属于非动词义位，因此对统计结果影响不大。由此可见，该词典不同版本之间心理动词的义项设立变化不大。所以，本研究最后选取出版时间居中的第 3 版为原型，进行统计分析。以下行文中以《现汉》指代。

表 2-14　主流汉英词典与《现汉》(第 3 版)的义项粒度方差分析

依变量：义项粒度

变异来源	平方和	自由度	均方	F 值	P 值	部分埃塔平方
校正模型	5.613[a]	8	0.702	1.154	0.327	0.033
截距	376.258	1	376.258	618.962	0.000	0.696
词典类型	5.613	8	0.702	1.154	0.327	0.033
误差	164.129	270	0.608			
合计	546.000	279				
校正总和	169.742	278				

a. 决定系数 = 0.033(校正决定系数 = 0.004)

结果表明，在义项划分方面，8 部汉英词典与《现汉》在整体上不具有明显区别(p =0.327，远远大于 0.05，表明实验参数在统计学上不具有显著差异)。换言之，在汉英词典的释义中，目的语在义项设立方面表现出了很强的依存性，依存于源语词典(《现汉》)。而这种对单一蓝本的高度依存则反映了以上汉英词典在义项粒度方面高度的继承性，甚至可以说其"双解释义本质"强于"双语释义特征"。由此可见，目前主流的汉英词典在义项粒度上都高度依存于《现汉》，虽然它们可能未明确表示这一点。当然，这种对特定蓝本的高度依存性也反映了目前汉英词典编纂的不足，毕竟以源语单语词典为基础，并非意味着我们可以以某一部单语蓝本为基础进行翻译。因为"即使词典编纂者使用的是一部很好的单语词典，但我们不仅要把其中包含的资料和其他后来出版的单语词典中的资料进行比较，而且还要从其他来源加以补充"(拉迪斯拉夫·兹古斯塔，1983：422)。

当然，总体上的无显著差异并不意味着这些词典对《现汉》的自主-依存量级无个体差异。事实上，不同的编者、出版社在选择原型参照词典时有不同的倾向，所以我们应对比这种组间差异值，以便了解这种相同程度，具体见表 2-15。

表 2-15 主流汉英词典在义项数目方面的均值比较表（K Matrix）

依变量义项数目	差异（估计-假设）	标准差	P 值
《汉英 78》vs.《现汉》	−0.323	0.198	0.105
《现代汉英》vs.《现汉》	−0.387	0.198	0.052
《新时代》vs.《现汉》	−0.290	0.198	0.144
《汉英辞典》vs.《现汉》	−0.129	0.198	0.515
《实用翻译》vs.《现汉》	−0.452	0.198	0.023
《新汉英》vs.《现汉》	−0.161	0.198	0.416
《新世纪》vs.《现汉》	−0.065	0.198	0.745
《外文汉英》vs.《现汉》	−0.226	0.198	0.255

表 2-15 的统计结果显示，就义项数目而言，7 部词典（除了《实用翻译》）的义项设立都非常接近《现汉》，在统计学上不具有显著意义（p >0.05）。其中，《新世纪》与《现汉》相似度最高（p =0.745，远远大于临界值 0.05）。以上结果表明：

1）多数汉英词典（除《实用翻译》外）在心理动词义项的设立上都以《现汉》为蓝本。换言之，在义项设立方面，主流的汉英词典都表现出对特定单语蓝本的高度依存。

2）《实用翻译》与《现汉》在义项数目上具有显著差异。然而，如果将两者进行系统对比，结果显示，在调查的 31 个心理动词中，两者义项数目相同的动词达到了 20 个（约占 64.5%），比例很高。换言之，《实用翻译》在义项设立上仍然对《现汉》具有极大的依赖性，尽管前者在 9 个心理动词上减少了义项。

（2）各主流汉英词典义项设立的继承与创新性

义项是词典释义的骨架，是词典学研究的重要内容之一。词典要进行释义，首先要区分出多义词的不同义位，因此义项划分是词典释义的基础(章宜华和雍和明，2007：222)。为了对汉英词典释义的深层结构作系统研究，本节将从原型的角度以对比分析的方法，来探讨各汉英词典与《现汉》在义项设立方面的继承与创新性。就整体而言，主流汉英词典中多数心理动词的义项划分都与《现汉》中的对应词完全一致或有所省略(具体见表 2-16)，由此可见继承是绝对的，但另一方面，部分汉英词典也对极少数心理动词的义项进行了增加，因此也表现出一定的创新性。

表 2-16　主流汉英词典与《现汉》义项设立对比

词典名称	与《现汉》一致的义项		比《现汉》增加的义项		比《现汉》减少的义项	
	数目/个	比例/%	数目/个	比例/%	数目/个	比例/%
《汉英 78》	21	67.7	0	0	10	32.3
《现代汉英》	19	61.3	1	3.2	11	35.5
《新时代》	23	74.2	0	0	8	25.8
《汉英辞典》	25	80.6	1	3.2	5	16.1
《实用翻译》	20	64.5	0	0	11	35.5
《新汉英》	24	77.5	1	3.2	6	19.3
《新世纪》	27	87.1	1	3.2	3	9.7
《外文汉英》	23	74.2	1	3.2	7	22.6
平均	22.75	73.4	0.635	2.0	7.625	24.6

首先，在 31 个心理动词中，大部分心理动词(约 73.4%)的义项划分都与《现汉》中的对应词完全一致。其中义项划分与《现汉》重复最多的是《新世纪》，有 27 个(约占总数的 87.1%)，最少的为《现代汉英》，有 19 个(约占总数的 61.3%)。由此可见，多数汉英词典可能直接或间接沿袭了《现汉》的义项范畴分类。

其次，部分心理动词(约占总数的 24.6%)的义项数目相对于《现汉》的数目有所减少。其中，义项数目减幅最大的是《现代汉英》和《实用翻译》(有 11 个心理动词的义项减少，约占调查总数的 35.5%)，而义项数目减幅最小的是《新世纪》(只有 3 个心理动词的义项减少，约占总数的 9.7%)。此外，就减少的程度而言，多数心理动词都只减少了一个义项，只有《现代汉英》中的"禁不住"，《实用翻译》的"爱"、"迷"、"怕"，以及《外文汉英》中的"怕"减少了 2 个义项。

(2) 忘掉　wang // diao　忘记　　　　　　　　　　　《现汉》

(3) 忘记　wang // ji　①经历的事物不再存留在记忆中：不记得：我们不会~，今天的胜利是经过艰苦的斗争换来的。②做的或原来准备做的事情因为疏忽而没有做：没有记着：~带笔记本。　　　　　　　　　　　《现汉》

(4) 忘掉　<动>forget; escape; lose sight of: 不要忘掉离开前关门窗。Don't forget to close the window and the door before you leave. /这个案例我忘掉了。This case escaped from my mind./ 我们不应该忘掉我们的主要目的。We mustn't lose sight of our main purpose.　　《实用翻译》

(5) 忘掉　<动>forget: let slip from one's mind: ~烦恼 Put worries out of one's mind‖我把学过的单词几乎都~了。I have forgotten almost all the English words I learned.‖我们~过去不愉快的事情吧。Let's forget the unpleasant past./Let's put the past behind us.　　　　　《新世纪》

查阅《现汉》并检索国家语委语料库，结果表明，"忘掉"包含 2 个义项(见上例)。然而在调查的 8 部汉英词典中有 2 部(《实用翻译》《新世纪》)在释义中只设立了 1 个义项。

最后，调查中个别心理动词(2%)所设义项比《现汉》有所增加，这方面主要体现在《现代汉英》、《汉英辞典》、《新汉英》中的"看重"，《新世纪》的"琢磨"及《外文汉英》的"苦"中。在义项的增加幅度上，以上心理动词都比《现汉》增加了 1 个义项。如《现汉》中"琢磨"的一个义项在《新世纪》中增加为 2 个，见例(7)。

(6) 琢磨 zuomo　思考；考虑：队长的话我~了很久‖你~这里面还有什么问题。　　　　　　　　　　　　　《现汉》

(7) 琢磨 zuomo <动> ①think over; turn over in one's mind; ponder: ~出个办法 figure out a way(to do sth)‖~问题 turn a problem over in one's mind; ponder upon an issue. ② reckon; estimate: appraise 他心里在~这位老人家是谁。He was wondering who that old man could be.‖我~他一定会来。I reckon that he will come.‖我~能完成这项工作。I estimated that I can finish this project.《新世纪》

　　总之，通过对主流汉英词典与《现汉》在义项粒度和义项设立等方面的分析，我们发现两者在统计学意义上没有显著差异。此外，当汉英词典与《现汉》的义项进行对比时，73.4%的"完全一致"清楚地再现了这种在义项设立方面以《现汉》为主的绝对原型特征。

2. 例证的原型特征分析

　　例证是释义的延伸，是词典的血肉，是对词典抽象意义的具体化，所以当我们分析汉英词典释义的原型特征时，也需要从例证的角度进行阐释说明。Hartmann 和 James(1998：20)强调了例证的功能及其对实现交际目标的意义，认为"如果例证符合(词目)使用的代表性和原型特征，那么它们的质量和权威性就会大大提高"。具体而言，本研究将主要从例证的来源和结构构成两方面去分析。

　　(1) 例证的来源

　　关于双语词典例证的来源，相关研究(李明和周敬华，2001；魏向清，

2005b；章宜华和雍和明，2007）将其概括为四大类型：一是选自单语词典中的例证资料；二是编者自己撰写；三是对单语词典中的例证进行改编；四是利用现代语料库的自然语料。由于第二、第四种例证在统计过程中有相当难度，所以本节主要考察第一、第三类，以此来判别主流的汉英词典对《现汉》的依存程度。

表 2-17 的数据表明，汉英词典例证的来源表现出下列特征。

表 2-17　汉英词典例证的来源分析

项目	《汉英78》	《现代汉英》	《新时代》	《汉英辞典》	《实用翻译》	《新汉英》	《新世纪》	《外文汉英》	平均
来自《现汉》的例证/个	30	22	21	27	13	17	27	6	20.4
占总例证的比例/%	19.5	37.3	42.9	25.2	22.8	37.0	13.2	6.25	25.2

1) 总体而言，主流汉英词典在心理动词例证选配方面对《现汉》具有较高的继承性。表 2-17 的数据显示，平均而言，在 8 部汉英词典中源自《现汉》的例证高达 25.2%。对某一单语蓝本词典的例证的继承性达到如此高的比例，其做法是值得商榷的。毕竟，考察一部词典是否具有创新性的标准应该是"人无我有，人有我新"（张后尘，2005）。

2) 汉英词典之间在例证的继承性方面差异较大。从表 2-14 中我们不难看出，部分词典（如《新时代》、《现代汉英》、《新汉英》）从《现汉》中继承的例证高达 40%左右，而部分词典（《新世纪》、《外文汉英》）只有 10%左右，相互之间差异很大。换言之，在例证的选取上，不同的主编之间差异明显。

主流汉英词典的例证出现这种高度依存特征，其原因可能是：

1) 基于省力原则。例证的选取是个复杂的过程，涉及多种因素，因为"例证的选取是有许多条件和功能限制的，好的例证应该能反映较多的功能"（章宜华和雍和明，2007：137）。而例证选择不当则可能招致各种批评和非议，甚至降低整个词典的质量。而直接继承蓝本词典则可以规避这一风险，增加可信度，并减少工作量。

2)对特定权威单语词典的依赖。《现汉》的权威地位，使多数汉英词典编纂者对其配例的信度深信不疑，因此误以为这种方式获取的例证最为可靠，争议较少。殊不知，《现汉》中的某些配例本身也值得商榷（张春柏，2004）。此外，对劳动成果的尊重及对知识版权的维护，也提醒我们在例证选取时应减少继承，降低对特定单语蓝本的依存程度。

(2) 例证的结构构成

词典的例证在结构构成上主要包括两种形式：短语和句子。通过对比8部汉英词典与《现汉》在例证构成体系上的异同（图 2-1），我们可以从另一个侧面去揭示其原型特征。

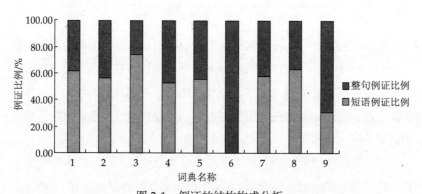

图 2-1 例证的结构构成分析

1 为《现汉》，2 为《汉英78》，3 为《现代汉英》，4 为《新时代》，5 为《汉英辞典》，
6 为《实用翻译》，7 为《新汉英》，8 为《新世纪》，9 为《外文汉英》

图 2-1 表明，在例证的构成体系上，主流汉英词典的心理动词在配例方面与《现汉》非常相似。在图 2-1 中，只有《实用翻译》(6)和《外文汉英》(9)在结构上与《现汉》完全不同，其他汉英词典的例证构成体系都非常接近《现汉》（短语比例都介于 50% 和 70% 之间）。换言之，从

整体结构上看，大部分(75%)内向型汉英词典在例证结构体系上仍以《现汉》为参照原型。

出现这种现象，我们认为主要是基于以下原因：

1)对母语单语蓝本词典的过度依赖。编纂过程中的省力原则及对权威单语蓝本词典的频繁参阅，使编纂者在例证配置上更接近单语蓝本。然而，过度依赖某一单语蓝本或忽略蓝本之间的对比借鉴，却可能以偏概全，偏离对释义本体的表征。事实上，单语词典与双语词典不同的编纂宗旨和服务理念，也不允许它们的例证体系表现出高度的继承性和依存性。

2)对国外积极型词典的编纂经验借鉴不够。词典学是一门经验性很强的学科，所以对别人先进经验的借鉴和反思对提高编纂质量大有裨益。霍庆文的统计表明，在五大高阶英语学习词典连续出现的 115 个主体词和副词条中(从 azure 往前统计 115 个词条)，整句例证占了 70%~90%(魏向清，2005b：191)，这说明整句例证在当代英语学习词典中占有更重要的位置。事实上，当今的学习词典理论也是非常支持使用整句例证的(Humblé，2001：56；黄建华和陈楚祥，1997：26)。由此可见，整句例证对提高用户的英语生成质量和效能意义重大，这一点理应在汉英词典的例证选配中有所体现。

2.3.2　对释义内部各组构成分表征效果的调查

词典交际论(雍和明，2003a)认为，词典编纂过程涉及编者、用户和交际情景。在词典交际过程中，以释义为核心的微观结构承载了交际过程中的主要信息，对连接用户与编者并实现交际功能意义重大。因此，调查释义内部各组构成分的构建模式和运作机理，对全面、系统了解其表征效果并提高编纂质量大有裨益。在调查、分析过程中，本节将参考 Grice(1975)的合作原则、Verschueren(2000)的顺应理论并立足于汉英词典交际的客观实际，从质量准则、数量准则、关系准则、顺应准则等方面，分析、对比目前汉英词典心理动词的释义现状及各组构成分的表征效果，前 3 个准则立足于编者和交际情景，最后一个准则主要围绕词典用户。

1. 质量准则

质量准则要求在交际过程中不要表述不真实、不可靠的信息，这种原则在汉英词典释义过程中体现为对等值性的调查。对等值特征的描述和探究一直是双语词典不朽的话题，无论是在传统释义阶段对"对等词"的寻觅，还是在多维释义模式下对"交际模式"的转换追求。在汉英词典释义中，对词典"等值特征"的研究在内容上包括对等词和例证两部分。

（1）对等词的等值特征

就词目的等值特征而言，多位学者（黄建华和陈楚祥，1997；李明和周敬华，2001；章宜华，2002；2006a；章宜华和雍和明，2007）都进行了相关研究。考虑到本研究的独特性，本文将从语义、语用、语法和语体等方面进行调查。对比分析 8 部汉英词典的 31 个心理动词（同 2.3 节），我们发现多数心理动词的词目与对应词是基本等值的，但也存在下列问题。

1）语义结构不等值。调查结果表明，部分对等词汇与词目在语义结构上不等值，出现了语义背离、语义扩充等偏离现象。

首先，目的语词对源语词语义的背离。

（8）【爱好】　be fond of；be keen on；take on；take great pleasure in；我~轻音乐。I'm very fond of light music.

《外文汉英》

在对"爱好"提供对等词时[见例（8）]，编者列出了"take on"，但作者查阅了相关单语词典，并检索英国国家语料库（BNC），都没有查到 take on 表示"爱好"的意义。由此可见，对等词汇"take on"已经完全背离了"爱好"的语义特征，两者在语义上明显不等值。

其次，目的语词对源语词语义的扩充。

(9)　【希图】xītú　harbor the intention of；try to；attempt to：
　　　~蒙混过关 try to wangle；try to get by under false pre-
　　　tences　　　　　　　　　　　　　　　　《汉英 78》

"希图"在《现汉》中的定义[心理打算着达到某种目的(多指不好的)；企图]，及其在国家语委语料库中的使用特征，使我们对其语义内涵(多指不好的)深信不疑。然而，在调查的 8 部汉英词典中，有 7 部将其对译为"harbor the intention of；try to；attempt to"，可应用于所有对象[见例(9)]。换言之，多数汉英词典在为该动词提供对应词时，人为地将词目的贬义内涵(多指不好的)扩充为对等词汇的中性语义内涵(harbor the intention of；try to；attempt to)，形成了语义结构的不等值转换。

2)语用功能不等值。语用意义是词汇复合意义体系的重要组成部分，它对于词汇产出的准确性、得体性意义重大(胡文飞和章宜华，2011a)。在调查中，我们发现对等词汇语用功能不等值主要表现在语用功能的扩充和收缩两方面。

首先，语用功能的扩充。这种语用不等值现象往往源于源语词目特殊的语用限制。

(10)　【预谋】yùmóu　做坏事之前有所谋划，特指做犯法的
　　　事之前有所谋划。　　　　　　　　　　　《现汉》

(11)　【预谋】I <动> plan in advance：这是他们事先预谋好了
　　　的。They had planned in advance.　　《实用翻译》

分析"预谋"在《现汉》[见例(10)]和国家语委语料库中的搭配结构，我们可以断定其语用搭配具有明显的"贬义"特征(做坏事、犯法)。但

部分汉英词典将其释义为 "plan in advance"，目的语对源语的 "贬义" 语用特征加以 "中性化"，因此有扩大源语语用功能之嫌。

其次，语用功能的收缩。这种语用不等值现象往往源于目的语对等词有限的语用特征。

(12) 【猜】<动> 1. think; guess; imagine; fathom: 你猜今天下午我在邮局碰到了谁？Who do you think I knocked against in the post office this afternoon? 《实用翻译》

通过检索相关语料库并参考《现汉》的定义，我们可以断定 "猜" 在语用本义上的 "中性" 特征。《实用翻译》在释义时提供了非正式的、多用于否定句的低频词汇 "fathom"，间接降低了源语词(猜) "高频、中性" 的语用功能。

3)语法结构不等值。在调查中发现对等词语法结构不等值主要表现在时态不等值、论元结构的变价映射等方面。

首先，时态不等值。汉语的 "重意合" 特征使其在运用中弱化了时间概念，因此时态意义不强。然而在将汉语的这种 "弱化的时态特征" 转换为英语对应词时，部分汉英词典却对其进行了限制。

(13) 【决计】 ①have decided; have made up one's mind: 我~明天就走。I've decided to go tomorrow.

《外文汉英》

在所调查的 8 部汉英词典中，有 6 部(除《新时代》和《新世纪》)将 "决计" 弱化的时态特征转化为强化的 "完成时" [见例(13)]，形成了时态的非等值转换。

其次，论元结构的变价映射。论元结构构成动词语法内核的关键，对句子的正确生成极其重要。在汉英词典心理动词释义的深度调查中，我们发现词目词在向对应词转换过程中其论元结构发生了变价映射。

(14)　【明白】④understand；realize；know；be aware of；
see: ~事理　know what's what? 当那个人~是怎么回事时，
禁不住笑了起来。The man couldn't help laughing when
he realized what had happened.　　　　　　《外文汉英》

对比分析"明白"在权威单语词典中的释义及在大型语料库中的应用，我们可以断定"明白"既可做"二价动词"，如"我明白你的意思"，也可做 "一价动词"，如"我讲了半天，他也不明白"，所以其论元表达式为"明白：V；[NP（NP）①]"。但该词目在转换中被映射为"be aware of"。该词为单一的"二价动词"，如"She was not aware of the danger"，其论元表达式为："be aware of；V；[NP NP]"。由此可见，部分汉英词典在为心理动词提供对等词时出现了论元结构的变价映射。

(2)释义模式中例证转换的等值性

双语词典中的对应词很难全方位地展示其语义、语用和语法特征，而例证则可以部分地弥补这种不足。在调查汉英词典的 31 个心理动词的例证时，我们发现绝大多数例证的翻译是等值的，但部分例证也存在不等值转换，具体表现在以下几方面：语义不对等、形式不对等、语用不对等和标记特征不对等。

1)语义不对等。这种不对等集中体现为目的语例证在转换过程中对源语例证的语义偏离。

(15)　【明白】　双方把话说明白。The views of each side are
correctly understood by the other.　　　　《新汉英》

在例(15)中，源语"把话说明白"，其重心在"说"，强调动作过程，动作性极强。然而目的语在信息结构上更强调"correctly understood"，因此其信息强调结果（被正确理解），动作性在转换过程中被严重弱化，

_____

① 在论元表达式中，(NP)表示该论元 NP 是可有可无的，无论有 NP 还是没有 NP 该动词都形成完整的论元结构。

内部语义结构也发生了变化。换言之，该例句在转换过程中句型结构模式、信息关注焦点都发生了变异。因此，从词典编纂角度看，该例证的翻译已经出现了语义不对等，因为与文学翻译相比，"例证翻译应尽量直译、适度意译"（章宜华和雍和明，2007：311）。

2）形式不对等。由于汉英语言构句规则的差异性，例证在翻译过程中可能出现句型的变异。

(16) 很明显，他们茫然的表情说明他们并不理解我说的话。It was obvious from their blank expressions that what I was saying was over their heads.　　　《汉英辞典》

在例(16)中，源语例句在语义结构上凸显的是"不理解我说的话"，是典型的动宾结构(VO)。但在提供目的语例证时，作者改变了源语句型结构，将其置换为以"over"为核心的介宾结构(PO)，原来动作性极强的"不理解"已经异化为静态的性状描述"over one's head"。由此可见，该例证的过度异化翻译已经使源语句与目的语句在表述形式上走向分歧，进而影响其例证功能的发挥，因为例证是反映搭配关系的最佳手段。

3）语用不对等。词典研究中的语用对等特征，在内容上涉及语式、语旨和语场。

(17) 他在脑子里反复思考此事。He revolved the matter in his mind.　　　《实用翻译》

(18) revolve sth in one's mind:(fig fml 比喻，文)consider sth carefully. 仔细考虑某事物.　　　《牛津高阶双解》

(19) revolve: [I+adv/prep:T] *fml rare* to consider or be considered carefully. He revolved the main points in his mind.　　　《朗文当代英语》

在例(17)中，源语句没有典型语用限制，可以用于正式或非正式场合，使用也比较频繁。但作者在提供对等翻译时，使用了"revolve"。综合《牛津高阶双解》和《朗文当代英语》，我们发现"revolve"表"思考"时，都有特别的语用标注，前者注明"比喻(*fig*)，正式用法(*fml*)"[见例(18)]，而后者则标明"正式用法(*fml*)，不常用(*rare*)"[见例(19)]。换言之，在该例句的翻译过程中，编者将高频、常见的"思考"转换为"有比喻特征、正式、不常用"的"revolve"，产生了明显的语用不对等。

4)标记特征不对等。标记特征在本质上表现为一种从常规、原型向非常规、边缘性逐渐过渡的连续统。在例句翻译中，编者必须考虑两种语言的标记特征差异，因为"标记反映了语词的语义层次或语义范围，如果在翻译中不加区别，就会误导读者"(章宜华和雍和明，2007：315)。

(20) 那孩子真让我费神。That child really tries me.

《实用翻译》

在例(20)中，源语例句中的"费神"具有典型的非标记特征，是一种常规的用法，然而目的语中的"try"的非标记用法为"尝试"，而表示"使某人忍受劳累或艰难困苦"为其标记用法(我们可以从单语词典的义项排列和相关语料库找到佐证)。简言之，该例证在语际转换中出现了中心词标记特征不对等，用目的语词"tries"的"标记特征"替换了源语词"费神"的"非标记特征"。

2. 数量准则

数量准则意味着在表征对等交际模式的过程中，语言图式、知识图式和网络图式的呈现以展现语义特征、满足交际需要为准则，过多则显冗赘，过少则影响交际。在对汉英词典各交际组构成分"数量准则"的研究中，本研究将主要从对等词和例证两方面进行系统分析。

(1)对等词的数量特征分析

长期以来，提高释义的准确性一直是国内主流汉英词典所追求的编纂目标之一(具体见表 2-2)。然而，当我们深入分析汉英词典的心理动词的释义现状时，却发现它们所提供的对等词在数量上也存在一些问题，既有部分对等词数量过多的问题，也存在部分对等词数量不足的问题。

1)部分心理动词提供过多的对等词。对比分析 8 部汉英词典，我们发现部分心理动词的对等词远多于词典内的其他动词(表 2-18)。

表 2-18　汉英词典部分心理动词的对等词数目表

词典名称	《汉英辞典》	《汉英辞典》	《新汉英》
心理动词	爱好	生气	爱好
单个义项内对等词数量/个	56	60	48

部分对等词数量过大(表 2-18)，原因可能在于部分编者误认为对应词汇越多越好。然而，无论从认知心理学、语义学角度看还是从词典编纂的角度看，过多的对应词汇都弊大于利。一方面，过多的对等词加重了读者的认知负荷，并影响其记忆和加工，使用户难以对所提供的对等词进行对比、甄别。因为在信息加工阶段，人的短时记忆容量为 5~9 个信息单位或组块(Miller，1956)；另一方面，将过多的对等词放在同一义项下，可能会导致用户在意义识解过程中产生"同义泛化"，进而影响其正确使用。

(21) 爱好[—hào] ①(具有浓厚的兴趣并积极参加)like; love; be fond of; catch [hit; take] sb's fancy; please one's fancy; after one's fancy; have love for [of]; take pleasure in; have a taste in; be to one's taste; take [have] a liking for [to]; have one's likes; affect; have a predilection for; have a partiality for [to]; have a preference for sth.to sth.; be partial to; be in favour with sb.; enjoy favour;

favour; be in one's favour; be keen on; be keen about; be interested in; ride a hobby; relish; revel in; have a passion for doing sth; be a friend of sth.; be all for sth.; be enthusiastic over sth.; do sth. with enthusiasm; drink in; care about; bend one's mind to; be content to; enjoy; be pleased with; take delight in; have an appetite for; dote on [upon]; be cracked about sb; have one's heart in sth.; appeal to; be mad on; strike one's fancy; have a fancy for; take a fancy to[for]; have a fondness for; have a bent for; be glad of sth; be in one's line; be high on sth.; have a weakness for sth.; be keen on 《汉英辞典》

如在"爱好"中，编者将"after one's fancy; drink in; be a friend of sth; be in one's line"都放于同一义项下，容易导致"同义泛化"，中国用户会误以为以上对等词的词类、语义、句法结构都一致，结果可能在使用中产生语法、语用失误。此外，这些数目众多的对应词汇在排列上杂乱无章，没有系统的范畴化归类，更没有对比分析，因此对多数用户而言，应用价值有限。

当然，如果对目的语词进行有效加工，如根据不同语义域进行范畴化归类，则可以帮助用户了解这种区别性语义特征，防止用户在使用过程中产生"同义泛化"。此外，词典空间的有限性也不允许这种词汇堆砌，因为作为信息高度浓缩的工具书，"词典的结构组织必须体现简明原则"（章宜华和雍和明，2007：212）。

2)部分心理动词的对等词数量不足。例证是词目的延伸，为词目提供语义框架、句法结构、搭配习惯等，并以完型的表征结构来再现词目的语言图式和知识图式。这对非母语用户更为重要，因为他们缺乏母语直觉和补充语境的能力。在 8 部汉英词典中，部分心理动词所列出的对等词远少于例证(尤其是例句)中出现的对等词，在数量上表现得严重不足。如在"琢磨"中，该动词提供的第 1 个例证表明，"figure out"也表示"琢磨"，且用法比较固定、使用频率较高，因此完全可以列为对等词，这样更突显。

> (22) 琢磨[—mo] turn sth. over in one's mind; ponder: ~出
> 个办法 figure out a way; ~问题 turn a problem over in
> one's mind　　　　　　　　　　　　　　《汉英辞典》

(2) 例证的数量特征分析

例证的配置与词典质量高度关联，在对汉英词典心理动词的例证进行调查时，我们发现绝大多数例证的选取和配置是合适的，但在数量上也表现出一些不足，如重复较多、部分重要对应词缺少例证、部分例证信息量太少等。

1) 例证中重复较多，以致例证数量的增加对用户提高目的语生成能力意义不大。如在《汉英辞典》中，编者对"看重"提供了两个例证，其句法结构都是"动宾结构"，且都选择"value"，因此表现出极大的重复性，严重违背数量准则(第二个例证没有为用户提供新信息)。此外，词典空间的极度有限性也不允许这种相近或相同例证的存在，因此最好对该例证进行置换或合并。

> (23) 看重[——]①（重视）think highly of; regard as impor-
> tant; value; set store by: ~老师的忠告　value the
> teacher's advice; 我~友谊。I value friendship.
> 　　　　　　　　　　　　　　　　　　　　《汉英辞典》

2) 部分重要对应词缺乏例证。在 8 部词典的心理动词中，2 部词典没有给"向往"提供例证、6 部词典没有给"厌弃"提供例证，3 部词典没有给"震怒"提供例证。

> (24)【向往】look forward to　　　　　　　　《新汉英》

> (25)【厌弃】detest and reject　　　　　　　《汉英辞典》

> (26)【震怒】be enraged; be furious　　　　　《新汉英》

通过相关语料检索，我们发现无论是源语向往、厌弃、震怒还是目的语 look forward to, detest, be enraged/be furious 都是高频使用的。部分对应词例证的缺乏[见例（24）、例（25）、例（26）]将严重影响汉英词典的使用，因为，"没有用例的词典只不过是一副骨架"（黄建华，1987：71）。

3）部分例证信息量太少。例证在本质上是意义的延伸，是对抽象意义表征的具体化，因此它承担着提供语法结构、语用结构和补全语境等多种功能。然而部分汉英词典的个别例证却被过分精简，几乎同对等词内容一样，因此很难发挥例证的积极功能。

(27)　震怒 [－nù] be enraged, be furious：因某事而~ be furious at sth.　　　　　　　　《汉英辞典》《新汉英》

例如，在"震怒"中[见例（27）]，2 部词典的例证都只限于在对应词基础上补充介词"at"，而对其他如论元结构、语用特征等都没有给予例证支持。换言之，该例证在语言信息量方面没有实质性的增加，因此没有发挥应有的功能，毕竟"例证不是对定义简单的重复"（拉迪斯拉夫·兹古斯塔，1983：361）。

3. 关系准则

关系准则强调释义系统内部之间的相关性，汉英词典释义的系统特征客观上要求内部子系统相互关联，共同构成一个有机的整体。在 8 部汉英词典中，多数心理动词都非常强调这种关联性，但也有例外，具体表现在以下几方面。

1）中文释义和英文释义语义结构关联较弱。在调查的词典中，部分词典词目所提供的中、英文释义关联较弱，甚至出现了排斥性。

(28)　爱好[—hào] ①（具有浓厚的兴趣并积极参加）like; love; be fond of; catch [hit; take] sb's fancy; after one's fancy; …   《汉英辞典》

例如，在"爱好"中，"具有浓厚的兴趣并积极参加"具有很强的动态特征，因此所提供的对应词理应蕴涵这种动态本质，但"after one's fancy"则更多地表现出"性状特征"，动态性不足。换言之，"性状本质"与"动态本质"之间的不同质性大大降低了该词目中、英文释义的关联性。

2)对应词与例证的语义关联较弱。例证是释义的补充和具体化，并"揭示词的实质，说明它的内涵与外延"（黄建华和陈楚祥，1997：76）。因此，选配与对应词关联最强的例证也是词典编纂最根本的配例原则。

(29) 苦 suffer from; be troubled by: ~雨 too much rain / ~旱 suffer from drought   《外文汉英》

部分词典在选择例证时，却对这种关联性认识不足。例如，在"苦"的释义中[见例(29)]，编者在"suffer from, be troubled by"义项内提供了例证"苦雨(too much rain)"。该例证与义项之间关联极弱，因为后者的"苦"在转换过程中发生了意义偏离，已经从"受苦"变为"许多"，从而不再对义项起支撑作用。

3)在词类功能义项方面，对应词与例证缺乏关联(不一致)。用例的规范性、补充性对用户提高生成能力意义重大，因为"词典通过举例建立词目、概括义项、验证释义"（陈炳迢，1961：163）。但部分词典在配例时却忽略了对应词功能义项的一致性，尤其是在一些多义词中。

(30) 【猜】 <动> 1. think; guess; imagine; fathom: 我猜有 200 人。At a guess I'd say 200 people.《实用翻译》

例如，在"猜"的对应词中，编者在动词范畴内列举了 guess，但在例证中提供的却是 guess 的名词用法[见例(30)]，因此该例证对用户了解、提高 guess 的动词用法作用不大。对于这种对应词与例证的不一致性，陈忠诚 (2003) 认为"它不仅是驴唇不对马嘴而已，甚至还在制造错觉——似乎在暗示"词目"（动词用法）在英语实践中是不用的，要用只用例证的用法（名词用法）"。

4. 顺应准则

Verschueren (2000：55-56) 认为，"使用语言是一个不断作出选择 (linguistic choices) 的过程，选择发生在语言的每一个层次上。说话人不仅选择语言表述，同时还选择使用策略"。释义的过程也是顺应的过程，这种顺应性不仅停留在语言层面上，更多地体现在释义策略上。顺应准则立足于用户的认知特征，积极倡导在释义过程中顺应人类的认知结构，增强释义的可接受性。在本研究中，多数汉英词典在义项表达方面参照了该准则，但部分词典中的某些对应词或例证也有待提高。

1) 义项内对应词排列混乱。范畴化分类是人类对客观事物认知和加工的基本途径。同一义项内，如果提供的对应词比较多，则编者在排列时应通过特定的排列原则（如使用频率、词类功能范畴分类等）进行合理组织，使其结构清晰。在调查过程中，我们发现部分词典在某些义项内只是简单罗列其对应词，没有考虑用户的认知可及性。

(31) 害怕 [-pà] fear; be afraid; be scared; be afraid for sth; show the white feather; be afraid that…; be in fear of; for fear of; strike fear into; be overcome with fear; be overcome by fear; be fearful; have a dread of; dreadful; dread; frighten; frightful; tremble [shake] in one's boots [shoes]; can't say boo to a goose; have cold feet; get cold feet.　　　　　　　　　　《汉英辞典》

例如，在"害怕"中，编者列出了 21 个对应词汇，但内部排列没有明确宗旨和原则，既非按词类功能进行范畴划分，也没有按照从本义到引申义逻辑排列，更没有考虑字母顺序。对应词的无序排列势必增加用户的认知负荷，而基于范畴化的合并与归类则能增大记忆容量，进而提高用户词汇加工和储存能力，因为"只有客观世界能被范畴化或以范畴的形式表达，我们才能较好地认识它"（王寅，2007：96）。

2) 部分例证的排列顺序接受性不强。人类对客观世界的认识是渐进的，从简单到复杂，从原型范畴到外边缘范畴，不断深入。然而，部分汉英词典在例证的排列上没有考虑到人类的这种认知过程。

> (32)【思考】<动>1. think; reflect upon; ponder: 大家都在思考着我们光明的未来。Everyone is thinking about our bright future. 我在努力思考，请别说了！I'm trying to think. Will you please shut up! 勤于思考，努力工作。Think hard and work hard.　　　　　　　《实用翻译》

如"思考"中的例句，从结构本质来看，第 1 个例句（SVO 结构）比第 2、第 3 个例句（SV 结构）更复杂。此外，从语义特征分析，我们发现 think 作为不及物动词，在使用频率上比其短语动词 think about 更频繁，因此原型语义特征明显。由此可见，无论是从人类的认知顺序考虑还是从对应词本身的语义原型特征考虑，第 1 个例句都应排列在第 2、第 3 个例句之后，毕竟"双语词典的例证应该提供典型语境"（李明和周敬华，2001）。

2.3.3　研究结果

对多数汉英词典心理动词的深度调查结果表明：首先，从原型特征考虑，多数心理动词在义项粒度方面以《现汉》为蓝本。此外，主流的汉英词典中心理动词的例证也表现出较高的继承性。其次，通过对释义内部各组构成分表征效果的调查，我们发现多数心理动词在意义表征过程中恪守了数量原则、质量原则、关系原则和顺应原则。当然，也有部分心理动词在表征过程中出现了对以上交际原则的背离，进而影响了表征质量和效果。

2.4　主流汉英词典的释义特征描述

对主流汉英词典的调查(2.1~2.3 节)表明，当前的汉英词典多为理解型词典，并对单语蓝本表现出高度依存性。在微观结构方面，各释义组构成分系统性不足，且表征能力有限。这种释义现状为新型释义模式的构建提供了现实依据，并指明了研究重点和发展方向。

2.4.1　主流汉英词典多为理解型词典，缺乏学习型汉英词典

纵向对比 8 部汉英词典(见 2.1.2 节和 2.2.2 节)，结果表明：主流汉英词典多为理解型词典，在释义宗旨和内容上表现出单一特征，仅限于提供理解型词汇知识。

一方面，主流汉英词典的释义宗旨比较单一。调查结果(见 2.1.2 节)表明，多数的汉英词典仍然以"准确性"为追求宗旨，对释义内容的应用性、能产性关注不够。事实上，这种对能产性词汇知识的轻视，导致了主流汉英词典在释义内容、释义方法及义项组织等方面产生部分偏离，以"准确性"概括、替代了用户查阅内容的"多元性"。

另一方面，多数汉英词典在释义内容上仍以提供理解型知识为主(如对等词和部分例证说明)，内容单一。调查结果(见 2.2.2 节)显示，虽然个别词典提供了目的语的词类标注(如《实用汉英翻译》和《新世纪》)和部分同义辨析，但总体而言，这尚未成为汉英词典的编纂主流。而句法模式、搭配结构等其他积极型知识，在主流的汉英词典中仍处于边缘地带，没有成为意义的表征内容。

2.4.2　依存性太强，创新不足

对主流汉英词典释义的深度调查(见 2.3.2 节)表明：主流汉英词典集中表现出对单一蓝本的高度依存。这种高度依存特征体现在两方面：汉英词典对《现汉》的依存和汉英词典之间的相互依存。前者在内容上包

括义项粒度、例证等表征成分，而后者则体现在部分汉英词典的整体释义结构方面。

1) 部分词典在释义过程中过分强调对某一蓝本的依存容易使语义原型单一化，而对单语词典例证的高度继承则容易降低其创新性。此外，对某一蓝本的高度依存会减少编者对其他蓝本或语料库的借鉴参考，结果，编者可能因信息源的局限使意义表征偏离原型语义结构。

2) 对部分汉英词典释义组构成分之间的方差分析（见 2.2.2 节）表明部分词典在义项、例证和对应词的数目方面表现出相似性。由此可见，个别汉英词典在编纂过程中可能参考了其他同类的汉英词典，所以才表现出惊人的相似性。这种相似性却也暗示着后者对前者可能继承太多，因此大大降低了其创新性。然而，创新是汉英词典释义的源泉，因为只有创新才能推动汉英词典发展与进步。

2.4.3　各释义组构成分系统性不足

对比分析主流汉英词典的释义现状（见 2.1.2 节和 2.2.2 节），结果表明多数词典的释义组构成分系统性不足，集中表现为释义整体性较弱，释义组构成分之间关联性不足。

1) 各释义组构成分之间表现为单一的线形排列，缺乏层次性。汉英词典释义的目的是实现对特定交际模式的转换，以此帮助用户提高目的语词的生成能力。而交际模式是个抽象的聚合体，它以概念意义为内核，以附属意义、语法意义和语用意义等诸多成分为边缘体，因此在分布结构上有明显的层次性。传统汉英词典在释义过程中将各释义组构成分简单地分割为对应词、例证和部分词类标注，并在意义表征过程中逐一罗列。这种简单的罗列在很大程度上弱化了语义结构内在的层次性，既没有突显概念意义的中心地位，也忽略了附属意义、语法意义和语用意义在意义网络体系中的重要性。

2) 释义组构成分关联性不足，没有形成统一的意义表征体。调查（见

2.3.2 节)显示这种弱化的关联集中体现在 3 方面：中文释义和英文释义语义关联不足、对应词与例证之间的语义关联较弱，以及对应词与例证在功能义项方面的弱关联。各意义组构成分之间的弱关联使各意义表征成分形成离散、相对独立的个体，难以形成合力来共同服务于表义需求，因此大大降低了其实用性和能产性。

2.4.4　部分释义成分的表征能力有限

通过对 8 部汉英词典组构成分的深入分析(见 2.3.2 节)，结果表明，当前的汉英词典的释义质量也有待提高，部分释义成分的表征能力有限。

1)各释义成分在表征过程中违背了交际的数量、质量和关系准则。对汉英词典的调查(见 2.3.2 节)表明各释义成分在表征过程中存在数量上问题(如部分词目的对应词太多，部分词目的例证严重不足)，也有质量问题(具体表现在词目和对应词的语义结构、句法结构不等值，部分例证在翻译过程中出现了较大的语义偏差)。此外，部分释义组构成分之间关联不足也在很大程度上削弱了释义的整体表征能力。

2)各释义成分在表征过程中没有顺应于用户认知特征，影响了表征效果。释义的根本目的是服务于用户，因此在释义过程中必须考虑用户的认知结构，并尽量顺应其认知特征。调查(见 2.3.2 节)表明无论是对应词的分类方面还是例证的选择和排列方面，当前的汉英词典都对用户的认知特征考虑不周，因此降低了释义的可接受性和表征效果。

第 3 章

基于词典用户视角的二语词汇
习得机制分析

词典编纂是编者与用户之间的一种互动，因此了解用户二语词汇的习得机制，有利于编者在编纂过程中顺应用户的认知心理，更好地改进现存的释义模式。在本章中，我们仍抽取心理动词作为研究对象，希望以此为例将这种研究方式和手段推广到其他词类。

3.1 研究综述

本章将通过语料检索的方法，对特定心理动词在中国英语学习者语料库(CLEC)[①]和国际英语学习者语料库(ICLE)[②]的使用和分布特征进行对比。将语料库融入词典学研究，是词典学研究的新走向，并开始扮演举足轻重的角色(曾泰元，2005)。国内外词典学家，如 Hanks(1992)、Svensén(1993)、Ooi(1998)、Landau(2001)、Atkins 和 Rundell(2008)

[①] 中国英语学习者语料库共包含语料为 100 万字，每一类型的学生(包括 ST2、ST3、ST4、ST5、ST6)的语料为 20 万字。其中，ST2 主要是高中生，ST3 主要是大学英语四级水平、ST4 主要是大学英语六级水平学生、ST5 主要是大学英语专业 1~2 年级学生、ST6 主要是大学英语专业 3~4 年级学生。从整体上看，CLEC 基本上是同质的(homogeneous)，都是中国的英语学习者；从分体上看却是异质的(heterogeneous)，他们处于不同的发展阶段(桂诗春和杨惠中，2003：3)。

[②] ICLE 包括 14 个不同母语背景的英语学习者(包括母语学习者)的英文作文库，每篇作文 500 字左右，且作文文体一致，即所有作文题材均为议论文。由于 ICLE 收集的是世界各地成年高级英语学习者所书写的书面语料，因而通过分析它有助于研究这些成年人使用英语的情况(张媒，1997)。

及曾泰元(2005)等，都将语料检索看做词典理论研究一种新范式。事实上，国外的多数词典在编纂过程中都开发或建立了自己的语料库。

习得为隐性认知过程，所以对它的研究主要通过分析中介语语料，间接地探悉、描述其习得机制。在研究途径上，本章主要通过描述分析(descriptive analysis)、错误分析(error analysis)及对比分析(contrastive analysis)等手段对 CLEC 进行分析、对比研究。一方面，描述性统计强调对客观现象的描写，在本章我们主要通过对心理动词的使用频率、正确率等客观现象的分析，来探悉中国学习者的习得机制；另一方面，错误分析法能通过还原研究对象在使用语言时的情景，拓宽词典编纂者的知识视野，因为"分析研究学生所犯的错误可使我们知道他需要什么。把学生的错误加以描写和归类，就可以发现他在语言学习中的疑难问题"(张煤，1997)。

最后，对比分析法旨在通过对比来寻求事物间的同质性和异质性。近年来国内外相关研究(Granger，1998；马广惠，2002；杨彩梅和宁春岩，2002；张淑静，2002；文秋芳等，2003)表明，学习者语料的对比分析已开始广泛运用于英语中介语研究，并取得了可喜成绩。在本研究中，我们将收录中国用户在 CLEC 中的输出错误以进行分类研究，并以"提示"等手段将这类错误纳入词典的释义体系，从而帮助学生减少使用错误。因为学习者的语料比较不仅可以发现中介语中的显性变异(如错用、滥用、少用)和隐性变异(如回避)，还可以考察中介语自身的发展规律与特征(文秋芳等，2003)。此外，本研究对比分析中国学习者和母语使用者特定语词使用的特点，目的在于找出中国学习者的习得规律，为词典编纂提供依据和指南。

3.2　研究过程

3.2.1　研究对象与问题

本研究的对象是 CLEC 中的 ST3、ST4、ST5 和 ST6 子库，以及 ICLE

中的母语用户语料库（Native，以下简称 NA）。前 4 个子库（ST3、ST4、ST5 和 ST6）的语料都为 20 万个词左右，都是书面文体且都以议论文为主，因此具有可比性。此外，ICLE 中的 NA 子库收词为 18.2 万个，在规模、文体等方面都与 CLEC 中的 ST5、ST6 极其相似，因此可比性很强，能够进行对比分析。

本章主要通过分析中国学习者在 CLEC 中使用心理动词的特征，并横向对比其与母语使用者（NA）的使用差异与共性，通过客观描写、对比分析、错误归类等研究途径，归纳中国学习者在心理动词方面的使用规律，并以此类推其二语词汇的习得机制及其词典学意义。本研究主要涉及以下问题：

1）中国学习者在 CLEC 中对心理动词的使用有何特征？

2）中国学习者与母语使用者对心理动词的使用有何差异？

3）中国学习者二语词汇的习得机制有何特征？有何词典学意义？

在以上 3 个问题中，问题 1）和问题 2）是问题 3）的前提，并为问题 3）提供现实依据和推演基础。

3.2.2　数据收集与整理

本研究将通过 Concapp 检索软件对 CLEC 和 ICLE 中的部分心理动词的使用情况进行统计，具体包括：

1）在心理动词的选择上，本研究仍选择 8 部汉英词典和《现汉》共有的 31 个心理动词（见 2.3.1 节），并从中选出其最常用的 31 个英语对应词（与中文——对应，具体见附录 A1）作为语料库检索对象。

2）用 Concapp 检索软件对 CLEC 中的 ST3、ST4、ST5 和 ST6 子库分别进行检索，检索内容为 31 个英语心理动词，并将结果按照心理动词类型（频率高/低[①]，类型上的心理活动、心理状态和心理使役等）和学习

[①] 高、低频的划分参照《麦克米伦高阶英汉双解词典》，它对所收词目用星号等级来表示其使用频率。本书中的高频词主要指那些在该词典中被标注为"★★★"的词，其他则归入低频词。

者类型(英语和非英语专业)分类统计。统计内容包括其使用特征、正确性描述以及使用错误归类。

3)用Concapp检索软件对ICLE中的NA子库进行检索,检索内容为31个英语心理动词(具体见附录A3)。同时,将检索例句与CLEC中ST5和ST6的相关例句进行对比,对比内容包括心理动词的使用频率、论元结构分布特征等。

4)通过统计中国学习者在CLEC中使用心理动词的状况,并对比他们与母语使用者在心理动词使用方面的区别性特征,来描述其心理动词的习得特征,进而归纳中国学习者二语词汇的习得机制及其词典学意义。

3.3 中国学习者英语心理动词使用现状分析

本研究将抽取 31 个英语心理动词(同 3.2.2 节),通过调查它们在CLEC 中的使用现状,从使用特征、正确性描述、失误归类等方面归纳中国学习者对该类动词的使用状况。

3.3.1 心理动词的使用特征

本节将对比 CLEC 中各层次学生(ST3、ST4、ST5、ST6)对英语心理动词的使用情况,以此分析其使用频率的阶段性特征。具体而言,我们将主要从使用频次、分布结构(distribution)等方面进行说明。

1. 心理动词的使用频次分析

(1)总体描述

在总体描述过程中,本研究将从高频词、低频词及合计等 3 方面对ST3、ST4、ST5 和 ST6 进行分别统计,具体见表 3-1。

表 3-1　心理动词的使用频次统计表

单位：次

项目	非英语专业学生		英语专业学生	
	ST3	ST4	ST5	ST6
高频词	221	253	324	335
低频词	53	67	52	99
合计	274	320	376	434

表 3-1 的统计结果表明，中国学习者的心理动词在使用频次方面表现出以下特征：

1）在中国学习者中（从 ST3 到 ST6），心理动词在使用频率上呈上升趋势，从 ST3 的 274 次急遽提升到 ST6 的 434 次。

2）这种上升趋势在不同频率的心理动词中基本一致。一方面，对于高频心理动词而言，随着英语水平的提高，中国学习者对该类动词的使用都呈明显的上升趋势；另一方面，对于低频心理动词而言，虽然整体特征不如高频词那么明显，但从 ST3 到 ST6 在总体上也呈上升趋势（虽然 ST5 有所回落）。此外，英语专业学生对低频心理动词的使用在整体上高于非英语专业学生。

（2）不同类别心理动词的使用特征描述

在描述不同类别心理动词的使用特征时，我们将分别从心理使役动词、心理活动动词和心理状态动词等 3 方面对非英语和英语专业学生进行统计，具体见表 3-2。

表 3-2　不同类别心理动词的使用特征

单位：次

动词类别	非英语专业学生		英语专业学生	
	ST3	ST4	ST5	ST6
心理使役动词	67	63	123	197
心理活动动词	141	150	100	129
心理状态动词	66	107	153	108

　　表 3-2 的统计结果表明，中国学习者对不同类型心理动词的使用在总体上随其语言水平的提高而呈上升趋势，但也表现出差异性。一方面，心理状态动词和心理活动动词的使用在非英语专业学生(ST3~ST4)中处于上升状态，即随着英语水平的提高，学习者对这两类动词的使用更频繁。但他们对心理使役动词的使用却略有降低。另一方面，心理使役动词和心理活动动词在英语专业学生(ST5~ST6)中处于上升状态，即随着学习者英语水平的提高，他们对这两类心理动词的使用更趋频繁。但英语专业学生对心理状态动词的使用却随着英语水平的提高而略有降低。

2. 心理动词使用的分布结构

　　分布分析(distribution analysis)是一种语言分析方法，主要用于揭示语音、语法和词汇等在较大序列中的分布情况。在本研究中，我们主要统计 31 个英语心理动词在 CLEC 各子语料库中的类符(type)分布。这种分布情况反映的不是使用频率，而是特定心理动词在语料中的分布情况和覆盖广度①，以此反映学习者使用心理动词的类型差异和丰富度。

　　(1) 全面描述

　　在对不同类别心理动词的分布结构进行全面描述时，我们将从高频词、低频词及合计等 3 方面对 ST3、ST4、ST5 和 ST6 进行分别统计(表 3-3)。具体而言，我们主要统计以上 4 个子语料库中 31 个动词的分布情况。

表 3-3　不同类别心理动词的分布特征

单位：个

项目	非英语专业学生		英语专业学生	
	ST3	ST4	ST5	ST6
高频心理动词	11	12	12	12
低频心理动词	10	10	9	16
合计	21	22	21	28

① 在统计中，本书主要统计类符(同一个词在语料库中单独出现的词形)，而非形符(token)(同一个词在语料库中出现的次数)。例如，wish 虽然在语料中出现了许多次，但只是一个类符。

表 3-3 显示，中国学习者对心理动词的使用在分布结构方面有以下特征：

1) 总体而言，随着英语水平的提高，心理动词在中国学习者中分布更广，使用的类型更加丰富、多样化。这在表 3-3 的统计数据中已经得到体现，从 ST3 到 ST4 这种使用丰富性略有提高（21 个提高到 22 个）。但这种丰富性的渐趋提高在英语专业学生中更加明显，从 ST5 到 ST6，学习者对心理动词的使用数目从 21 个迅速提高到 28 个，呈明显上升趋势。

2) 不同频率的心理动词的使用在不断丰富过程中也表现出一定的差异性。一方面，随着学习者水平的提高，高频心理动词的多样性变化不大，在英语专业学生中几乎就保持不变。事实上，这种分布结构的变异在非英语专业学生低频心理动词的使用中也表现出相同的趋势；另一方面，在英语专业学生中，其低频心理动词的使用则随着英语水平的提升而增长迅速（从 9 个突升到 16 个）。

总体而言，心理动词的使用呈现渐进趋势。出现以上结果，可能是因为随着学习的深入，中国学习者对心理动词的习得得以不断深化，故输出能力也不断增强。学习者词汇能力的发展一直处于连续状态（in a continuum），它会随着学习者知识加工能力、词汇重组能力和寻求语义关联能力的提高而不断提高（胡文飞，2011a）。一方面，在习得过程中对二语心理词库的重组有利于习得者对心理词汇中的现有词分门别类、重新整理。对心理词库的重组，能帮助学习者迅速、快捷地提取（retrieve）所需的词。一般而言，在语义上具有联系的词项，在思维时就容易将它们放在一起，共现的可能性就比较高。另一方面，在新旧词汇之间建立关联有利于提高二语词汇使用的精确度。在词汇学习过程中，为了加深记忆的痕迹并成功储存和快速提取二语词汇，二语习得者倾向于将两种语言的语义大致对等起来，在母语和第二语言之间建立映射关系（张文忠和吴旭东，2003）。事实上，这种寻求语义关联的能力会随着习得的深入而不断提高。

(2)不同类型心理动词分布特征

在分析不同类别心理动词的分布特征时，我们将从心理使役动词、心理活动动词和心理状态动词等3方面对非英语和英语专业学生进行统计(表3-4)。

表3-4 不同类型心理动词的分布特征

单位：个

动词类别	非英语专业学生		英语专业学生	
	ST3	ST4	ST5	ST6
心理使役动词	4	3	4	4
心理活动动词	7	7	8	10
心理状态动词	10	12	9	14

表3-4的结果表明：不同类型的心理动词，其使用多样性的发展变化在不同学生中也表现出一定的差异性。在心理使役动词中，无论是非英语专业学生还是英语专业学生，其多样性都没有因为学习者水平的提高而显著提高，甚至在非英语专业学生中还略有下降。在心理活动动词中，这种多样性的变化趋势也非常一致。但这种多样性在心理状态动词中却有显著变化，随着学习者水平的提高，无论是非英语专业学生还是英语专业学生，其丰富度都有显著提高。

这种渐进性在不同心理动词中也表现出一定的差异性。在表3-4的非英语专业学习者中，心理使役动词的使用却出现了少量减少，原因可能是所调查的4个心理动词中有3个为常用的高频词。换言之，这种心理使役动词的发展特征其实反映的是高频心理使役动词的使用特征。随着学习者英语词汇的扩展及整体语言水平的提高，他们在写作中使用的词汇逐渐多样化，这样对高频词的使用就有所控制，高频词出现次数自然就有所减少。"love"就是一个极具代表性的词，其使用从ST3的51

次锐减为 ST4 的 44 次（具体见附录 A1）。

心理动词使用在分布结构上呈现不断丰富的发展趋势，其原因是多样的：

1）生成性词汇量极大地限制了中国学生心理动词使用的丰富度。中国学生的生成性词汇在习得过程中呈不断上升的趋势，它随着整体词汇量的发展而不断增强。这种发展的渐进趋势使中国学习者不断增强心理动词的使用频率，自然就增加了心理动词在 CLEC 中的分布比重。

2）这种变化也是英语专业和非英语专业不同的教学模式和宗旨的客观反映。传统教学模式使非英语专业学生在词汇习得中更多地关注理解性词汇知识，强化其接受能力，因此英语的整体生成能力偏低，故对心理动词使用难以丰富化、多元化。由于习得方法和目标一直未变，所以即便是在英语水平较高的 ST4 中，这种情况也变化不大，薄弱的生成能力大大限制了其文本输出质量的提高，故心理动词分布特征无明显变化（都比较单一）。但对于英语专业学生来说则完全不一样，他们对二语词汇的理解性和生成性词汇知识并重，因此对心理动词的使用随着英语整体水平的提高而不断增强，其结果是，心理动词的使用不断地丰富化、多元化。

3.3.2　心理动词使用的正确性描述

对心理动词使用特征的描述和分析能帮助我们了解学习者的表达习惯和表征意愿，但要全面描写其使用现状，我们还需要对比、分析学习者的正确使用频次和正确率，从中找出规律性的东西。

1. 心理动词正确使用的频次统计

在统计心理动词的正确使用频次时，我们将立足于英语专业和非英语专业两大类（4 个小类）进行系统对比，具体见图 3-1。

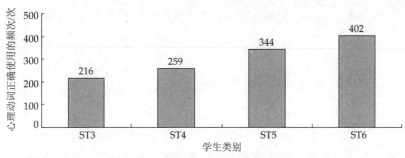

图 3-1　心理动词正确使用的频次对比

总体而言，心理动词正确使用的频次随着学习者水平的提高而不断提高。这种变化在英语专业学生和非英语专业学生中都得到了体现。

1) 心理动词的统计数据表明，在相同规模的文本中，英语专业学生心理动词的使用频次 (746 次) 远远高于非英语专业学生心理动词的使用频次 (475 次)。

2) 图 3-1 表明，在中国学习者内部，无论是非英语专业学生 (从 ST3 到 ST4) 还是英语专业学生 (从 ST5 到 ST6)，其对心理动词的正确使用频次都随着英语水平的提高而不断上升。

2. 心理动词使用的正确率统计

(1) 总体特征

在描述心理动词使用的正确率时，我们将立足于不同类型的学习者进行对比，具体见图 3-2。

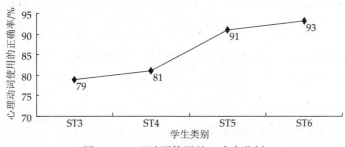

图 3-2　心理动词使用的正确率分析

图 3-2 表明，中国学习者在心理动词使用的正确率方面表现出下列特征：

1) 心理动词使用的正确率随着学习者英语水平的提高而呈上升趋势。在非英语专业学生中，使用正确率从 ST3 的 79%上升到 ST4 的 81%，而在英语专业学生中则从 ST5 的 91%上升到 ST6 的 93%。

2) 中国学习者在心理动词使用的正确率方面仍然需要进一步提高，这对非英语专业学生意义更重大。在非英语专业学生中，其心理动词使用的正确率只为 80%左右，远远低于英语专业学生的正确率，因此有待于进一步提高，这对汉英词典编纂也具有一定的现实意义。

（2）不同频率心理动词的使用正确率统计

对正确率的总体描述有利于我们从宏观上了解中国学习者心理动词的使用现状，而对比不同频率心理动词的使用情况则有助于我们更细微、直观地了解各类心理动词的使用状况。

不同频率的心理动词，其使用的正确率也表现出一定的共性。

一方面，无论是高频心理动词还是低频心理动词，其使用的正确率都随着使用者水平的提高而上升。这在表 3-5 中已经有所体现。

表 3-5　不同频率心理动词的使用正确率统计

单位：%

类别	ST3	ST4	ST5	ST6
高频心理动词使用正确率	87	87	81	88
低频心理动词使用正确率	77	80	93	94

另一方面，英语专业学生（ST5 和 ST6）低频心理动词的使用正确率已经比较高，但非英语专业学生却需要进一步提高低频心理动词的使用正确率。由此可见，心理动词的正确使用仍是部分中国学习者的弱项之一，这也是本研究的现实意义之一。

（3）心理动词使用的渐进性特征

中国学习者使用心理动词的正确性描述（包括正确使用频次和正确

率分析)表明：中国学习者对心理动词的正确使用表现出渐进增长的特征。事实上，这种渐进性也是中国学习者二语词汇习得过程的客观反映。

首先，随着二语学习的深入，学习者的二语词汇(包括心理动词)知识将不断丰富，学习者对特定词汇的生成能力将不断增强，因此其使用频次和正确率也会不断上升(具体见 3.3.1 节和 3.3.2 节)。毕竟，词汇学习的最终阶段和最后目标就是将理解性词汇转化为生成性词汇(Muncie，2002)。

其次，这种渐进特征表现出阶段性差异，即在不同阶段其增幅可能会有所不同。图 3-1、图 3-2 和表 3-5 表明：无论是心理动词的使用频次还是正确率，非英语专业学生(从 ST3 到 ST4)都远远低于英语专业学生(从 ST5 到 ST6)。一方面，这种差异性在本质上源于在词汇知识发展过程中习得主体的差异性。Bloom 认为"理解性和生成性词汇之间的关系呈动态发展，它会随着习得主体(如小孩)的个人经验、语言和认知能力的变化而变化"(Waring，2004)。非英语专业学生对特定语词(包括心理动词)有限的、非系统的词汇知识的输入，使其理解性词汇和生成性词汇之间的差异远大于英语专业学生，因为后者在词汇输入、习得策略和生成能力等方面都具有更有利的条件。另一方面，词汇习得过程中的高原现象(plateau phenomena)，使二语词汇的正确使用频次和比例在相同类型的学习群体(如非英语专业学生)内变化不大。生成性词汇深度知识的发展具有复杂、渐进和多层面的特点。在词汇深度知识发展过程中，学习者会经历不同的词汇高原时期(谭晓晨，2006)。由此可见，在心理动词的使用频次和正确率方面，无论是从 ST3 到 ST4 还是从 ST5 到 ST6，其增幅比例都很小，原因可能是这种高原现象在该阶段学生中更明显，降低了心理动词使用频次和正确率的发展速度。而要克服这种高原现象，既需要学习者自身的努力(如改进学习方法)，更需要外部学习环境的完善(如提高词典、教材的编纂质量和使用效果)。

3.3.3 中国英语学习者心理动词的失误归类

言语失误客观再现了学习者在文本生成过程中的认知心理，因此对编者了解用户对二语词汇的习得机制意义重大。立足于 CLEC 的言语失误分类，并结合本调查的实际，本节将对个别言语失误进行合并，并增加了对语用错误①的统计。CLEC 本身具有相对的开放性，容许研究者根据需要对失误类型进行补充或进一步分出细类（桂诗春和杨惠中，2003：3）。具体而言，本节将划分出词类识别、词义混淆、搭配错误、拼写错误、语用错误、句法问题(1)和句法问题(2)等 7 类（表 3-6）。而这 7 类失误可以进一步合并为两类：词汇层面（前面 6 类）和句子层面的失误（最后一类）。

表 3-6　中国英语学习者心理动词的失误归类及例证说明

失误类别	具体内容	CLEC 中的典型例证
词类识别	vp1、wd2 及其他词类识别错误	I made my **determine** [wd2,-] to learn every words [np3,1-] by heart. We always **wish** [vp1,-1] finish our tasks quickly. But we always f
词义混淆	Wd3	If you feel present job [np6,1-] isn't **satisfied** [wd3,1-] or you want to learn different field [wd4
搭配错误	vp2、cc2、cc3、cc5 及心理动词短语中的介词搭配错误	end, [sn8,s-] I think it is importment [fm1,-] to **plan** <u>our</u> weekends [cc3,2-] reasonably. In two days we
拼写错误	fm1	k questions and learn to [vp2,1-] the teacher, by **plan-** <u>ning</u> [fm1,-] [wd3,-] himself lower, the teacher wil
语用错误	句子中的语用错误	It does not **surprise** us to discover that success is measured in terms of
句法问题(1)	论元结构错误	It [pr2, -s] will not [vp7, -s] **satisfied** to yourself and others.
句法问题(2)	Sn8、wd4、主谓不一致、限定与非限定动词的混用、时态问题及情态/助动词用法错误	hand, now the government of developing countries **realize**d [vp6,s-] that the children was [vp3,1-] vital to

---

① 本书的语用错误具有狭义本质，特指这些在语法结构上合理，但"得体性"和"接受性"较弱的言语错误。如"It does not **surprise** us to discover that success is measured in terms of"在语法结构上合理，但母语使用者不会使用这种表达，而会说"We are not surprised to discover that....."

1. 描述性统计

就中国学习者而言，心理动词的输出类失误在总体上表现出两大特征：主体差异性和分布差异性。

1）在失误类别方面，统计结果（表3-7）表明：非英语专业学生的失误类别略多于英语专业学生的失误类别，主体差异比较明显。在本研究所归纳的7种动词失误中，ST3和ST4拥有全部7类失误，而ST5包含6类失误（没有了拼写错误），ST6则减少为5类（没有拼写错误和词义混淆）。

表 3-7　中国英语学习者心理动词失误表

单位：个

失误类别	ST3	ST4	ST5	ST6
词类识别	4	16	11	14
词义混淆	6	5	3	0
搭配错误	19	7	7	3
拼写错误	1	1	0	0
语用错误	3	2	1	2
句法问题（1）	13	13	2	5
句法问题（2）	12	17	5	8

2）对比分析学习者的失误，结果表明这些失误在分布特征上表现出较大的差异性。在词类识别方面，ST4的失误最多，其次为ST6。换言之，无论是在非英语专业学生中还是英语专业学生中，同等条件下，高水平学习者所犯的词类识别失误比低水平学习者多。在词义混淆、拼写错误、语用错误和句法问题（1）等方面，ST3和ST4的失误远远高于ST5和ST6，即非英语专业学生的基础型生成性词汇知识比英语专业学生更为薄弱。此外，在搭配错误方面，ST3的失误远远高于ST4、ST5和ST6。

2. 非英语专业学生的失误分类

非英语专业学生是中国高校内最庞大的英语学习群体，所以分析其失误对全面概括中国学习者心理动词的使用特征具有积极意义。

图 3-3 涉及中国非英语专业学生在心理动词使用方面的失误分类，该图表明：

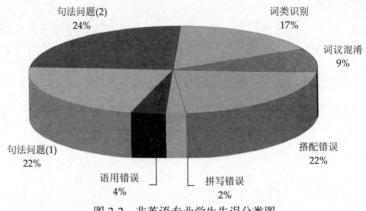

图 3-3　非英语专业学生失误分类图

1) 在心理动词的使用过程中，学生的词汇类失误远远高于语法类失误。图 3-3 表明词汇类失误[包括词类识别、词义混淆、搭配错误、拼写错误、语用错误及句法问题(1)]占全部失误的 76%，远远高于句子层面的失误[句法问题(2)]，后者只占全部失误的 24%。

2) 在各类词汇失误中，比例最高的是搭配错误，它占全部失误的22%，比例最低的是拼写错误，占总数的 2%。

3. 英语专业学生的失误分类

英语专业学生在学习方法和学习手段上都与非英语专业学生差异很大，所以分析其使用过程中的失误对全面分析中国学习者心理动词的使用特征也意义重大。

图 3-4 是关于中国英语专业学生(包括 ST5 和 ST6)心理动词的失误分类，该图表明：

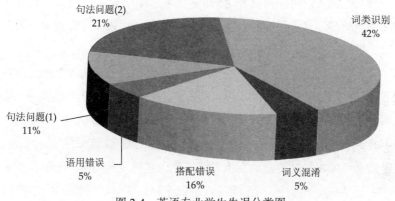

图 3-4　英语专业学生失误分类图

1)中国英语专业学生所犯的词汇类失误远远高于语法类失误。图 3-4 表明，词汇类失误[包括词类识别、词义混淆、搭配错误、语用错误及句法问题(1)]占所有失误的 79%，而句子层面的失误[句法问题(2)]只占 21%，后者远低于前者。

2)在各类词汇失误中，比例最高的是词类识别，占失误总数的 42%，比例最低的是语用错误，为总数的 5%。此外，统计结果表明拼写错误在所调查的群体中已经消失。

4. 中国学习者在心理动词使用中的失误特征

立足于中国学习者，对心理动词的失误进行分类，结果表明：

1)整体而言，词汇类失误仍是中国学习者的主要问题(在英语专业中占失误总数的 79%，在非英语专业中占失误总数的 76%)。事实上，这个调查结果与部分研究(桂诗春和杨惠中，2003；张晓兰，2004；谭晓晨，2006)的结果基本一致。词汇类知识由于语词的个体差异性和离散特征，难以在参考书或教材中批量处理，但学习者可通过查阅词典的方式来丰富和完善已有的词汇知识结构，以此提高自己的词汇生成能力，降低词汇类输出错误。毕竟，描绘词汇内部结构是语文词典的主要功能。换言之，改变、完善汉英词典对特定词汇（尤其是目的语词汇）概念、语义、句法结构的描述具有很强的现实意义，它不仅能增强学习者的词汇习得效果，更是中国学习者提高英语输出能力的现实需求。

2) 无论是英语专业学生还是非英语专业学生，他们的词汇类失误都随着其英语水平的提高而保持相对的稳定。表 3-7 的统计结果表明，非英语专业学生的词汇类失误（即前 7 类错误之和）从 ST3 的 46 个降低为 ST4 的 44 个，而英语专业学生的词汇类失误在 ST5 和 ST6 中都是 24 个，并未随学习者水平的提高而发生显著变化。这种现象表明，无论是低水平学生还是高水平学生，词汇类失误都普遍存在于学习者的使用过程中，并随着英语学习的深入而保持相对的稳定。换言之，立足于汉英词典的表征手段和内容来提高特定用户的输出质量，对各类水平的学习者都很有现实意义。此外，由于英语和非英语专业学生构成中国英语学习者的主体，所以本研究具有普遍意义。

3) 在中国学生的词汇失误中，词类识别、搭配错误和句法问题(1)（即论元结构问题）一直居于词汇类失误的前列。汉语重"意合"而轻"形合"的传统，使多数中国学习者在英语输出过程中忽略了词类的组合/搭配规则，因此词类识别错误在本质上源于这种母语结构负迁移的影响。要减少这种负迁移，新型汉英词典应通过词类标注的方式来突显词类的功能特征，以此来保证目的语词的搭配正确，进而帮助用户提高输出质量。

4) 搭配问题和论元结构错误表明中国学生对特定语词的交际语境认识不足，这也从另一角度反映了学生对词汇深度知识掌握不够。语言迁移和文化迁移使中国学习者在搭配和论元选择上容易受汉语的影响，用汉语模式生成英语对应结构（胡文飞，2011a）。汉英词典中提供目的语词的搭配模式和论元结构对二语动词的正确输出意义重大，因为"生成性词典的目的就是激励用户在使用前验证、核实特定语词的用法和搭配模式，以此来形成高度的用户自主(learner autonomy)"(Carter，1998：180)。由此可见，在汉英词典中丰富目的语词的搭配模式和论元结构不仅是积极性词典的服务内容之一，也是基于用户生成能力的现实需求。

3.3.4　小结

对心理动词的抽样调查结果表明：

1)中国学习者在心理动词的使用频次上呈不断上升的趋势(随着学习者水平的增长而增长)。此外，其使用的分布结构也呈现不断丰富的发展趋势(即随着学习者水平的提高而不断丰富)。

2)对中国学习者而言，词汇类失误构成言语失误的主体，其中词类识别、搭配错误和句法问题(1)(即论元结构问题)仍居前列。此外，在同类群体内，学习者的词汇类错误随着学习者水平的提高而变化不大。

3.4　中国学习者与英语母语使用者基于心理动词使用的对比分析

本节将通过对比 CLEC 中 ST5、ST6 与 ICLE 中母语使用者(NA)在英语心理动词使用方面的差异，来间接描写中国学习者心理动词的习得规律。以上 3 个子语料库在内容上都以学生的议论文为主，收词规模也比较接近(20 万左右)，因此极具可比性。在调查对象上，本研究仍按比例抽取 31 个心理动词的英语对应词进行调查(具体同 3.3.1 节)。

3.4.1　心理动词的使用频率对比

在本研究中，我们将检索 ICLE 的 NA 子库，统计心理动词的使用频率，并与 ST5、ST6 进行对比分析。

1. 总体特征对比

图 3-5 的各项数据表明：

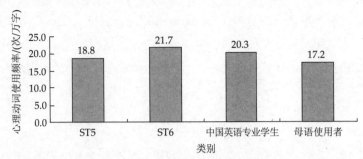

图 3-5　ST5、ST6 与母语使用者在心理动词使用方面的总体对比

1）总体而言，中国英语专业学生对心理动词的使用频率为 20.3 次/万字，远远高于母语使用者的 17.2 次/万字。

2）在中国英语专业学生中，无论是低水平学生（ST5）还是高水平学生（ST6），他们使用心理动词的频率都高于母语使用者。此外，从 ST5 到 ST6，随着学习者英语水平的不断提高，其对心理动词的使用频率也从 18.8 次/万字上升到 21.7 次/万字，呈现逐渐上升趋势，且增幅比较明显。

2. 不同频率心理动词在中国学习者中的使用特征分析

分析表 3-8 的相关数据，结果表明：

表 3-8　不同频率心理动词在 ST5、ST6 与母语使用者中的使用对比

单位：次/万字

类别	ST5	ST6	中国英语专业学生	母语使用者
高频词汇使用频率	16.2	16.8	16.5	10.6
低频词汇使用频率	2.6	5.0	3.8	6.6

1）就高频词而言，中国英语专业学生的使用频率远远高于母语使用者。总体而言，中国英语专业学生对高频心理动词的使用远比母语使用者更频繁（16.5>10.6）。事实上，无论是低水平的 ST5 还是高水平的 ST6，他们对高频心理动词的使用都远比母语使用者更频繁（16.2 和 16.8 都大

于 10.6）。

2）在低频词方面，中国英语专业学生的使用频率远远低于母语使用者。一方面，就整体而言，母语使用者对低频心理动词的使用频率（6.6次/万字）远远高于中国英语专业学生（3.8 次/万字）。另一方面，这种特征在不同水平的学生中也表现出较大的差异性。低频心理动词的使用在水平较低的学习者（ST5）中特别低（2.6 次/万字），但随着学习者水平的上升，这种现象会有所改观（ST6 的 5.0 只是略低于母语使用者的 6.6）。

3. 不同类型心理动词在中外学习者中的使用对比

表 3-9 的数据表明：

表 3-9   不同类型心理动词在 ST5、ST6 与母语使用者中的使用对比

单位：次/万字

类别	ST5	ST6	中国英语专业学生	母语使用者
心理使役动词使用频率	6.0	9.5	7.7	2.3
心理活动动词使用频率	4.4	6.0	5.2	8.2
心理状态动词使用频率	6.9	4.6	5.8	6.7

1）无论在整体上还是就不同水平的学生（ST5 和 ST6）而言，中国英语专业学生对心理使役动词的使用远比母语使用者更为频繁，而在心理活动动词方面，则完全相反（前者的使用频率远低于后者）。就程度而言，低水平英语专业学生（ST5）与母语使用者在心理活动动词方面的差异度，远远大于高水平英语专业学生（ST6）与母语使用者的差异度。

2）这种差异性在心理状态动词方面更加复杂。整体而言，中国英语专业学生在心理状态动词的使用频率上略低于母语使用者，但这种差异性也因学生的水平不同而略显差异。低水平学生（ST5）对心理状态动词的使用频率略高于母语使用者，然而高水平学生（ST6）在心理状态动词的使用频率上却远远低于母语使用者。

4. 中国学习者与母语学习者对心理动词的使用差异及其原因

以上的统计结果表明中国学习者与母语使用者在心理动词的使用频率上表现出显著差异。整体而言，中国学习者对心理动词的使用比母语使用者更频繁，但这种差异性在不同类型心理动词中又略显不同。出现这种结果，可能是基于下列原因。

1) 源于语言的负迁移。文化作为语言的根基，在交际语境中是作为行为模式的深层结构来规范和制约交际语言的。中国传统哲学、文化更关注的是心理时空，所以"汉语的精神，从本质上说，不是西方语言那种执著于知性、理性的精神，而是充满感受和体验的精神"(申小龙，1993：251)。因此，中国人对心理世界的关注远盛过西方人，正是汉语这种"表征过程中明显的心理倾向"使学习者在英语写作中更倾向于使用心理动词。

2) 这也是中国学习者的英语积极性词汇知识薄弱的客观反映。在信息论中，信息负载指"文本所含信息的绝对总量"(赵德全和张帅，2008：100)。特定文本的信息负载总量取决于积极性词汇的丰富度(lexical richness)和使用频次。换言之，在信息负载总量相对稳定的前提下，积极性词汇的丰富度和使用频次成反比。就英语的文本生成过程而言，中国学习者的积极性词汇在数量上低于母语使用者且词汇的深度语义加工能力有限，所以在文本输出中其词汇丰富度偏低，因此对部分高频、认知阈限(threshold)较低的词汇反复并频繁使用。而母语使用者由于词汇量大，且语义加工能力强，因此倾向于使用不同结构、语义的词汇，因此其词汇使用更加丰富、多样化，故统计结果显示其使用频率较低。其结果是，中国学习者对高频心理动词的使用自然就远高于母语使用者。

3) 中国学习者对高频心理动词的使用比母语使用者更频繁，但其对低频心理动词的使用远低于母语使用者。这一结果也符合语言习得规律。一方面，学习者对目的语词汇的习得是从理解到生成、从高频词到低频词逐渐推进的过程。中国学习者的积极性词汇量低于母语学习者，这种客观现实决定了中国学习者如果要输出具有一定长度、蕴涵相当信息的文本，必须加大对单个词汇的信息负载，因此对高频词的使用肯定比母语学习者更频繁。另一方面，回避策略（avoiding strategy）或者任务简化措施（task simplification）也是中国学习者低频词汇使用偏低的原因。当外语学习者估计可能会面临困难词汇，或者对目标词仅有模糊概念时，他们常回避使用。此外，由于缺乏激励措施来鼓励学生使用一些易出错的低频词，这也使学生的词汇生成能力出现了僵化现象（fossilization）。测试中的评分体制使学生常满足于词汇的正确使用而不愿冒险去追求词汇的丰富度。其结果是，中国学习者自然减少了对低频心理动词的使用。

3.4.2　心理动词的论元结构对比分析

目的语词的论元结构对用户生成正确、合理的句子意义重大。在本研究中，我们将主要分析心理动词论元的有灵性特征，因为"有灵（生）性的语言表征及心理现实性问题是心理动词研究的热点之一"（张京鱼等，2004）。

1. 论元分布特征总体对比

在论元分布特征的总体对比中，本书将立足于不同群体（ST5、ST6和母语使用者）进行分析，图 3-6 表明：

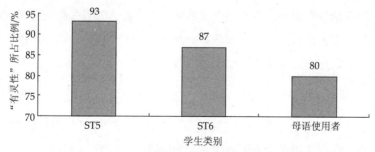

图 3-6　不同群体使用心理动词的论元特征对比

1) 中国英语专业学生(包括 ST5 和 ST6)在使用心理使役动词时选择"有灵性"论元比例远远高于母语使用者。

2) 这种对"有灵性"论元的选择倾向在不同水平的学习者中也表现出极大的差异性。在水平较低的英语专业学生(ST5)中，选择"有灵性"论元的比例为93%，远高于母语使用者的80%，但这种差异性随着学生水平的提高(到 ST6)而逐渐降低。

2. 不同频率的心理动词论元使用的对比分析

表 3-10 表明,不同频率的心理动词在论元使用方面表现出两大特征：

表 3-10   不同频率的心理动词论元使用的对比分析

单位：%

类别	ST5	ST6	母语使用者
高频心理动词	94	91	84
低频心理动词	86	75	73

1) 无论是高频心理动词还是低频心理动词，中国学习者对"有灵性"论元的使用比例高于母语使用者。此外，这种"有灵性"论元选择的差异性也是呈动态发展的，它随着学习者水平的提高(从 ST5 到 ST6 再到母语使用者)而不断减弱。

2) 无论是中国英语专业学生还是母语使用者，他们在高频心理动词中选择"有灵性"论元的比例(94%、91%和 84%)远高于同等条件下在低频心理动词中的选择比例(86%、75%和73%)。

3. 不同类型心理动词在中国学习者与母语使用者之间的论元使用对比

表 3-11 的统计结果显示，对于不同类型的心理动词，中国英语专业学习者与母语使用者在论元选择方面表现出以下特征：

表 3-11　不同类型的心理动词论元使用的对比分析

单位：%

类别	ST5	ST6	母语使用者
心理使役动词	98	94	98
心理活动动词	95	83	78
心理状态动词	88	80	76

1) 横向对比 ST5、ST6 和母语使用者，结果表明在心理活动动词和心理状态动词中，前者（ST5 和 ST6）对"有灵性"论元的使用比例远高于母语使用者。但在心理使役动词方面，ST5 与母语使用者选择"有灵性"论元的比例一样高，而 ST6 却略低于母语使用者。这种对"有灵性"论元选择的差异性是呈动态发展的，它随着学习者水平的提高而不断变化。

2) 纵向对比心理使役动词、心理活动动词和心理状态动词，结果显示无论是 ST5、ST6 还是母语使用者，他们选择"有灵性"论元的比例均呈逐渐递减趋势。在递减幅度上，对 ST6 而言，从心理使役动词到心理活动动词的递减幅度（约为 11%）大于其心理活动动词到心理状态动词的递减幅度（为 3%）。母语使用者也呈现类似的递减趋势，在母语使用者群体内从心理使役动词到心理活动动词的递减幅度（约为 20%）大于其心理活动动词到心理状态动词的递减幅度（为 2%）。而这种变化趋势在 ST5 中刚好相反，ST5 从心理使役动词到心理活动动词的递减幅度（3%）远低于心理活动动词到心理状态动词的递减幅度（7%）。

4. 中外学习者对心理动词论元选择的差异及其原因分析

以上统计结果表明，在心理动词论元结构分布上，中国英语专业学生选择"有灵性"论元比例远远高于母语使用者。总体而言，在同类心理动词内（无论是高/低频词，还是心理使役/活动/状态动词），中国学生选择"有灵性"论元比例随着英语水平的提高(从 ST5 到 ST6)而逐渐降低。出现这种情况，原因是多样的：

1) 母语负迁移的影响。中国学习者在心理动词的使用过程中过多选择"有灵性"论元，主要是源于学习者在目的语生成过程中所形成的假定同义性错误，以及由此引起的论元结构负迁移。中国学习者的二语词汇习得是在非母语语境下进行的，所以习得者对目的语词汇知识的习得主要依靠双语词典及教师的有限输入。"寻找对等词"的双语释义模式和"翻译式"的教学模式，使中国学生习惯将目的语词汇与母语词汇机械对等，进而产生"假定同义"甚至"同义泛化"现象。因此，在英语写作中，当学生把汉语思维翻译成英语时就会出错误，而机械的逐字翻译正是中国学生在写作中常用的手段(俞理明，2004：117)。

2) 从论元成分上看，历史、文化及汉民族的文化传统等因素使中国人在汉语心理动词应用中更倾向于选择"有灵性"论元，这一点我们从学界对心理动词的诸多定义(陈承泽，1982；吕叔湘，1982；黎锦熙，1992；杨华，1994；胡裕树和范晓，1995；张京鱼，2001；文雅利，2007)中可得到佐证。定义是一种经验活动，是对已有知识的归纳和总结，因此用释义内容反向推测其定义过程也是一种有效的研究手段。"假定同义"使中国学习者习惯于将汉语心理动词与英语心理动词机械对等，因此在生成过程中容易将这种源语的论元特征迁移到目的语论元结构中。结果，中国学习者使用"有灵性"论元的比例自然就高于母语使用者。但这种母语负迁移也是动态的，它会随着学习者英语水平的提高而逐渐降低。"随着用户二语水平的增长，L1 对 L2 的干扰将逐渐降低，而 L2 对 L1 的干扰将增强。"(Hartmann，1983：44)所以，在心理动词中，中国学生选择"有灵性"论元比例随着学习者英语水平的提高(从 ST5 到 ST6)也慢慢降低。

3) 心理动词语义结构标记性差异的影响。学习者对心理动词论元结构的习得在本质上是从原型用法到边缘用法、从非标记用法到标记用法的渐进过程。一方面，选择"有灵性"论元为心理动词使用中的非标记用法。Ellis（1994）从语言习得的角度把标记定义为"某些语言特征相对于其他更'基本的'特征而言，以某种方式显得比较'特别'"。标记性程度差异普遍存在于形态、句法、语义等方面，所以作为语义核心的论元结构也存在标记性程度差异。在单语词典编纂过程中，无论是词目释义、义项排列还是例证选取，多数编者都会遵照从非标记用法到标记用法的原则进行排列。因此，英语单语词典对心理动词的定义、语义结构的描写和例证选择，都倾向于选择标记程度更低的"有灵性"论元。其结果是，经常查阅英语单语词典或英汉双解词典的中国用户在输出过程中会直接或间接模仿这种标记程度更低的语义搭配结构，所以他们选择"有灵性"论元结构就更普遍。这在英语水平较低的用户中更为明显，因为该用户对单语词典的模仿性和依赖性更强。另一方面，学习者选择"有灵性"论元的倾向也是动态发展的。标记性特征在本质上表现为一个逐步递增的连续统，二语习得的总规律也会呈现一种先习得非标记性部分后习得标记性部分的趋势（王鲁男，2007：84）。随着用户深度词汇知识的增强和生成能力的提高，用户会不断尝试着使用标记的用法，结果，用户在心理动词的使用过程中选择"有灵性"论元的比例就逐渐降低了。

3.4.3　小结

以上的统计结果和分析表明：一方面，中国学习者与母语使用者在心理动词的使用频率上表现出显著差异，中国学习者对心理动词的使用比母语使用者更频繁。另一方面，与母语使用者相比，中国学习者在心理动词表征过程中倾向于选择"有灵性"论元。

3.5　中国学习者二语词汇的习得机制及其词典学意义

通过分析 CLEC 中心理动词的使用特征，并对比 ST5、ST6 与母语学习者关于心理动词的使用状况，我们可以归纳出中国学习者二语词汇的习得机制，并分析其词典学意义，以便从用户的角度为词典编纂提供帮助和指导。

3.5.1　渐进性习得

中国学习者（包括 ST3、ST4、ST5 和 ST6）在心理动词的使用频次、使用多样性及使用正确率等方面（具体见 3.3.1 节和 3.3.2 节）的研究结果表明：学习者在二语词汇习得过程中表现出渐进性特征。首先，随着英语水平的提高，学习者对二语词汇的使用频次（不管是高频词还是低频词）不断上升。其次，随着英语水平的提高，学习者对二语词汇的使用多样性不断丰富，虽然在程度上略有差异（非英语专业学生增幅低于英语专业学生的增幅）。最后，随着英语水平的提高，学习者对二语词汇的使用正确率不断提高。当然，在增幅上不同专业学生也显示出差异（非英语专业学生增幅低于英语专业学生的增幅）。

中国学习者二语词汇习得的渐进性特征，对汉英词典编纂具有深远意义，具体表现在以下几方面：

1) 汉英词典的编纂宗旨和服务对象必须明确。中国学习者二语词汇水平的发展是动态的、渐进的，不同阶段的学习者由于深度词汇知识的差异，其查阅需求和加工能力差异很大。所以，编者必须明确服务对象，并根据对象习得水平来制定编纂宗旨和原则，以此帮助用户选择适合自己的查阅需求和英语水平的汉英词典。具体而言，对于初级、中级水平的用户，编者需以描述积极型词汇知识为主，强化对目的语语言图式、知识图式和网络图式的全息表征，着力于培养用户的英语生成能力。而对于高级水平的用户，编者应尽力编纂积极型和消极型词汇知识并重的综合类词典，以适应用户二语水平的渐进发展。

2) 这种习得渐进性对义项和例证的排序具有参考意义。中国学习者二语词汇习得的渐进性提醒编者，对汉英词典的义项和例证排序也应遵循渐进原则。在恪守主导编纂原则的前提下，对义项和例证排序应由易到难、渐进排列。这样，不仅顺应了用户的习得规律，也从根本上增强了义项与例证的接受性和认知可及性。

3.5.2 强化二语词汇的标记性特征

通过对 CLEC 中心理动词使用错误的分析和归类，我们认为二语词汇的一些标记性句法、语义结构和功能多义性特征是学习者习得过程中的难点，因此应该加以强化。首先，强化标记性论元结构特征。论元结构构成特定词汇的句法基础，对于句子的生成意义重大。3.3.3 节的统计结果表明，论元结构的错位或残缺是中国英语学习者二语输出过程中易犯的错误之一。因此，强化二语词汇的标记性论元结构特征，完善其句法结构的核心表征模式，对提高中国学习者习得效果、句子生成能力有很强的现实意义。其次，强化标记性语义特征。语义构成词汇的内核，是词汇习得过程中的难点。对言语错误的归类分析结果表明，目的语词的语义混淆是中国学习者在 CLEC 中常犯的错误之一，也是中国学习者的习得难点之一。最后，强化标记性功能多义性（multifunctionality）。功能多义性指一个词项在不同的话语或语篇中可以承担不同的语法与语用功能（王仁强，2006：72）。对目的语词功能多义性的了解不足，即对目的语词词类判别有误，这是中国学习者在使用过程中的常见错误之一（见 3.3.3 节）。

对内向型汉英词典的编纂而言，强化二语词汇的标记性特征将具体表现在以下几方面：

1）在内向型汉英词典的编纂中，编者需要在释义中用句法标注的形式来突显二语词汇的论元结构特征，或通过例证的形式来补全其交际场景，以此间接实现对语词论元结构的完型表征。当然，这种对论元结构的标注不仅需要内容全面，更应清晰简洁，且标注形式和所用符号应统一、规范。此外，对句法结构内容比较丰富的语词，其论元结构应按使用频率由高到低进行排列，并兼顾其他准则。

2) 对于标记性语义特征，内向型汉英词典可通过标注突显和补充说明等方式来完善语义表征结构。一方面，在释义过程中，用标注的形式直接揭示目的语词的标记性语义特征，如"猜：reckon ＜口＞"；另一方面，编者可在释义之后以补充说明的方式来完善、补全其语义表征。具体而言，内向型汉英词典可以通过"同义辨析""提示说明"等积极手段，突显特定语词的标记性语义特征，以此帮助用户提高习得效果，防止生成过程中的"同义泛化"。

3) 对于目的语词的标记性功能多义性，内向型汉英词典可通过词类标注和例证补充的方式来映射、阐释其功能多义特征。一方面，内向型汉英词典应通过词类标注的方式及范畴化归类，并立足于用户的认知特征，采取简洁、通用、接受性强的标注方式，完善对目的语词功能多义性的表征，增加用户对目的语词语法功能的了解。另一方面，内向型汉英词典也应完善例证的表征功能，用例证来实现对词类标注的印证和补充说明。毕竟，例证是对抽象的词类标注的有效补充和现实说明。

3.5.3　克服习得中的母语负迁移

CLEC 中心理动词的错误分析及 CLEC 与 ICLE 的对比分析表明：母语负迁移普遍存在于中国学习者的生成过程中，是学习者在习得过程中难以逾越的鸿沟。母语负迁移泛指母语对目标语形成的消极影响，克服母语负迁移在内容上主要立足于语义和语法等方面(俞理明，2004)。一方面，中国学习者需要克服习得中的母语语义负迁移。语义负迁移的产生在根本上源于传统"翻译式"教学，以及汉英词典"追求对等词汇"的消极编纂取向。语义负迁移不仅导致学习者对不同语言的词汇产生"假定同义"的错觉，更容易导致在使用过程中的"同义泛化"。另一方面，中国学习者也需要克服习得中的语法负迁移。论元构成句法结构的核心，是信息传递的起点。而对论元的选择也在某种程度上反映了学习者对句法结构的选择倾向。通过对比中国学习者与母语使用者在心理动词使用过程中对"有灵性"论元的选择比例，我们不难看出，语法负迁移可能导致这种论元选择方面的差异性。此外，语法负迁移还体现为主谓结构不一致、兼语结构，以及流水句(run-on sentence)的过度使用，而这些都可以通过完善例句结构、丰富例句内容来加以改进。

中国学习者在二语习得过程中需要克服习得中的母语负迁移，这对目前汉英词典的编纂极具参考意义，具体表现在以下方面：

1)对于语义负迁移，内向型汉英词典可以通过丰富语义表征结构、提供对等词的同义辨析等多维释义手段来克服这种负面影响。一方面，在释义中构建目的语词的框架结构，通过框架的组合功能，调动各意义表征成分共同完成对目的语词语义结构的阐释。另一方面，它可以通过特定的句法标注和阐释性例证，不断完善语义表征结构，为用户提供完整的意象图式和言语场景，以此为用户建立使用的参照准则，进而降低语义负迁移的影响。

2)对于语法负迁移，内向型汉英词典可以通过句法标注等有效途径，全面丰富语法表征手段和内容，以此降低母语语法负迁移的影响。编者也可通过例证来实现对语词最大句法结构系(suite maximale de construction)的完整再现，以此突显其标记性句法模式，从信息输入的角度增强用户的习得效果。通过提高二语整体水平，以此间接降低母语语法负迁移的影响。此外，编者也可通过系统分析各类中介语语料库或应试作文，从中归纳、描述常见的源于语法负迁移的用法错误，并在汉英词典中以"提示"或对等词的"同义辨析"的形式，突显其语法差异性，以此强化用户的记忆质量和输入效果。

3.5.4　防止对目标语规则的过度泛化

拼写错误和搭配错误(见 3.3.3 节)是中国学习者二语习得过程中常犯的错误之一。究其根源，基于省力原则而产生的过度泛化(overgeneralization)

是产生这一现象的重要原因之一。一方面，基于形态变化而产生的错误在低水平学习者中比较明显（具体见表 3-7）。因此，中国学习者在习得过程中需防止对目标语形态规则的过度泛化。另一方面，表 3-7 表明目标语搭配错误也是中国学习者常犯的错误之一。深入分析该类错误我们发现，其根源在于学习者对搭配结构的过度泛化，即通过对特定语词的非标记性搭配的无限递推，进而以此替代其标记性搭配。

对内向型汉英词典的编纂而言，防止对目标语规则的过度泛化将立足于以下两方面：

1) 内向型汉英词典可通过例句突显特定语词形态变化的标记性特征，以此有效降低由过度泛化导致的形态错误，提高英语生成能力。例如，对于不规则的分词形式，可在例证中用特殊标志（如斜体、颜色差异、下划线等）进行区别显示。

2) 对于搭配结构，汉英词典可利用"简洁标注"和"例证突显"的方式明示。首先，在汉英词典中以标注的形式突显目标语词的搭配结构，以此增强用户的认知效果并防止目标语搭配结构的过度泛化，对提高用户的生成能力意义重大。其次，通过例证的阐释功能，将简洁、抽象的标注转换为具体、翔实的例证，以此增强其可接受性和实用性。为保证例证的实用性，编者应确保例证内搭配结构的组构成分的完整性和普遍性，防止用户在使用中产生语用失误。

3.6 小   结

如上所述，本章不仅分析了心理动词在 CLEC 和 ICLE 中的使用特征，还描述了中国学习者二语词汇的习得机制及其词典学意义，具体包括：

1) 中国学习者在 CLEC 中对心理动词的使用表现出渐进特征，使用频次随着学习者水平的增长而增长，其分布结构也呈现不断丰富的发展趋势。此外，对多数学习者而言，词汇错误是主要错误，尤其是词类识别、搭配错误和论元结构问题等。

2)中国学习者与母语使用者在心理动词的使用频率上表现出显著差异，中国学习者对心理动词的使用比母语使用者更频繁。此外，相对于母语使用者，中国学习者在心理动词使用过程中倾向于选择"有灵性"论元。

3)通过语料对比和错误分析，本章归纳了中国学习者二语词汇习得中的本质和特征，即习得的渐进性、强化二语词汇的标记性特征、克服母语负迁移和防止对目标语规则的过度泛化。这种习得特征要求新型汉英词典既要明确编纂宗旨和服务对象，也需要通过标注词类特征、句法结构，完善阐释性例证结构，并提供提示、同义辨析等内容，以此来顺应用户对二语词汇的习得规律。

第 4 章

基于词典用户视角的汉英词典
查阅现状分析

　　用户研究是多视角、多层次的立体分析过程，它需要全面分析其生成性文本，以此来描写用户的隐性习得机制，从内部机制上改进现存的汉英词典释义模式。此外，对用户的分析也需要了解其查阅现状，以此为完善汉英词典的释义提供现实依据①。

　　对用户查阅现状的调查既是词典学研究的重要内容，也是提高编纂质量、满足用户需求的有效手段之一。国内外研究(Hornby，1965；Baxter，1980；Tono，2001；雍和明，2003a；章宜华和雍和明，2007；何家宁和张文忠，2009)表明，用户查阅现状的研究已经成为词典学新的研究方向之一。事实上，词典用户调查的直接性、互动性，已经使其成为词典编纂者提高编纂质量的有效途径，这在词典学界已经得到了认可并体现在相关研究(Béjoint，1981；2002；Hartmann，1983；2001；Svensén，1993；魏向清，2005a；章宜华和雍和明，2007；何家宁和张文忠，2009)中。

---

① 本书的用户调查在本质上是为完善汉英词典释义结构提供现实依据，而非根本准则。该类问卷调查将为编者提供一种真实、可靠的用户信息，并帮助编者形成科学、正确、接受性较强的编纂理念和操作手段。简言之，这种问卷调查的结果将构成释义理论的现实基础之一，而非直接替代编者的释义原则和释义结构。

4.1　研究目的和方法

对用户的研究主要从人类处理信息的方法入手，通过特定的研究手段再现用户查阅词典的认知心理过程。本书将以问卷调查(附录 B1)的形式，通过对规模用户群体(200 人)的调查，了解中国用户对汉英词典及其释义的深层次需求。

结合中国用户的特征和本研究的客观需要，本调查主要围绕以下 3 个问题：

1)中国用户查阅汉英词典的习惯有何特征？

2)中国用户对目前汉英词典的心理动词的释义是否满意，具体表现在哪些方面？

3)中国用户对改进汉英词典的心理动词的释义有何建议？

问卷是一种广泛使用的研究手段，对问卷调查的理论研究(Hartmann，2001；Tono，2001；Béjoint，2002；雍和明，2003a；何家宁和张文忠，2009)，以及实证分析(Herbst and Stein，1987；Diab，1990；罗思明和王军，2003；罗思明等，2004)都充分证明了问卷在双语词典研究中的有效性。为了多视角、全方位地描述用户群体对汉英词典的查阅现状，本研究对问卷内容进行了范畴化归类(包括用户基本状况、查阅习惯、对心理动词释义的态度和心理期盼)，并通过描述分析(descriptive analysis)和对比分析(contrastive analysis)的方法进行系统阐释。描述能客观再现，而对比则能寻幽探微。

4.1.1　调查对象和工具

本研究的 191 名用户分别来自广东×大学和广东×学院的 5 个自然班，专业为英语(3 个班)和国际贸易(2 个班)。他们都具有相同的母语背景，都有 8~10 年的英语学习经历，英语成绩都处于中上等水平。同时，鉴于英语专业和非英语专业学生的差异性，本研究在对象选择上将兼顾这两个群体（各群体选约 100 名调查对象）。在测试过程中，9 名学生因为各种原因没能完成调查，因而最终进入分析的有效数据为 191 份（其中英语专业 97 份，非英语专业 94 份）。

本研究的调查工具为自制问卷，问卷形式和内容都是独立设计的。为保证问卷的信度、效度并利于数据统计，该问卷特别强化了以下几方面：

1）采用无记名形式，这样用户对一些敏感问题敢于直言，所以能得到更真实、可信的数据。

2）在问卷的内容分配上，所设计的 20 个问题涉及用户的查阅习惯、对汉英词典释义的态度，以及用户对改进汉英词典释义的心理期盼等 3 个方面。此外，这 20 个问题既涉及汉英词典释义的整体结构，也涉及心理动词释义的微观成分，因此内容比较齐全。

3）在问题的设计上，采用结构化问卷①，以选择项的形式将用户可能的回答都逐一列出。同时，为保证问卷的相对开放性，对部分问题（共有 6 个）提供了开放灵活的选择项，如 "其他（请注明）"。

4）为了定量研究的统计需要，本研究对部分非描述性问题的选项采用 5 阶段的李克特等级量表（Likert scale）评价模式，即 5 级评分法。李克特等级量表是一种定距量表，它收集的数据可以借助统计软件（如 SPSS）进行各种参数和非参数检验，以此来挖掘量表所反映的深层信息。在利用李克特等级量表对用户的选择进行数值转换时，本研究将遵照国际惯例并结合实践，按程度由高到低将对应的选择项分别转换为数值 "5、4、3、2、1"。如在统计 "用户的使用频率" 时，本研究将选择项 "很频繁、频繁、一般、很少用、从不" 分别转换为数值 "5、4、3、2、1"。

---

① 结构化问卷指这类 "不需要被调查者自己填写内容，只在所提供的选项中打勾" 的问卷（刘润清，1999）。

4.1.2　调查过程与数据统计

所有调查均随堂进行，并且在一周之内完成全部调查。为了获取准确、可靠的信息，真实反映用户的查阅现状，负责调查的教师在调查前需要向用户讲解一些术语，如心理动词、对等词、语用说明、标注等，并全面解答测试过程中的疑惑。

对于数据，本研究将立足于客观描述和对比分析两大原则进行统计。一方面，本研究将对用户的查阅习惯、对汉英词典心理动词释义的态度，以及对改进汉英词典心理动词释义的期盼进行概括描述，以此探悉其查阅现状。另一方面，本研究将对英语专业和非英语专业用户的查阅习惯、对心理动词释义所持态度，以及对改进心理动词释义的心理期盼等方面进行对比分析，表述共性，突显其差异性。

4.2　用户对汉英词典的持有和使用现状分析

问卷结果(表 4-1)表明，整体而言，中国学习者汉英词典的持有率不高，约为 1.23 部/人，其中英语专业学生的持有率(约为 1.45 部/人)大大高于非英语专业学生(0.99 部/人)。而在这人均不足 1 部的汉英词典中，多数词典为电子词典。

表 4-1　用户汉英词典的持有现状

单位：人

用户类型	3 部以上	3 部	2 部	1 部	没有
英语专业	5	6	28	47	11
非英语专业	0	6	14	50	24
合计	5	12	42	97	35

在汉英词典的使用频率方面(表 4-2)，李克特等级量表的统计结

果①显示：所有测试群体对汉英词典的使用频率为 2.72 次/人，其中非英语专业学生对汉英词典的使用频率略低于英语专业学生的使用频率，前者为 2.38 次/人，而后者约为 3.05 次/人。换言之，就整体而言，用户对汉英词典的使用频率低于一般水平(数值位于"一般(3)"和"很少用(2)"之间)，虽然英语用户略高于非英语专业用户。

表 4-2　用户汉英词典的使用现状

单位：人

用户类型	很频繁	频繁	一般	很少用	从不
英语专业	3	24	46	23	1
非英语专业	0	2	35	54	3
合计	3	26	81	77	4

由此可见，中国学习者(不管是英语专业还是非英语专业)对汉英词典的持有率和使用率都不高，其原因可能是：

1)汉英词典释义模式单一。双语词典"寻求基本对应词"的传统编纂理念使汉英词典的释义局限于对"等值性"的追求。这种传统的、相对片面的编纂定位使汉英词典的释义在本质上停留于"工具性检索功能"(即"描述难词、生词")，难以对其语义结构进行全面、科学的揭示。内容和功能的单一性大大限制并减少了汉英词典的潜在用户，其持有率自然就降低了。

2)汉英词典在现实使用中的局限性。对"等值词汇"的追求弱化了对句法、搭配、语用、文化等表征模式的重视。其结果是，用户对检索到的对等词汇难以使用，因为"汉英词典只注意条目译文的准确性，从而降低了词典的实用价值"(张春柏，2004)。这种基于"使用有限"而引发的词典交际失败必然挫伤用户积极性，进而降低用户的使用频率，

---

① 在利用李克特量表对用户的使用频率进行数值转换时，我们遵照国际惯例并结合本研究实践，将"很频繁、频繁、一般、很少用、从不"分别转换为数值"5、4、3、2、1"。

毕竟词典用户的积极参与需要词典文本的引发（刘华文，1997）。

4.3 用户对汉英词典的查阅习惯

分析用户的查阅习惯，对了解词典用户技能、全面反映用户的查阅现状意义重大。立足于汉英词典的释义特征和中国用户的查阅心理，本研究将从查阅目的、查阅内容和查阅策略等三个方面来分析用户的查阅习惯。

4.3.1 用户的查阅目的

问卷结果（表 4-3）显示，总体而言，多数用户（占 59.6%）利用汉英词典进行汉英翻译与写作，虽然也有部分例外（26.8% 的人只用于汉英翻译而 7.3% 人只用于写作，甚至还有极个别的将其用于对话等）。此外，英语专业用户与非英语专业用户在查阅目的方面也表现出相似性（选择比例都从汉英翻译与写作、汉英翻译、英语写作到对话逐次递减）。

表 4-3 用户汉英词典的查阅目的统计表

单位：%

用户类型	汉英翻译	英语写作	汉英翻译与英语写作	对话	其他
英语专业	23.7	5.2	66.0	1.0	4.1
非英语专业	29.8	9.5	53.2	3.2	4.3
合计	26.8	7.3	59.6	2.1	4.2

表 4-3 的结果表明，中国用户对汉英词典的查阅目的非常明确，这对目前的词典学与二语教学有着积极的意义。

一方面，中国用户对汉英词典查阅目的明确定位充分反映了用户汉英词典的功能、用途及类型划分等词典基础知识的不断丰富和提高，这正是词典知识向用户不断普及的客观反映。这也间接地为未来的词典学指明了发展方向，即未来的词典学应继续加强对用户的研究，通过对用户的系统分析，从用户角度为词典编纂提供方向。

另一方面，需求决定市场，而外在的需求又是内在目的的表现。中国用户对汉英词典的查阅目的(多用于翻译和写作)间接预示着汉英词典所隐藏的巨大的查阅需求。毕竟，对多数中国学习者而言，翻译和写作是交际的主要形式，也是外语学习的最终目标之一。由此可见，完善和提高当前汉英词典的释义模式是极具现实意义的。

4.3.2 用户的查阅内容

问卷结果(表 4-4)显示，就用户所关注的对应词的内容而言，约有超过 50%的用户希望获得对应词的用法结构、语用说明及对应词的同义辨析，此外，约 45%的用户希望获得拼写和词类方面的知识。在英语和非英语用户中，这种多元化意向也表现出一定的差异性。一方面，在非英语专业用户中，超过 60%的被调查者希望获得用法结构和语用说明方面的信息，而在英语专业用户中，这种意向增加到了用法结构、语用说明和对应词区别等 3 方面。另一方面，在非英语专业用户中，对于所需信息，调查者选择比例最低的是词类，而在英语专业中则变为拼写。

表 4-4　用户汉英词典的查阅内容统计表

单位：%

用户类型	拼写	词类	用法结构	语用说明	多个对应词的区别
英语专业	45.4	48.5	71.1	68.0	63.9
非英语专业	44.7	38.3	69.1	66.0	47.9
合计	45.1	43.4	70.1	67.0	55.9

表 4-4 表明，中国用户对汉英词典的查阅内容表现出多元化特征。多数用户希望获得对应词的用法结构、语用说明及对应词的区别等信息。这种多元化的查询需求再次表明，仅靠提供对应词难以满足用户的生成

性需求，毕竟，生成性词典以培养用户的学习自主性（autonomy）为基本目的，并积极激励用户在使用特定语词之前验证其用法、掌握其搭配连接模式（Wiegand，1984）。此外，随着习得的深入，用户的生成性需求不断丰富并系统化，它客观上要求以句法结构、语义框架和语用潜势为内核，在汉英词典微观结构内建立系统语义网络，多角度地表征语词的各种意义属性。

4.3.3　用户的查阅策略

关于用户的查阅策略，本研究将立足于词典类型选择、对应词筛选及对陌生对应词的处理等方面进行分析。

1. 翻译或写作过程中的词典选择

表4-5表明，在实际的翻译或写作过程中，相对而言，多数用户（54.1%）习惯于使用英汉双解词典，而使用汉英词典的用户相对比较少（32.7%）。由此可见，由于种种原因，汉英词典在中国用户的学习中（尤其是文本生成活动）已处于边缘地带。

表 4-5　翻译或写作过程中的词典选择

单位：%

用户类型	英英单语词典	英汉双语词典	英汉双解词典	汉英词典	其他（请注明）
英语专业	4.6	35.1	62.9	37.1	4.1
非英语专业	2.1	42.6	45.2	28.2	3.1
合计	3.4	38.8	54.1	32.7	3.6

以上统计数据表明，在翻译或写作过程中用户对词典选择更加务实。随着词典知识的普及和用户对词典了解的深入，中国用户在词典选择方面更加独立、务实。"词典的作用就是为查词典的人服务"（Gove，1967：5），而查阅失败必然挫伤用户的查阅积极性，进而使词典丧失潜在的用

户群体。所以只要编者能顺应词典用户的客观需求，提高编纂质量，其成果必将被用户认可、接受。

2. 对应词的选择

在分析用户关于对应词的选择倾向时，本研究将立足于两方面：多个对应词的筛选和陌生对应词的处理。

首先，丰富的英语词汇使释义者习惯于在释义过程中提供多个对应词，因此科学、合理地选择对应词是至关重要的。

表 4-6 表明，对于汉英词典所提供的多个对应词汇，整体而言多数用户（约 61.3%）表示他们会"将整个词条阅读完，综合例句使用作出选择"，也有较多的用户（22.9%）表示会"查阅英英词典或英汉（双解）词典选最合适的词语"。当然，这种选择在不同专业群体中也是有差异的，在非英语专业用户中，排列第二的选项为"选择熟悉的"（约占 21.3%），而英语专业用户则将"查阅英英或英汉（双解）词典选最合适的词语"列为第二选项（约占 32%）。

表 4-6　汉英词典查阅过程中的对应词筛选

单位：%

用户类型	第一个	综合例句进行选择	查阅英英或英汉（双解）词典	选择熟悉的	随便选一个
英语专业	2.1	61.9	32.0	4.0	0.0
非英语专业	3.2	60.6	13.8	21.3	1.1
合计	2.7	61.3	22.9	12.6	0.5

其次，由于所掌握的英语词汇有限，中国用户在汉英词典的查阅过程常常遇到陌生对应词，所以了解他们对陌生对应词的处理方法对汉英词典编纂也意义重大。

表4-7显示，对于陌生的英语对应词，整体而言，绝大多数用户（59.0%）首先会查阅英汉词典了解意义，其次为"选择有点印象的那个"（占总数

的 34.2%)。就用户而言,这种选择倾向的排序在英语专业和非英语专业用户中完全一致,只是英语专业用户选择"查阅英汉词典"的比例(68.0%)大大高于非英语专业(50.0%),而非英语专业用户选择"有点印象的词"的比例(41.5%)则大大高于英语专业用户(26.9%)。

表 4-7　汉英词典查阅过程中对陌生词的选择

单位:%

用户类型	查阅英汉词典	选择第一个	选择有印象的	随便选一个	放弃
英语专业	68.0	4.1	26.9	1.0	0.0
非英语专业	50.0	6.4	41.5	2.1	0.0
合计	59.0	5.2	34.2	1.6	0.0

表 4-6 和表 4-7 的统计结果表明,中国用户在汉英词典的查阅过程中目的性和自主性更强,但也表现出主体差异性。

1)中国用户在查阅汉英词典时目的性和自主性更强。用户查阅汉英词典,其目的在于检索并正确掌握特定的对应表达式,因为双语词典"通常应该是积极型,其使命在于帮助用户了解采用外语中什么样的手段来表达自己的思想"(黄建华,1987)。这种"查阅旨在输出"的动机使用户在检索过程中积极、主动地对各类语言信息(包括例句、标注等)进行甄别、筛选,并独立自主地进行深入分析,以此寻找到最适合的对应词。

2)不同专业群体在对应词的选择方面表现出一定的差异性,其原因在于不同用户对语言准确性存在认识差异。英语专业用户深知词汇的细微差异可能会导致语义的完全偏离,因此在对应词的选择方面更谨慎、理性,故对直觉、印象常常会进一步求证,少盲从。而非英语专业用户由于时间紧、任务重,因此在对应词选择上更随意、感性,所以不少用户会选择有点印象或比较熟悉的对应词。

4.4　用户对汉英词典的心理动词释义的态度

调查用户的查阅习惯、需求分析等外在行为，能帮助词典编者顺应用户需求并完善词典编纂的内部机制。释义是词典信息结构的核心，因此深入分析用户对当前汉英词典释义的态度能帮助编者深入了解用户需求，强化词典交际功能，从本质上提高编纂质量。由于本研究的对象为心理动词，所以在涉及用户的释义态度时，我们的问卷内容也主要围绕心理动词展开。

4.4.1　用户对汉英词典释义的满意率

表 4-8 的统计结果显示，总体而言，中国学习者对汉英词典释义不是很满意，（明确表示不满意和很不满意的用户共达 25.1%）。此外，释义态度在不同专业的学生中也表现出一定的差异性。一方面，英语专业用户对释义的不满意和很不满意率（约为 29.9%）远远高于非英语专业用户的相应比例（20.3%）；另一方面，非英语专业用户中选择"无所谓"的群体（约为 19.1%）远远高于英语专业用户（7.2%）。

表 4-8　用户对汉英词典释义的态度

单位：%

用户类型	很满意	满意	无所谓	不满意	很不满意
英语专业	3.1	59.8	7.2	27.8	2.1
非英语专业	5.3	55.3	19.1	19.2	1.1
合计	4.2	57.6	13.1	23.5	1.6

对释义的满意率表现出这种主体差异性，原因可能是多方面的。首先，英语专业用户由于生成性需求更强烈，因此对汉英词典期望较高（相对于非英语专业），所以查阅的失败更容易转换为对词典的不满。其次，由于汉英词典的编纂对英语专业群体意义更重大（使用更频繁、能有效改

进语言表达效果），所以他们在问卷调查中更严谨、慎重，责任感和参与意识更强，因此只有很少人（相对于非英语专业群体）选择"无所谓"。

4.4.2 用户对汉英词典心理动词释义的态度

1. 描述性统计

关于中国用户对汉英词典心理动词的释义态度，表 4-9 的数据表明：

表 4-9 用户对汉英词典心理动词释义的态度

单位：%

内容	用户类型	很有必要	有必要	无所谓	几乎没有必要	没有必要
标注词类	英语专业	40.2	54.7	3.1	1.0	1.0
	非英语专业	29.8	66.0	4.2	0.0	0.0
	合计	35.0	60.3	3.7	0.5	0.5
标注用法	英语专业	46.4	50.5	3.1	0.0	0.0
	非英语专业	43.6	50.0	6.4	0.0	0.0
	合计	45.0	50.3	4.7	0.0	0.0
提供例证	英语专业	41.3	52.6	4.1	1.0	1.0
	非英语专业	28.7	67.0	4.3	0.0	0.0
	合计	35.1	59.7	4.2	0.5	0.5
同义辨析	英语专业	38.1	47.4	9.3	2.1	3.1
	非英语专业	28.7	56.4	12.8	2.1	0.0
	合计	33.5	51.8	11.0	2.1	1.6
语用说明	英语专业	30.9	59.8	9.3	0.0	0.0
	非英语专业	23.4	62.8	11.7	0.0	2.1
	合计	27.2	61.3	10.5	0.0	1.0

在标注词类方面，中国学习者（包括英语专业用户和非英语专业用户）

中的多数(约 95.3%)认为，在汉英词典心理动词的释义中增加词类标注是有必要的(其中有 35.0%的用户认为很有必要)。事实上，虽然心理动词在本质上都是动词，但对其进行及物和不及物的区分也是非常重要的，这对非母语用户意义更为重大。这种对词类标注的支持率在英语和非英语专业学生中也表现出一定的差异性。表 4-9 表明：非英语专业用户中选择对汉英词典心理动词进行词类标注的比例(95.8%)略高于英语专业用户的比例(94.9%)。

在标注用法方面，多数用户(95.3%)建议在汉英词典心理动词的释义中增加用法标注(其中有 45%的用户认为"很有必要")。事实上，这种支持用法标注的意向在英语专业中更为明显，没有人明确反对在汉英词典心理动词的释义中进行用法标注。

在提供例证方面，就用户整体而言，94.8%的用户积极倡导在汉英词典心理动词的释义中提供例证(其中有 35.1%的用户认为"很有必要")。

在同义辨析方面，虽然未明确表态(选择"无所谓"的占 11.0%)的用户比例略有上升，但就整体而言，仍然有 85.3%的中国学习者建议在汉英词典心理动词的释义中增加同义辨析。

关于语用说明，数据显示更为清晰。总体而言，中国学习者中多数用户(88.5%)支持在汉英词典心理动词的释义中增加语用说明。在英语专业用户群体中，90.7%的用户认为给英语对应词提供语用说明是有必要的，没有人明确表示反对。

表 4-9 的数据表明，中国用户迫切希望在汉英词典心理动词的释义中增加词类、用法标注，并提供例证、同义辨析和语用说明。一方面，随着用户参与意识的增强和词典评价体系的不断完善，释义内容的系统化和多元化已经成为用户新的关注焦点，毕竟"词典作为自然词汇语言系统的载体，应该能够满足词典使用者培养词汇能力的认知需要"(魏向清，2005b：7)。另一方面，随着英语水平的提高，用户更希望在汉英词典中增加积极性词汇知识。中国用户查阅汉英词典大都基于编码需要，

所以编码方面的信息在词典编纂中应该占有相当重要的比重(段奡卉，2002)。

2. 基于李克特量表的对比分析

在数据处理中，我们将依据李克特等级量表的评分方法(见 4.2 节)，把用户群体对汉英词典心理动词释义内容的态度转换为数值，并对各构成因子进行均值对比(图 4-1)。

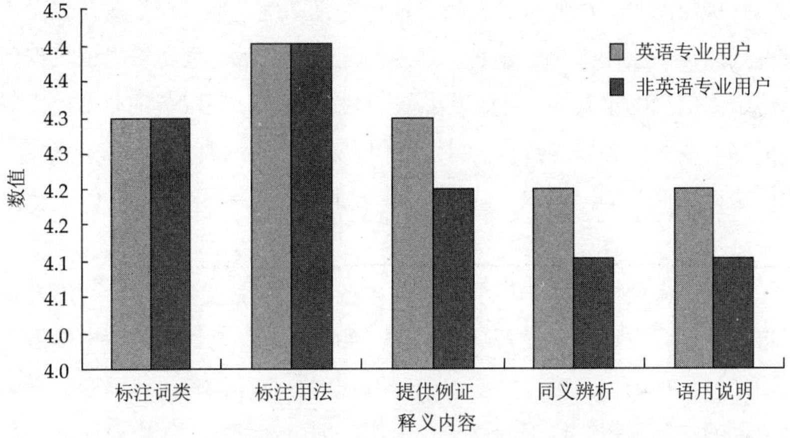

图 4-1　用户对心理动词释义内容的态度：基于李克特等级量表的数值对比

图 4-1 的各项数据表明：

1)各构成因子的均值都高于“4”(即在量级上高于“有必要”)，由此说明，就用户整体而言，他们认为“有必要”在汉英词典心理动词的释义中标注词类、用法，并提供例证、同义辨析和语用说明。其中，用户对标注用法要求最为强烈，而同义辨析和语用说明要求最弱。

2)英语专业和非英语专业用户对汉英词典心理动词的释义内容既有相似性，也有一定的差异性。在标注词类和标注用法两方面，英语专业和非英语专业用户几乎没有差异，但在提供例证、同义辨析和语用说明等方面略有差异，英语专业用户的均值略高于非英语专业用户。由此表明，在提供例证、同义辨析和语用说明等方面，英语专业用户愿望比非英语专业用户更强烈。

不同类型的用户对汉英词典心理动词释义内容的态度表现出这种差异性，原因可能是：

1) 目的语词的用法(包括搭配和论元结构)是中国用户的难点，是中国用户输出过程中的弱项(具体见 4.3.3 节)，因此错误偏多。搭配和论元结构错误的普遍性和严重性使用户以务实的态度来审视当前的词典释义，并提出意见。由此可见，用户这种释义态度是他们盼望改善释义质量，进而提高查阅效果之真实、客观的反映。此外，词典学界也意识到标注语法信息的重要性，正如姚小平(2002)所言，"在汉英词典中提供语法信息已成为趋势"。换言之，用户的现实需求和词典学家的高度重视，使语法信息成为中国用户(包括英语专业群体和非英语专业群体)关注的焦点。

2) 英语专业用户和非英语专业用户在交际愉悦感、交际参与度及学习自主性等多方面差异显著(彭世勇，2007)，因此对语言的产出性需求及输出过程中表述精确度的要求也略有区别。整体而言，英语专业学生对语词的交际语境、标记性语义和语用特征更为关注，所以对语词的释义广度和深度要求更高。

4.5 用户对改进汉英词典心理动词释义的心理期盼

词典编纂是个渐进的过程，它需要编者、用户等多种力量相互促进，"词典研究的趋势正在从静态系统分类转向对现实交际障碍中的真实用户进行词典查询功能的动态观察"(Tono，1989：197-198)。这种动态观察在本质上要求编者对用户的检索习惯、对改进词典编纂的心理期盼进行全面分析。具体而言，本节仍以心理动词为调查对象，从释义的内容、词类和语用标注、句法模式、搭配结构、对应词数量等方面，分析用户对改进汉英词典心理动词释义的心理期盼。

4.5.1 用户在心理动词的释义内容方面的期盼

释义内容的选择对释义的表征效果意义重大，因此分析用户对汉英词典心理动词释义内容的期盼有利于提高词典编纂质量，以此更好地服务于用户。

统计结果(表 4-10)表明，用户对汉英词典心理动词释义内容的认知需求表现出以下特征：

表 4-10 用户对汉英词典心理动词释义内容的期盼

单位：%

用户类型	释义质量	同义辨析	例证	语法信息	文化信息
英语专业	49.5	57.7	46.4	44.3	32.1
非英语专业	42.6	41.5	46.8	48.9	26.6
合计	46.1	49.7	46.6	46.6	29.3

1) 多数用户希望汉英词典在释义质量、同义辨析、例证及语法信息等方面有所改进和提高。在改进内容中(表 4-10)，用户选择比例最高的是提供同义辨析(约占 49.7%)，其次为例证和语法信息(约占 46.6%)，最低的是"文化信息"(约占 29.3%)。

2) 在英语专业群体中，用户对 5 项测试内容(释义质量、同义辨析、例证、语法信息及文化信息)的选择比例都比较高，其中约 50% 的用户要求提供同义辨析、提高释义质量，选择比例最低的是文化信息(占总数的32.1%)。在非英语专业群体中，用户改进意愿最为强烈的是语法信息(约占 48.9%)，其次为例证(约占 46.8%)，文化信息的选择比例最低(约占26.6%)。

以上结果表明：一方面，多元化的释义体系已经完全被用户认可，成为用户的追求目标。而用户的这种潜在需求应当，也必须引起编者的重视，毕竟，词典交际正变得越来越由用户所驱动（雍和明，2003a）。另一方面，释义需求也表现出一定的主体差异性。高水平的英语专业用户对改善释义内容要求更高。的确，语言技能更熟练（linguistically sophisticated）的用户往往有更高要求、更多质疑，故满足其需求更难（Varantola，1998）。

4.5.2 词类标注和语用标注

词典空间的极度有限和表征信息的无限递增使标注成为词典信息传递中经济、高效的手段之一。作为汉英词典简洁、高效的表征手段之一，标注是人类创新思维的突出表现，然而就标注形式（英语/汉语，全称/简称）而言，学界仍颇有争议。

表 4-11　用户对心理动词词类和语用标注的期盼

单位：%

改进内容	用户类型	英语全称	英语简称	汉语全称	汉语简称	其他
词类标注	英语专业	5.2	84.5	1.0	9.3	0
	非英语专业	6.4	77.7	9.6	5.3	1.0
	合计	5.8	81.1	5.3	7.3	0.5
语用标注	英语专业	13.5	38.1	10.3	38.1	0
	非英语专业	21.3	35.1	6.4	37.2	0
	合计	17.3	36.6	8.4	37.7	0

从规模问卷的调查结果（表 4-11），我们可以看出下列特征。

1. 追求简洁的表征模式

在调查的用户（包括英语专业或非英语专业）中，88.4%的人选择简体形式（无论是汉语简称还是英语简称）。这种崇尚简洁的选择倾向在不同专业群体中都得到体现，在英语专业中有 93.8%的用户支持在汉英词典中用简称对心理动词进行词类标注，约有 76.2%的用户建议用简称对其进行语用标注。在非英语专业中 83.0%的用户建议用简称进行词类标注，72.3%的用户支持简称的语用标注形式。

这种对简洁表征模式的追求，从侧面反映了经济原则被用户所接受的渐进历程。从抽象的奥卡姆剃刀定律（Occam's razor）到 Tono（2001）操作性较强的经济原则（the principle of parsimony），应该说追求简洁的理念已从编者逐渐向用户扩延。词典信息量的不断扩增与词典规模的相对稳定之间的潜在矛盾，使编者在词典编纂中必须精心协调，才能确保在释义内容的标注过程中有效防止重要表征内容的流失。此外，本研究的问卷也表明，在词典中启用简洁的表征模式已经逐渐被用户所认可、接受。事实上，这也从另一角度说明用户的查阅技能已经不断提高、成熟，其词典交际能力和驾驭水平不断提高。

2. 选择灵活的表征介质

就汉英词典心理动词的词类标注而言，中国用户倾向于选择英语为表征介质（media）。84.5%的英语专业用户和 77.7%的非英语专业用户都建议用英语简称进行词类标注。在语用标注方面，总体而言，中国用户倾向于选择汉语标注（其中非英语专业用户选择汉语标注的比例高于其他选项，而在英语专业用户中选择英语简称和汉语简称的用户比例同列第一（都为 38.1%））。

对表征介质选择的差异性表明认知可及性（accessibility）已经成为用户参与词典评价（evaluation）的一个重要标准。可及性指人们在语篇生产和理解过程中从大脑记忆系统中提取某个语言或记忆单位的便捷程度，因而又被称为"便取度"。实体表征的可及性，主要表现为记忆系统中的激活状态（Ariel，1988）。在词类标注中，由于英语简称（如 Vt/Vi）普遍存在于词典或语法教材中，并随着教学的推进而深入用户心里，可及性低，认知饱和度（cognitive saturation）高，容易被激活启动。此外，词典空间的有限性使这种简洁的标注体系成为用户的首选。而在语用标注中，"英语语用表征词汇"在日常学习中的低频使用大大降低了其认知显著度（prominence），因此其认知可及性低于"汉语语用表征词汇"，所以，词典交际过程中信息传递的有效性和准确性使用户倾向于选择后者。

4.5.3　句法模式

句法模式指用一组字母或术语的缩写形式组成系列代码来表示被释义词的句法结构（章宜华和雍和明，2007：121）。它在本质上是对用特定语言结构单位（如词、短语）组织、构建句子表征模式的全面描写。

问卷的统计结果（表 4-12）显示，就改进汉英词典心理动词的句法标注模式而言，中国用户的心理期盼表现出下列特征。

表 4-12　用户对心理动词句法模式的期盼

单位：%

用户类型	A VN+adv/prep	B VO prep	C 动词+直宾+宾补	D 动_{及物}+名短_{直宾}+介短
英语专业	35.1	5.2	21.6	38.1
非英语专业	19.1	9.6	25.6	45.7
合计	27.1	7.4	23.6	41.9

1）总体而言，用户倾向于选择句法结构表述更全面的 D 和 A，其中41.9%的用户选择 D，因为 D 描述更全面清晰，范畴分类更深入。同时，A 的简洁性、表征构成的明晰性使它也颇受用户推崇。而对于描写比较粗略的 B、C，只有较少的用户（约 31%）选择以上模式。

2）在英语专业群体中，38.1%的用户选择 D 模式对心理动词的句法结构进行标注，有 35.1%的用户认为应该用 A 模式，只有很少的用户选择 B、C 模式。在非英语专业群体中，45.7%的用户建议用 D 模式对心理动词的句法结构进行标注，但排列第二的选项为 C 模式（约占 25.6%），选择 A、B 模式的用户偏少（只占总数的 28.7%）。

用户对句法模式的标注出现这种心理期盼，再次表明中国用户渴望对目的语的词类功能义项进行深入细致的描述。汉英语言的非同构性，使中国用户在输出过程中必须完成从"重义合"到"形义并重"的转变，因此需要对英语心理动词的功能义项掌握得更全面。汉语句子的心理视点是散点的平铺，这种独特的视角着眼于内容的组合与凝聚，即用离散的语言块（词组）的流动铺排句式来完成对内容的表达，而英语则以限定动词为中心，焦点透视周边的词，所以各功能语词之间关系明确、结构紧密（申小龙，2000）。因此，单一、模糊的 A、B、C 模式不如系统、精确的 D 模式更能满足用户的生成性需求。

4.5.4　搭配结构

搭配是语言运用的固有特征之一，并外在地表现为词汇在组合轴上的共现（co-occurrence）（杨惠中，2002）。搭配结构与文本的输出质量密切关联，因此积极型双语词典应对这种横向的语义联结与句法限制进行明示。然而在具体的表征模式上，用户之间也是颇有争议的。

表 4-13 的统计结果表明，用户对汉英词典心理动词的搭配模式的期盼表现出以下特征。

表 4-13　用户对心理动词搭配模式的期盼

单位：%

改进内容	用户类型	A：隐含在释义中	B：隐含在例证中	C：明码注释+例证	D：以句法模式代替搭配
句法模式	英语专业	19.6	13.4	51.5	15.5
	非英语专业	20.2	27.6	39.4	12.8
	合计	19.9	20.5	45.5	14.1

1）总体而言，45.5%的用户倾向于选择搭配结构表述更全面的 C 模式。而 A、B、D 模式的选择用户都比较少（都在 20% 左右）。

2）在英语专业群体中，51.5%的用户认为应该用 C 模式对心理动词的搭配结构进行标注，其次为 A 模式（约占 19.6%），即将搭配结构隐含在释义中。在非英语专业群体中，选择 C 模式的用户也最多（约占总数的 39.4%），其次为 B 模式（约为 27.6%）。

总之，问卷调查反映出用户的两大选择倾向。其一，追求句法标注的简洁。多数用户（约 60%）倡导以高度抽象的标示语对释义进行结构表述（无论是全称还是简称的方式）。"词典信息的无限性和空间的有限性"的矛盾观已经深入用户内心，同时也表明用户理解编者的苦衷，愿意降低句法标注的可及性来增加信息量。其二，在搭配中要求抽象的标注与具体的例证并重。问卷结果表明无论在整体上还是基于不同专业群体而言，C 模式都是用户的首选。该选择表明用户希望心理动词的词类搭配模式既有抽象的结构标注，又包含具体的例证说明。这种完型的表征模式使对应词的显著度更高，所以更容易被理解和应用，毕竟增强释义效果就意味着首先要提高释义的显著度（刘华文，2002）。

4.5.5 对应词的数量

词典交际的成功，在某种意义上取决于用户的心理期盼在何种程度上能得到最大限度的满足。对应词的数量在编纂者之间是难以统一的话题，因此，了解用户在查阅过程中对英语心理动词的数量需求，对提高编纂质量也意义重大。

表 4-14 的统计结果表明：

表 4-14　用户对心理动词对应词数量的心理期盼

单位：%

用户类型	越多越好	全部提供	视编纂宗旨和原则而定	无所谓	1~2 个即可
英语专业	9.3	23.7	50.5	1.0	15.5
非英语专业	9.6	18.1	39.4	5.3	27.6
合计	9.4	20.9	45.0	3.1	21.6

1）就心理动词对应词的数量而言，约有 45.0%的用户认为应"视编纂宗旨和原则而定"，远高于其他选项。这种对"灵活性"的青睐同样体现在英语专业用户和非英语专业用户中。当然，那种忽略对应词的重要性，认为其数量"无所谓"的人只是极个别现象，只占用户总数的 3.1%（其中英语专业用户为 1.0%，远远低于非英语专业用户的 5.3%）。

中国用户在心理动词对应词数量方面的心理期盼反映了用户对词典编纂工作的理解和支持。多数用户对英语对应词的数量并没有特定的要求，而是把这种要求转变为对编者的信任。此外，这种非明确的心理需求也从另一个角度反映了用户在查阅过程中重实效、轻形式的务实态度。

2）在优先考虑"视编纂宗旨和原则而定"的总趋势下，英语专业用户和非英语专业用户的第二个选项却截然不同（23.7%的英语专业用户选择"全部提供"，而 27.6%的非英语专业用户选择"1~2 个即可"）。这种选择意向表明，在英语专业群体中，追求词汇的多样性、丰富表达效果的生成性需求更为强烈，所以"追求绝对数量，并要求提供尽量多的对应词汇"成了部分英语专业用户的追求目标。对于整体生成能力较低的非英语专业用户而言，能表达即可，毕竟，追求多样性的前提是对准确性、地道性的完全把握。此外，提供较少的对应词，可在一定程度上避免"同义泛化"，进而增强使用的得体性和可接受性。

4.6　汉英词典的查阅现状及其词典学意义

汉英词典是中国用户学习英语的重要工具，因此概括用户的查阅现状并分析其词典学意义有利于编者提高编纂质量，更好地服务于用户。

4.6.1　汉英词典的查阅现状描述

通过对规模群体的问卷调查，中国用户对内向型汉英词典的查阅现状主要表现出以下特征：

1) 中国学习者(包括英语专业用户和非英语专业用户)对汉英词典的持有率和使用率都不高。在查阅习惯方面，中国用户的查阅目的更加明确(主要用于汉英翻译和英文写作)，查阅内容在结构上更加多元化(超过50%的用户希望获得对应词的用法结构、语用说明及对应词的同义辨析)，查阅策略(包括词典选择、内容分析)更加理性化。

2) 在汉英词典心理动词的释义态度方面，中国用户对汉英词典释义的满意率不是很高(明确表示"不满意"的用户占调查总数的 23.6%)。此外，中国用户迫切希望在汉英词典心理动词的释义中增加词类、用法标注，并提供例证、同义辨析和语用说明。

3) 多数用户希望汉英词典的心理动词在释义质量、同义辨析、例证及语法信息等方面有所改进和提高。首先，多数用户倾向于选择简体表征(以汉语或英语为表征介质)对心理动词进行词类、语用标注。其次，对于对应词的数量，多数用户认为应"视编纂宗旨和原则而定"，而非"越多越好"。最后，对于心理动词的表征模式而言，多数用户希望其句法描述和搭配结构更全面、清晰，接受性更强。

4.6.2 汉英词典查阅现状的词典学意义

分析汉英词典的查阅现状，并以心理动词为调查对象，探悉中国用户对改进汉英词典释义模式的心理期盼，极具词典学意义。用户对于完善汉英词典释义的愿望不仅明示了改进汉英词典释义的必要性，也在改进内容和方法上为编者提供了参考准则和指南。

1. 用户的查阅现状反映了改进汉英词典释义的必要性

汉英词典使用现状的调查(见 4.3.1 节)和用户查阅习惯的成熟，从用户市场的角度反映了传统释义的不足及改进汉英词典意义表征模式的必要性。一方面，汉英词典的持有率低下表明其功能和用途还没有被用户认可，其根本原因在于用户认为传统汉英词典表征内容不足，不能满足其查阅需求。因此，编者很有必要完善传统释义模式，以此吸引更多的潜在用户。而要改变汉英词典的使用现状，将汉英词典融入用户的学习中，其关键是革新现有的表征模式、释义体系，通过目的语对源语词汇各信息结构进行全面映射和重构，并实现对目的语词语义结构的完型表征。另一方面，用户汉英词典查阅习惯的成熟（见 4.3.2 节）则表明随着用户词典知识的逐渐丰富，他们对未来的汉英词典的选择会更趋于理性，更注重从释义宗旨、释义手段和释义模式等方面去分析其实用性和表征效果。因此，要提高汉英词典的市场占有率，必须改革现有的释义模式，并强化表征内容的多元性和表征手段的系统性。

2. 用户的心理期盼为构建多维释义模式提供了参考准则

词典释义是基于语码转换策略（code-switching strategies）的动态、双向发展过程。用户对汉英词典心理动词释义的期盼（见 4.5 节）也会随着其查阅策略、查阅技巧的提高而不断丰富，这种动态的调查能为编者提供最新的信息反馈，并为构建新型释义模式提供极具建设性和操作性的参考准则。

1）了解用户的心理期盼将有利于编者综合用户的查阅需求，在表征手段与信息量之间寻求最佳结合点，并为汉英词典编纂提供数据参考和实用准则。意义表征的准确性常常与表征手段和信息量相关，但词典的工具性本质客观上要求编者对大量信息进行压缩。因为信息冗余和过度压缩（compressed）都可能影响表征的准确性，进而影响用户的使用（Svensén, 1993）。用户对心理动词释义的心理期盼，为汉英学习词典的多维释义模式的构建提供了参考准则。一方面，在心理动词释义的改进内容中，多数用户希望提供同义辨析，增加语法信息和语用信息，并丰富例证结构，因此，在汉英词典新型表征模式的构建中，编者应将上述需求融入释义结构体系中。另一方面，用户追求简洁的表征模式则利于编者在意义表征过程中灵活处理词类和语用标注，尽量采用简洁、认知可及性强的标注形式。

2) 就表征手段而言，用户对改进汉英词典心理动词释义的期盼，为构建多维释义模式提供了操作指南。首先，受传统教育和主流英语词典的影响，中国用户对词典的标注形式形成了自己的选择倾向。用户对表征介质的灵活选择表明在汉英词典的多维释义过程中，编者应通过英语简称进行词类标注，尽量用汉语来标注语用信息。其次，在心理动词的搭配模式方面，多数用户选择了结构表述更全面的 C 模式（即明码注释+例证）。由此可见，中国用户希望词类搭配模式既有抽象的结构标注，又包含具体的例证说明。这种对完型表征模式的选择为编者提供了操作指南，对新型表征模式的构建也具有指导意义。

第 5 章

汉英学习词典多维释义的认知阐释

5.1 双语词典多维释义的框架模式

意义驱动的多维释义模式（章宜华，1999；2002；2005；2006a；2009；章宜华和雍和明，2007）认为，语法是一种象征结构，语言的各种图式，包括语法形式和规则及语言各层面的信息表现形式，都是意义的表征手段。对积极性双语词典而言，翻译对等词仅仅是词典释义的一个组成部分，它映射的只是源语词项在目的语中的概念成分，其他成分也需要映射到目的语中。

5.1.1 双语词典多维释义的本质和核心理念

意义驱动的多维释义模式（章宜华，1999；2002；2005；2006a；2009；章宜华和雍和明，2007）认为，释义是对原型交际模式的转换和重建，是不同语言的认知域跨空间的映射和语义整合。

1. 释义是对原型交际模式的转换和重建

（1）释义的内容和语言表达形式的构造要服从于表义的需求

双语词典的词目在本质上是语言的一个"片段"，是蕴涵丰富语义信息、百科信息和交际信息的复合体。双语词典的词目词具有表义、表知和交际功能，前两者是为后者服务的，而后者又是前两者的具体体现，所以，双语词典的释义是以语义为核心的，集中表现为对语言交际功能的抽象描述（章宜华，2009：240）。

双语词典的释义是基于语义驱动的。无论一个词项有多少种分布结构，每一种结构又有多少规则的制约，它的主要功能都是实现社会交际，从而以一定的规约构成语词的交际模式。语言交际需要有明确的命题内容和命题目的，这就构成了交际的核心内容——语义信息；换句话说，意义是语词交际模式中形式和内容的灵魂及产生交际的动因，话语因为意义而有意义（章宜华，2006a；章宜华和雍和明，2007）。对语言形式构造机理和语言符号组织规律的认识，是意义理解和表述的最基本来源，对意义的把握是理解话语信息、实现社会交际的关键所在。

(2) 双语词典的多维释义以原型交际模式为核心

语词的意义是动态的，处于流变状态。但无论语词的意义表象如何变化，它们在一定的交际环境中都有特定的语言和概念图式，反映为一种习惯交际模式，而语词的意义功能就蕴涵在语言的交际模式中（章宜华，2006a）。由于交际主体和交际场景的差异性，交际模式在结构形式上往往表现出个体差异，所以要描写、反映语词的原型交际模式，必须从群体的交际模式中归纳和提取出共有的、普遍的交际特征。双语词典的释义就是对这个原型交际模式的转换，而多维释义模式就是以交际模式为基础来多层次地揭示源语词的认知语义结构，并用目的语词进行表述。简言之，双语词典的多维释义积极倡导通过对原型交际模式的等值转换，全面、动态地反映源语词的语义结构。

(3) 原型交际模式在目的语中集中表现为语义框架结构

框架在本质上表现为一种蕴涵特定知识的结构组织，而语义框架则是蕴涵丰富概念结构的语义系统，是对特定语义结构的图式表征。框架的语义系统性有助于读者全面了解其语义结构及蕴涵的深层语义特征，因此成为原型交际模式转换的有效手段之一。在双语词典的释义中，应先描写基本的语义框架，再突显相关框架元素（章宜华，2009：243）。此外，语义框架的概括性也有助于双语词典在释义过程中实现对词目语义的全息表征。语义框架是对人类各种活动、经验的高度概括和总结，为我们了解世界、描绘世界提供了认知基础和参照范本。所以，在原型交际模式的转换过程中，清晰、全面、完整地再现目的语词的语义框架结构对实现语义结构的系统表征意义重大。

2. 释义是不同语言的认知域跨空间映射和语义整合的过程

意义驱动的多维释义模式（章宜华，1999；2002；2005；2006a；2009；章宜华和雍和明，2007）认为，双语词典的释义过程是不同语言的认知域跨空间映射和语义整合的过程，并表现出下列特征：

1）框架是语义结构的连接体，也是双语词典释义过程中重要的信息承载体。一个词条就是一个基本微观语义框架，所有的表义成分都是框架元素，被释义词是这个框架的突显成分；基本框架之间由词族关系和系统关系链接起来，构成宏观框架的语义网络；微观和宏观框架是双语词典译义的基础（章宜华，2006a）。此外，框架也是双语词典释义的基础。译义由源语认知语义框架触发，源语在目的语中的联想图式作为源域空间以"隐喻映射"的方式为被释义词提供理解或解释手段；而被释义词则是目的域，它是根据源域特性进行"隐喻"构建和理解的语义域（章宜华，2009：243）。

2）双语词典的释义在本质上是语义重构的过程。输入空间是被释义词反映在两种语言中的基本语义表征及其映射（mapping），合成空间是由这个映射和投射（projection）所产生的层创结构图式概念化的结果，即由目的语重新构建的被释义词的认知语义结构（章宜华，2006a）。

3）影射和整合（integration）是双语词典释义过程中实现原型交际模

式转换的有效途径。原型交际模式充当相对独立的基本输入空间元，在源域和目标域之间进行映射，通过组合、完善和扩展形成一个新的层创结构；层创结构的构建意味着完成了概念整合的全过程（章宜华，2006a；2009）。

4）映射内容在本质上包括概念义和其他附属义，具有多维性。附着性意义和注释信息随其主体元素一起参与概念的映射合成，而独立的附加意义注释信息和系统关系则与其他框架元一起平行映射，构成紧密的内部语义网络（章宜华，2006a；2009）。

5.1.2 双语词典多维释义的运作模式

交际是由意义驱动的，语词的意义表征就投射在特定的交际模式中（章宜华，2005；章宜华和雍和明，2007）。意义驱动的多维释义模式在双语词典中主要通过两种途径（结构映射和交际模式的转换）、四个阶段来完成语义表征。

1. 双语词典多维释义的表征途径

（1）双语词典多维释义的结构映射

双语词典是由宏观结构、微观结构和中观结构构成的复合系统。多维释义客观上要求释义系统对源语词的微观语义结构、宏观语义框架和中观系统结构进行全面映射。首先，每一个独立的词目构成基本的微观语义结构，这也是双语词典释义的核心和焦点。构成微观结构的各种信息项即表义成分都是框架元素，被释义词是这个框架的突显成分，是框架元素描述的对象（章宜华和雍和明，2007）。所以，在微观结构映射过程中，传统的对等释义是无法全面反映源语词的多层语义结构的。其次，宏观框架结构是双语词典框架结构的主干部分。它是按一定排检方式对词典所收录的全部词目及词条进行合理布局和编排的框架，它在双语词典中外在地表现为词目组合系统。最后，源语词目的中观语义框架结构也应该在目的语中得到全面映射。中观结构指各词目之间由词族关系、形态关系和语义框架关系和系统关系连接而构成的系统语义网络（章宜华、雍和明，2007）。在双语词典中，由于使用对象的特殊性，这种中观结构集中反映的是目的语词之间内在的词族关系、语义关联等。由此可见，在双语词典释义过程中，我们应该对这些隐性的关系结构进行全面再现。

(2) 双语词典多维释义对交际模式的转换

词典释义应该反映原型交际模式，双语词典的释义就是对这个交际模式的转换和重建（章宜华，2006a；章宜华和雍和明，2007）。在双语词典释义中，这种抽象的交际模式具体转换为对语义框架的全面描写及框架内相关元素的突显。一方面，我们需要概括、归纳源语词目所在的交际环境和使用场景，以此提炼出源语词目的习惯性交际模式，即"原型交际模式"。另一方面，我们需要通过转换的方式，用目的语对这种原型的交际模式进行表述。在表述过程中，我们将重点突显出语言图式、知识图式和网络图式，以此在目的语中系统再现其对应的交际模式[具体见章宜华（2006a）、章宜华和雍和明（2007：301-304）]。

2. 双语词典多维释义的表征过程

意义驱动的多维释义模式（章宜华，1999；2002；2005；2006a；2009；章宜华和雍和明，2007）认为，词典释义建立在意义驱动的原型交际模式基础上，双语词典的释义就是对这个交际模式的转换和重构（图 5-1）（章宜华，2006a；章宜华和雍和明，2007）。

双语词典的多维释义模式（章宜华，2002；2005；2006a；2009；章宜华和雍和明，2007）将意义的表征过程分为 4 个阶段：构建、识别、转换和表述。构建和识别是转换的基础，而转换又是服务于表述的，因为对语义表征的最终目标就是形成完整的意义表述。

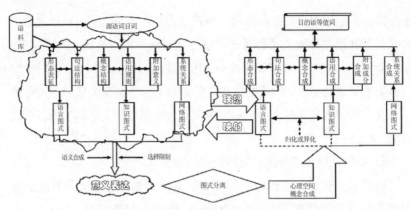

图 5-1　双语词典被释义词认知语义结构的构建与翻译转换（章宜华，2006a）

（1）构建

构建主要是对源语信息进行归纳、抽象，以此提取源语词的语言、知识和网络图式。首先，通过对源语语料的统计分析，抽象出具有原型特征的形态表征、句法表征、概念结构和语用规则表征（章宜华，2006a；2009）。其次，在抽象的基础上进行归纳，以此提取出源语词的语言、知识和网络图式。语词在形态和句法结构规则的作用下进行投射而获得语言图式，而概念结构、语用规则和独立的附加意义信息则构成知识图式，而系统关系既反映框架内部的层级和概念范畴的语义继承性，又反映框架间的语义和词族的关联性，从而构成网络图式（章宜华，2006a）。

（2）识别

识别在本质上描述的是多维释义过程中如何科学对待单语语料和蓝本的问题。单语语料和蓝本词典是双语词典编纂的基础，对构建源语词完整的语义结构意义重大。具体而言，编者首先要对源语词目的意义结构进行识别和理解，然后根据词典编纂的宗旨和原则，结合新补充的语料对源词条语义信息进行修改、充实和完善，使之成为适合自己编纂目的、完整反映源语词意义表征的语言图式、知识图式和网络图式，最终形成符合词典编纂宗旨的被释义词的原型语义框架（章宜华，2009：247）。

（3）转换

转换在本质上是双语词典对各图式结构进行映射和合成的过程。一方面，转换涉及多种图式的结构映射。转换是用源语词目词意义表征中分离出的概念和语言图式来触发目的语中的对应图式，然后进行跨空间映射的过程（章宜华，2009：247）。另一方面，转换是源语图式结构与目的语图式结构之间的图式合成。这个过程在本质上涉及原型交际模式中各种原型特征和选择限制条件、语言图式、知识图式和网络图式各单元的投射与合成（章宜华，2006a；章宜华和雍和明，2007）。

（4）表述

表述既是释义的终极目标，也是语义结构的唯一呈现方式。一方面，语义表述的过程是概念化的过程。表述是源语意义表征经目的语对应图式的映射、重构后的概念化过程，是用目的语把源语意义表征描述出来（章宜华，2006a）。另一方面，表述的内容具有多维性，这也是源语词语义结构多维性的客观要求。表述涉及语用合成、概念合成、句法合成、形态合成，以及表义附加成分和语义网络的合成。在合成过程中，各框架成分之间交互（并行）作用，相互制约，同时还受文本性规则的限制（章宜华，2006a；2009）。由此可见，表述内容的多维性已经超越了单一的"提供对应词"的表征范围，因此多维的释义模式必将成为双语词典意义表征的新趋向。

5.2　学习词典进行多维释义的必要性

释义在本质上源于对自然词汇的语义研究，所以对释义模式的探索需要从语义研究中汲取营养。自然词汇语义结构的多维性和系统性客观上要求对语词的意义进行多维表征。

5.2.1　自然词汇语义结构的多维性

在自然词汇的语义研究中，不论是研究客体还是研究主体都具有明显的多元特征，这种多元性客观上要求对语义进行多维表征。

1. 自然词汇的语义结构在本质上表现出多重性

自然词汇的语义是逐步丰富或动态发展的，但其语义的形成和发展主要立足于它所赖以存在的多重语境，并表现出较强的依存本质。不同的语境会赋予词汇不同的语义，这种任意、偶发的语义-语境关联会随着使用频率的增加、流行范围的扩大而不断增强，最后进入词汇的语义域而固定下来，成为其规约意义。换言之，语义的形成和发展在很大程度上以语境为基础。而语境在本质上具有多重特征，从 Ogden 和 Richards (1923)对语境理论的首创(把语境细分为情景语境和文化语境两类)到 Halliday(1985)对情景语境的系统分类，再到 Lyons(1977)对语境变量的概括，应该说语言学界对语境的类型划分正不断走向系统化和多元化。在国内，魏向清(2005b)也归纳了 3 种语境：自然语境、文化语境和认知心理语境。

由此可见，语境的多重性导致了语义结构的多维性。自然词汇是人类所特有的语言交际符号，其语义的形成与人类赖以生存的自然界、人文社会及心理世界都有着极为密切的关系。语义生成过程中的多重语境相互交织，构成了自然词汇的复杂语义，也为双语词典释义研究的多元性提供了客观依据。

2. 研究主体及研究视角具有多重性

就研究主体而言，在过去的几十年间，西方的哲学家、语言学家们围绕着语义的本质，从不同的视角发表了相当数量的论著，因此形成了多维的语义观。哲学家们从哲学角度来研究能指与所指的关系、内涵与外延、真值条件、逻辑分析、形式化、解释与模型、可能世界等，以此来揭示语义的本质。哲学家的研究多为逻辑层面上的理论思辨，着力于对意义本体的深入挖掘。心理语言学派则倾向于从认知加工的角度来解释语义，认为在言语活动中大脑有一系列的活动过程，并通过对言语心理过程的研究来揭示词义，如行为主义和心灵主义。此外，还有不少语言学家从人类学的角度，对亲属名词进行成分分析，用语义成分表达式来定义词义。研究主体的多元性为语义的多维描写提供可能，也为双语词典的多维释义提供了认知基础。

5.2.2 自然词汇语义结构的系统性

自然词汇的语义是系统的，其根源在于自然词汇本身的系统性。从 Saussure 对语言（Langue）和言语（Parole）的定义，Chomsky 对语言知识（competence）和语言能力（performance）的二元划分，Halliday（1985）对语言功能和系统的阐释，到 Langacker（1987）的整合系统观（integrated system），无不明示着语言的系统性，并倾向于将语言单位（尤其是词汇）定义为高度整合、极具系统性的结构单位。词汇语义结构的系统性在内容上主要包括两方面：语义的层次性和纽带性。

1. 语义具有丰富的层次性

语义是个复合的系统，并表现出丰富的层次性。在对语义层次的分析和描述中，哲学家、语言学家都从不同的角度系统描述了语义的层次性，并形成了各种系统的语义分类学说。哲学界倾向于将语义划分为内涵义（intensional meaning）和外延义（extensional meaning）。对语义层次的分类在语言学界硕果累累，Grice（1975）将语义划分为自然意义和非自然意义，Leech（1974）则将语义分为 7 类，而 Lyons（1977）则通过语义功能的分类，将语义划分为描述义（descriptive）、社会义（social）和表情义（expressive）。认知语言学立足于体验性，对语义的层次进行了系统分析。从原型语义学对中心语义和边缘语义的描述，框架语义学对框架结构和框架元素的关系的凸显，到认知语法对象征结构的阐释，无一不暗含着语义结构的层次性。

由此可见，自然语词的语义具有丰富的层次性，概念意义只是意义众多层次中的一部分。意义是一个复杂的集合体，语义的形成与人的身体感官、经验、图式、心理空间有密切的关系，而语义的表述又与语法、语境、分布结构和使用规则不可分离(章宜华，2009)。换言之，语义丰富的层次性表明，对概念结构的单一描写是难以满足意义本身的表征需求的，它需要多层面、全方位地映射语义信息，因此多维的语义描写是必然的。

2. 语义具有纽带性

语义作为语言系统中的一员，不是孤立存在的，它不仅内部结构复杂，而且与其他语言子系统之间存在种种联系。语义是人类语言交际的核心，也是连接语言内部各组成要素的纽带。一方面，各种交际都围绕着特定的语义信息进行。语言认知活动是人们心身的社会体验，这些体验的图式化和概念化的过程都是为了传递一定的语义信息(章宜华，2009：236)。换言之，语义是人类交际的核心，剥离了语义信息的交际在本质上是空洞的，因为它没有传递任何信息。另一方面，语义是连接语言内部各组成要素的纽带。语言学习是为了掌握自然语言的意义，而自然语言的意义是由语词的复杂构造成分所组成的，包括符号、形态、语音、概念、句法和语用等要素，而这些要素都是为表达意义——这个言语活动的核心任务服务的(章宜华，2009：236)。换言之，在众多语言要素中，语义居于中心地位，是连接各内部构成体的纽带，而语言的其他构成要素都是为语义服务的。

语义的纽带性保证了语言系统的正常运作，也有效保证了交际的通达流畅。语义的纽带性客观上要求在意义表征过程中以语义为核心，所有表征成分都应服务于表义的需要。简言之，意义的各表征体不是离散的、无序的偶然组合，而是以语义为中心和联结体，各表征形式共同服务于表义需求的有机体。语义的纽带性客观上要求在意义表征过程中以意义为核心或驱动力(章宜华,2009:236)。

5.3 汉英学习词典多维释义的特征

在描述汉英学习词典的释义特征时,本研究将立足于多维释义的理论框架和相关实证调查(包括释义现状调查、用户认知特征分析和查阅现状调查)等,全方位、多视角地阐释汉英词典的释义特征。

5.3.1 汉英学习词典释义的多维系统特征

多维释义模式(章宜华,2002;2006a;2009)认为认知视角的多样性决定了意义形成和表述的多维性,因此,汉英学习词典的释义在本质上是多维的。此外,多维释义模式也强调意义的驱动性,即所有的意义表征体都服务于表义需要,这种语义驱动性使汉英学习词典也表现出很强的系统性。具体而言,汉英学习词典释义的多维系统特征主要表现在以下两方面:以意义为核心来实现对目的语词的全息表征,以及在表征手段上以提供陈述性知识和程序性知识为有效途径。

1. 以意义为核心,旨在实现对目的语词的全息表征

汉英学习词典的多维释义要求在意义表征过程中以完善和再现目的语词的实际用法为中心。无论是维特根斯坦(1953:31)的"语言游戏论"还是 Sellars(1963)的"意义使用论",都倾向于将语词的意义表征定义为描述该词在特定语言规则集中的作用和功能。意义使用论为双语词典的多维释义提供了语言学基础,并在表征内容和客体上指明了方向。在汉英学习词典中,我们对特定语词进行释义时不但要描写其规约性语义信息,更重要的是要全面、动态地揭示和描述各种语用规则。而这种对功能和用途的描写已经超越了传统"对应词"的表征能力和范围,因此需要在表征途径上"多维化"。

汉英词典释义的最终目标是通过不同的表征介质(media)对汉语词

目进行全息表征，并以英语的形式加以表述。钱冠连（2002）认为语言内部是全息的，在语词表征过程中随着表征元素或成分的无限扩延，其无限递推的信息承载能力也不断扩大。多维释义模式强调在释义过程中对源语词的语言图式、知识图式和网络图式进行转换和映射，其实质在于通过对表征内容和表征手段的多元化，在目的语词内形成大量的表征介质，以此实现对源语词的全息表征。由此可见，在汉英词典释义中，语词的全息本质为编者在释义过程中整合各种表征介质，并围绕核心语义信息对词目进行多维表征提供了依据和内部动力。

然而，对当前汉英词典的调查表明，多数汉英词典在表征维度上很单一，并出现了对意义本体的偏离。一方面，对汉英词典微观结构的调查（见 2.2.2 节）表明，当前主流的汉英词典在释义结构上非常单一，多局限于对概念意义的关注，在表征手段上仅提供对等词和例证。另一方面，主流汉英词典在释义中也出现了对语义本体的偏离（见 2.3.2 节），集中体现为交际模式转换过程中的不等值。交际模式的不等值转换会导致用户形成"同义泛化"，进而生成结构错误、语用不得体的句子。因此，汉英学习词典在多维释义中将以语义为核心，强化对目的语词的语言图式、知识图式和网络图式的全面描述，以此实现对目的语词的全息表征。

2. 以提供陈述性知识和程序性知识为有效途径

多维释义模式（章宜华，2002；2006a；2009）认为，双语词典的释义是利用源语词目词中的概念图式和语言图式来触发目的语中的对应图式。然而，就存在本质和形式而言，概念图式和语言图式的转换都需要以描述特定语词的陈述性知识和程序性知识为有效途径。所以，汉英学习词典的多维释义在内容上也应立足于以上两方面，避免单一性和片面性。

就陈述性知识而言，深度词汇习得意味着学习者需掌握基本的概念结构，以及蕴涵于语言内部的文化知识，并通过启动（priming）与先备知识(prior knowledge)建立关联，以此在大脑中逐步建立一套语言、文化认知体系。由此可见，在汉英学习词典中提供陈述性知识能帮助学习者获取部分语言和文化知识，形成目的语认知结构和认知基础，为进一步实现其表征功能奠定基础。

在汉英学习词典中，程序性知识可以归结为"如何使用目的语词"的问题。它在内容层次上包括语用知识、句法知识及居于网络知识结构中的系统知识，是特定的规则集和图式集的聚合。科学的知识观，应将陈述性知识和程序性知识融为一体，并合理分配、协调好两者的比例和配置问题。立足于双语词典多维释义理论(具体见 5.1 节)，本研究提出汉英学习词典中的程序性知识在存在方式上主要包括两类：静态的"规则性程序知识"和动态的"交际性程序知识"。前者主要包括形态规则、语法规则、搭配规则等经过加工与提取并具有概括和推演功能的规则集，而后者主要表现为一系列动态的图式集，这种图式集产生于陈述性知识的命题网络之中，通过加工整合，将一系列个别的、偶发性的(sporadic)的知识图式连接、汇编成一个前后连贯的图式集。

然而对当前汉英词典的释义现状调查(见 2.2 节)表明，传统双语词典基于检索功能的工具性定位，使其释义过多局限于对"基本语言事实"的关注，所以其表征内容多集中于陈述性知识，对规则性程序知识描写较少，而对交际性程序知识几乎是一片空白。换言之，传统汉英词典为用户呈现的只是部分陈述性知识，局限于"是什么"，而对如何使用涉及不多。因此，汉英学习词典在多维释义中不仅要重视对陈述性知识的描写，也要强化对程序性知识的突显，以此增强用户对目的语词汇的生成能力和输出能力。

5.3.2　汉英学习词典释义的原型交际特征

原型范畴理论是分析语言现象的重要方法之一，也构成了双语词典多维释义模式的核心理念。多维释义模式(章宜华，2002；2006a；2009)

认为，双语词典的释义应该反映源语的原型交际模式，经过映射和转换后以目的语的形式得以再现。一方面，源语词目的语义结构是通过对语言交际实例的抽象分析并归纳而成的原型交际模式。所以，汉英学习词典的意义表征过程实际上是对这种原型交际模式的还原和再现，并从语词交际功能的角度来表述其认知语义结构。另一方面，原型理论也为汉英学习词典的多维释义提供了基本准则。语词语义结构的丰富性和词典的信息容量的有限性，使编者在编纂过程中需要对语义信息进行筛选，以原型意义为主体，对边缘意义进行选择性表征。

然而，原型释义准则在传统汉英词典中却没有得到很好的体现和贯彻。一方面，部分汉英词典将原型理解为对单语蓝本的高度继承。对汉英词典的调查结果（见2.3.2节）表明，多数汉英词典在词目义项的设立、例证的选择等方面都以《现汉》为蓝本，表现出高度的继承性。然而，地域差异、编纂宗旨、服务对象等因素，会使单语蓝本与双语词典在立目、译义、标注等方面差异显著，所以过度依赖某一单语蓝本或忽略蓝本之间的对比借鉴，势必会以偏概全、挂一漏万，偏离对译义本体的表征。因此，汉英学习词典的多维释义不仅需要参考多本单语词典，也应充分利用单语语料库。

另一方面，部分汉英词典在对应词和例证数目上也背离了释义的原型特征。对汉英词典的调查结果（见2.3.2节）表明，汉英词典对部分词目提供了过多的对应词和例证，这既是对源语词目语义的不等值转换，也不符合用户的现实需求。因此，汉英学习词典的多维释义将恪守原型原则，控制各表征成分的数量，以提供最核心的表征成分为主。

5.3.3 汉英学习词典释义的国别差异特征

词典类型学的研究由来已久，然而在汉英词典中，这种类型学的理念仍然没有在汉英词典编纂中得到体现。多维释义模式（章宜华，2002；2006a；2009）认为，由于母语用户和非母语用户具有不同的语言基础、词汇深度加工能力和交际模式的构建能力，在释义过程中理应区别对待。在汉英学习词典的多维释义中，这种国别特征集中表现为对内向型汉英词典和外向型汉英词典的区别处理，具体体现在描述对象、释义原则和方法等方面。

1. 描述对象的国别差异

词典是服务于用户的，因此用户需求理应被放到重要位置。汉英词典的描述对象具有典型的国别特征，并在内向型词典和外向型词典中表现出巨大的差异。汉英学习词典的多维释义将突显这种国别差异，倡导在释义过程中将描述对象集中于目的语的语言知识。在内向型汉英学习词典中，由于汉语是用户的母语，词汇认知能力和加工能力都很强，因此，编者将着力于对目的语(英语)的描述。换言之，在内向型汉英学习词典的多维释义中，所有的表征结构都服务于英语词汇的表达需要，其目的在于通过对目的语的大量呈现，形成连贯、完整的语言环境，以此补充非母语用户语境的不足。此外，通过构建完整的意象图式结构，汉英词典的多维释义有利于提高用户对目的语的认知水平和加工能力。而在外向型汉英词典中则刚好相反，由于服务对象为外国人，其意义表征的目标在于提高他们对汉语的理解和输入能力，所以一切表征成分都应服务于汉语的意义表征需要，而英语只是意义的信息载体和表征介质。

突显描述对象的国别差异提高了汉英学习词典的实用性，因为所有信息都是关于目的语词的，因此都是用户所需要的。此外，它也有效节约了词典空间。省去大量与源语词目有关的信息能有效压缩词典空间，以便更集中地描述目的语词的语义结构。

然而对目前汉英词典释义的调查(见 2.1.2 节)表明，多数汉英词典的描述对象都没有国别差异。由于主流汉英词典的服务群体都比较模糊，没有明确界定(多数词典都表明"适用于中外读者")，无"内向"、"外向"之别，因此在描述对象上也不明确。模糊的描述对象使编者在释义过程中容易本末倒置，缺乏对各释义组构体的统一安排和合理布局，形成了离散、消极的语义表征信息。因此，汉英学习词典的多维释义模式将竭力突显描述对象的国别差异，并根据不同的释义原则来确定描述对象和重点。

2. 释义原则和方法的国别差异

释义原则是释义的指导性准则，它对词典的编纂质量和表征效果意义重大。释义原则具有典型的国别差异，它会因服务对象的不同而表现不同。以中国用户为服务对象的内向型汉英学习词典，其释义应以对英语词汇的完型表征为原则。通过对英语词汇语义结构的完整再现，来提高用户的英语生成能力和输出能力。这种完型的释义原则客观上要求各释义组构成分的选择、排列和组合，应以建构完整的英语交际模式为根本准则。具体而言，在表征过程中，各释义构成体应以英语语词的语义结构为核心，通过各释义构成体的整合加工，全面地再现源语词汇复合的语义结构。由此可见，内向型汉英学习词典在释义方法上强调整合性，着力于对各意义表征体的深层加工和完型组合，使之服务于"以语义诠释为手段并通过增强语言输入以强化用户的习得效果"的释义目的(章宜华，2006a)。

然而，外向型汉英词典的释义原则却迥然不同。外向型汉英词典的释义旨在通过全面描述汉语词汇的语义结构和功能特征，以此增强用户对汉语词汇的习得，所以英语只是一种表征介质，是实现该目的的一种有效手段。因此，其释义应以等值描写为基本原则，通过提供对应词来增强用户对汉语语义结构和知识体系的了解，以此实现表征目的。因此，对英语而言，释义体现的是工具性本质，即通过提供理解性词汇知识，完整地呈现汉语的语义结构体系。换言之，在外向型汉英词典中英语释义以表义、传送信息为根本目标，并以汉语语义结构为信息焦点，因此在释义方法上，单一地提供对应词汇足以实现这一功能。

　　然而汉英词典释义结构调查(见 2.1.2 节)表明，主流汉英词典在释义原则上都缺乏国别差异特征。事实上，多数汉英词典对自己的释义原则或闭口不提，或模糊概括，没有明确提出自己的释义原则。所以，在汉英学习词典的多维释义中，编者将立足于用户的国别差异特征，明确提出自己的释义原则和方法，并将所有意义表征信息集中于对目的语词汇结构的描述。

5.3.4　汉英学习词典释义的用户互动特征

　　词典用户研究认为词典的编纂与研究应该充分考虑用户的需要，甚至以他们为中心。多维释义模式(章宜华，2002；2006a；2009)认为，释义的根本目的在于使用户用有限的语词生成无限多的文本-意义关系对。这种释义模式强调用户的重要性，并把双语词典编纂活动看做一个多维的动态交际过程，在本质上强调其互动性和多元特征。

　　一方面，双语词典编纂是一种编者与用户之间的互动。双语词典编纂是涉及编者和用户的双向交际过程，在这个过程中，编者和用户都需要积极参与，集思广益。这种批评与反批评之间的互动争鸣，有利于加强编者与用户之间的沟通，对提高词典编纂质量大有裨益。另一方面，这种研究范式在内容和方法上还表现出多元特征。在内容上，用户研究包括词典使用类型、使用目的、使用技能和使用效果等。在研究方法上，用户研究包括理论思辨、诱导实验(elicitation)和语料库(corpus-based approach)等方法。

1. 双语词典释义应加强编者与用户的互动

　　(1)强化编者与用户互动的必要性

　　传统编纂理论为推进词典学作出了巨大的贡献，然而，随着心理学、语言学和信息科学的发展，其局限和不足也逐渐突显出来。首先，把"预设用户"等同于"潜在用户"是不科学的。在传统双语词典中，编者常根据相关学科(如教育学、心理学、语言学等)对用户进行假设、推断，并以此来规划、编纂词典。然而，编者对"预设用户"的各种推测、假想和模拟都可能偏离"潜在用户"的真实情况。其次，编者自身查阅经验的个体性不能无限递推为用户的群体性。在传统双语词典中，编者常常立足于自身的查阅经验或需求，并将其无限上升为用户群体的整体意志。然而，词典学家由于语言能力、直觉和感知的差异性和特殊性，所以是最不能代表词典用户的(Béjoint，2002：107)。换言之，要真正了解用户的需求，简单的主观思辨是难以实现这一目标的，必须加强与用户的互动，从而真正地了解用户。

用户研究是词典研究中最新而且最有前途的一部分(Laufer and Kimmel，1997)，因此，要提高双语词典的编纂质量必须立足于对用户的深入研究。双语词典研究的用户转向虽处于起步阶段，实质性、建设性举措不多，但极具可行性。首先，用户研究已经成为新型词典理论研究和编纂实践的核心和重点。无论是对本族语用户的研究还是对外语学习者使用双语词典的调查都表明，词典交际正变得越来越以用户为中心，因此加强编者与用户的互动意义也很重大。其次，双语词典的积极性本质要求编者必须考虑用户的现实需求。积极型词典重视对词典用户的研究，因为它能帮助用户流畅自如地使用语言，提高其语言生成和输出能力(章宜华和雍和明，2007：86)。此外，相对于消极型词典的词目对译，积极型词典在微观结构上更复杂、内容更丰富，所以更需要深入了解用户，而强化编者、用户之间的交流和互动则能有效实现这一目标。

(2)编者与用户的互动在方法论上的多元性

传统的词典用户研究多局限于编者"内省"式的研究，方法比较单一。事实上，作为语言学的一个分支，词典学的用户研究也应借鉴语言学研究的多途径取向，综合使用内省法、诱导法和语料库方法(杨惠中，2002)。所以，要强化编者与用户的互动，也应该借鉴多元的研究方法。

1) 使用多元研究方法的科学性。综合利用 3 大研究方法(内省法、诱导法和语料库方法)对双语词典的用户研究意义重大。首先,能互相兼顾,扬长避短。内省法能弥补诱导法和语料库方法在定性方面的不足,并充分发挥其逻辑推理、理论推演方面的优势,而诱导法、语料库方法则可通过定量分析,弥补内省研究过于主观、缺乏信度和效度之不足。其次,研究视角更全面。内省法从编者的角度,并立足于编纂实践来规划、评估各项措施的现实操作性,而诱导法和语料库方法则主要从用户角度直接获取信息和数据。所以,若要兼顾编者和用户的利益,需多管齐下、科学统筹。最后,研究过程更科学合理。内省法是诱导法和语料库方法的基础,因为诱导法和语料库方法中研究对象、研究目的的确定及数据的解释,都离不开内省法的前期成果。而诱导法和语料库方法的调查、统计或测试结果,又从客观、经验的角度对前期的主观内省进行证实或证伪。

2) 编者与用户互动的现实依据。多元研究方法在结构上包括两种形式:不同研究方法之间的融合,以及同一方法内部不同研究手段的综合。首先,在词典用户研究中,人们习惯将内省法与诱导法结合从而形成复合式的研究体系,这在双语词典研究中比较常见。此外,随着语料库研究方法的推广,人们逐渐将这种方法也融入到用户研究中,李安兴(2003)、曾泰元(2005)、魏向清(2005a)等倡导用平行语料库和对比语料库来提高释义质量,是将语料库语言学与双语词典编纂相结合的大胆尝试。语料库由于来源于现实中的活语料,是用户对特定语言使用特征和习得效果的客观反映,因此分析语料在本质上也是编者与用户的一种隐性互动。其次,各研究方法内部对不同研究手段的综合。研究手段是研究方法的关键,在特定的研究方法内部综合利用各种研究手段,对提高研究质量、增强研究信度意义重大。这种研究手段的多元组合在各类诱导实验中更为常见,如 Diab(1990)综合利用问卷和采访，Herbst 和 Stein (1987) 综合利用问卷和会谈 (conferencing)。以上研究表明，在双语词典用户研究中采用多元组合的研究手段是很有必要的，因为人们已经认识到，要实现编者与用户的互动，必须立足于多种研究方法。

2. 汉英学习词典多维释义中的用户互动模式

汉英学习词典的多维释义以用户为中心，强调编者与用户的互动，以此更好地服务于用户的表征需求。具体而言，这种用户互动特征在内容上涉及两部分：用户的认知特征和查阅需求。在研究方法上，对用户认知特征的分析主要是通过分析语料，用语料检索和语料对比的方式描写用户的认知特征，以此间接地为多维释义提供隐性准则。而对用户查阅需求的分析则更为显形，这种直接的互动有利于编者获取第一手的用户信息，为新型释义模式的构建提供指南。

(1) 学习者的认知特征能从用户角度为多维释义提供隐性机制

词典是为用户服务的，所以通过编者与用户的互动，了解用户群体对二语词汇的习得机制，可以从用户角度为汉英学习词典的多维表征提供理据。此外，它也能帮助编者从实践的角度探寻如何顺应用户的内在习得机制，以此增强表征效果。

1) 渐进性习得特征有利于编者制定明确的释义原则。中国用户对二语词汇的习得具有明显的渐进性特征，其使用频次、多样性和正确使用率皆随用户英语水平的上升而不断上升。了解用户的这种渐进性习得模式对构建多维表征模式极具指导意义。一方面，它有助于编者了解自己的服务对象，并根据对象的习得水平来制定不同的表征模式和释义编纂体例。无论是义项的确立、对应词的选择还是例证的选配，都应该顺应用户的渐进性认知模式。事实上，传统汉英词典编纂宗旨不明、服务对象不清在本质上是源于对用户的习得规律的忽略和轻视。另一方面，渐进性习得也为对应词、例证的排列提供了操作指南。用户对二语词汇的习得具有渐进性，因此无论是对应词还是例证的排序都应顺应于这种渐进性特征，不断地增加可理解性输入，以此帮助用户强化习得效果，毕竟查阅词典也是一种有效的学习途径和手段。

2) 二语词汇的标记性特征为构建汉英学习词典的多维释义模式指明了重点。强化二语词汇的标记性特征是全面实现意义表征的重要手段。一方面，强化二语词汇的标记性特征是增强用户的英语生成能力，并减少使用错误的现实需要。对中介语语料的分析表明，英语词汇的标记性句法、语义结构和功能多义性特征是中国学习者习得过程中的难点（具体见 3.3.3 节）。所以，在汉英学习词典的多维释义中，编者强化二语词汇的标记性特征，极力突显其标记性句法、语义结构和功能多义性特征，是极具现实意义的。另一方面，突显二语词汇的标记性特征也是符合人类的认知规律的。二语词汇的标记性特征往往以标注形式或提示说明的方式融入到意义的表征过程中。这种方式不仅有效节约了词典篇幅，也能有效增强用户的习得效果，因为突显能延续实体在大脑中的记忆，并提高主体对次结构乃至整个认知场景的了解。

3) 学习者的中介语失误明示了汉英学习词典多维释义的发展方向。中国学生所犯的大量错误是由母语干扰引起的（俞理明，2004）。对目标语规则的过度泛化也是中国用户在英语使用过程中的常见错误之一（具体见 3.3.3 节）。研究学习者的中介语失误，为构建汉英词典的新型表征模式指明了方向。首先，中介语失误为编者提供了一手的习得素材，而对学生的失误加以描写和归类，则形成中国用户二语学习的失误数据库，这将有利于编者在释义过程中明确对象，有的放矢。此外，由于中介语是真实、可靠的，将中国用户的中介语失误融入汉英学习词典的释义过程中，能增强其意义表征的科学性和可接受性，并在信度和效度上弥补传统释义过程中对用户"主观预设"之不足。其次，中介语失误也为构建多维表征模式明示了方向，指明了重点、难点。所以，为了帮助用户减少输出类错误，汉英词典在多维表征过程中应通过补充提示或例证突显的方式，从输入的角度帮助用户减少使用中的母语负迁移，防止对目标语规则的过度泛化。

(2)查阅现状分析能从用户角度为多维释义提供客观准则和操作指南

用户对词典的查阅是一个复杂的认知加工过程，涉及语言加工、信息提取和记忆处理等多项内容。通过编者与用户的互动，了解用户的查阅现状，有利于编者改进现有的释义模式，构建内容更丰富、表征能力更强的多维释义模式。

1)用户查阅需求为汉英词典多维释义提供了客观准则。了解用户的查阅需求有利于编者在释义过程中形成合理的释义准则，防止因个人偏好和认识局限而影响释义质量。在实际的编纂中，这种基于用户需求的客观准则体现在释义内容和释义方法两方面。首先，在释义内容方面，用户的查阅需求(见 4.3.2 节)表明，他们希望获得目的语词(英语)的语法信息、语义信息(包括概念意义和附加意义)、语用模式和搭配结构等。因此，汉英词典的编者在多维释义过程中必须恪守释义内容的多元性准则，通过对应词、阐释性例证、同义辨析、语法标注和语用标注等手段，将所有意义表征信息融入对目的语词的意义表征过程中。其次，在释义方法上强调整合性。释义内容的多元性和纸质词典容量的有限性，使编者非常重视对信息的整合，而对用户需求的分析(见 4.5 节)表明，用户希望将标注形式(包括句法模式、搭配结构和语用信息等)及对应词的数量等内容整合到现有的释义结构中，以此提高释义的质量。因此，汉英词典在多维释义过程中将整合用户的表征需求和词典编纂的客观实践，并围绕语义的表征目标，以灵活的方式融入到意义表征过程中。

2)用户查阅需求明示了汉英词典多维释义的操作指南。用户的查阅需求为构建汉英学习词典的多维释义提供了客观准则，而以心理动词为范本从释义微观结构视角对用户需求进行深入调查，则为汉英词典的编纂提供了操作指南，它在内容上主要涉及释义微观成分的表征模式、表征风格和表征介质等。

首先，在汉英词典的表征模式方面，用户的查阅需求表现出完型特征。用户需求调查（见 4.5.4 节和 4.5.5 节）表明，无论是对句法结构的归类还是对搭配模式的表述，用户都选择全面系统的表征模式，希望获得目的语词完整的语义结构。因此，在汉英学习词典的多维释义中，编者应顺应用户的这种查阅需求，在句法结构和搭配模式的描述上以完型表征为目标。

其次，在汉英词典的表征风格方面，用户的查阅需求表现出简洁特征。调查（见 4.5.2 节）表明，无论是在词类标注方面还是在语用标注方面，用户都希望获得简洁的表征模式。因此，在新型释义模式的构建过程中，编者应将用户的这种"简洁性选择倾向"融入到意义表征体系内。

最后，在汉英词典的表征介质方面，用户的查阅需求表现出灵活特征。用户需求分析（见 4.5.2 节）也表明用户对标注的表征介质选择很灵活，希望以英语进行词类标注而用汉语进行语用标注。这种基于用户认知特征和教育背景的选择倾向，也为多维释义模式的构建提供了具体的操作指南。毕竟，汉英词典最终是为用户服务的，所以用户需求的满足度对词典的质量和生命力具有决定意义。

由此可见，无论是对用户习得机制的探悉还是对用户查阅现状的分析，都对构建汉英词典的释义体系意义重大，然而目前主流的汉英词典在这两方面都比较薄弱。事实上，它们在释义过程中仍以编者的主观思辨为主，缺乏与用户的互动。所以，汉英学习词典的多维释义将充分考虑用户的习得机制和查阅现状，并将这种认知特征和需求特征融入释义过程中，真正实现从"以编者为中心"向"以用户为中心"的研究范式的转变。

5.4　小　　结

综上所述，本章对汉英学习词典释义的认知特征进行了详细阐释。首先，本章描述了双语学习词典多维释义的框架模式，具体包括其释义本质和运作模式。其次，本章也分析了学习词典进行多维释义的必要性，自然词汇语义结构的多维性和系统性客观上要求学习词典对词目进行多维表征。最后，本章还归纳了汉英学习词典多维释义的性质特征，具体包括多维系统特征、原型交际特征、国别差异特征和用户互动特征。

第 6 章

汉英学习词典多维释义
模式的构建

理论建构对于科学实验和数据调查有着非常重要的指导意义，而先理论思考后事实验证则是建构科学理论的常规程序之一。理论探究和实验调查都是实现终极目标的手段，而词典研究的最终目标是指导编者如何提高编纂质量，更好地服务于用户群体。所以，本书在总结、分析实验结果，反思前人研究的基础上，尝试以心理动词为例在汉英学习词典内构建多维释义模式。具体而言，本章将通过建立释义原则和阐释释义结构的方式来构建汉英学习词典的多维释义模式。其中，释义原则是释义结构的基础，而释义结构则是释义原则的具体应用，而释义原则和释义结构的整合则构成了完整的多维释义模式。

6.1 汉英学习词典的多维释义原则

汉英学习词典的多维释义强调对源语词交际模式的转换和映射，在意义构建过程中将立足于原型原则、完型原则、整合原则、顺应原则和关联原则，并将以上原则融入意义表征过程中。

6.1.1 原型原则

概念主要是以原型，即最佳实例表征出来的。原型释义原则在汉英词典的多维释义中涉及两方面：源语词汇交际模式的构建和目的语词汇交际模式的表述。

在源语词汇交际模式的构建过程中，编者需要对源语语料文本信息进行统计分析，抽象出原型的语言图式、知识图式和网络图式，构成完整的图式系统。在源语义项的归纳过程中，汉英学习词典的多维释义模式将参考单语词典和大型单语语料库。关于这一点，本研究将在描述框架转换的原型特征（见 6.2.2 节）时详细阐述。

在目的语词交际模式的表述过程中，汉英词典释义的目的在于用目的语描述出从源语意义表征分离出来的概念图式。在描述的过程中，受词典容量的限制，编者应着力于对其原型语义结构的表述，具体而言，主要涉及原型对应词、原型标注和原型例证等问题。

首先，就对应词而言，汉英学习词典的多维释义将以提供原型对应词为主，并在数量和质量上进行严格控制，既反对目的语对应词的大量堆砌，又要尽力确保语义等值，防止因对应词和源语词原型语义结构不对等而引起语义流变。

> (33) 害怕[- pà] fear; be afraid; be scared; be afraid for sth.; show the white feather; be afraid that…; be in fear of; for fear of; strike fear into; be overcome with fear; be overcome by fear; be fearful; have a dread of; dreadful; dread; frighten; frightful; tremble [shake] in one's boots [shoes]; can't say boo to a goose; have cold feet; get cold feet.　　　　《汉英辞典》

如在《汉英辞典》的"害怕"中，编者提供了 21 个对应词，但对比分析，我们发现很多对等词都跨越了"害怕"的原型语义，仅是边缘义（如比喻义），如"tremble [shake] in one's boots [shoes]; can't say boo to a goose; have cold feet; get cold feet"。所以，在多维释义模式下，我们将根据原型原则减少对应词汇[见例(34)]，确保源语词和目的语词在原型语义框架内等值转换。

(34)　【害怕】<V> fear; frighten; be afraid; be scared; be afraid
　　　for.; be afraid that… <Adj>dreadful; frightful; <Prep>
　　　for fear of

其次，就标注而言，汉英学习词典的多维释义将标注目的语词的原型特征，具体包括语法知识、语义结构和语用知识等。

(35)　【理解】<V> Sb understand/comprehend/ take in Sth:
　　　〈一般不用于进行时〉我希望你能~我说的话。I hope
　　　you're understanding what I am saying.
　　　提示：take in 特指理解"听到或阅读到的东西"。

在例(35)中，多维释义模式通过标注(一般不用于进行时)再现了目的语词的原型语法特征。understand, comprehend 和 take in 都是表示心理活动的动词，因此动作内部是异质的，表现出有界特征(具体见 1.2.3 节)。这种有界特征在时间范畴上表现出无伸缩性，在语法结构上具有"不用于进行时"的特征。所以，对这种原型的语法知识进行标注有利于用户正确掌握目的语词的正确用法，提高英语输出质量。对于语义结构和语用知识，由于本书多处都有涉及，这里不再赘述。

最后，在例证的转换方面，汉英学习词典的多维释义强调以提供原型等值翻译为主，尽量直译，减少意译，并尽量反映被释义词的原型语义结构。

(36)　【明白】míngbai <动> know; realize; understand. 他最
　　　后才逐渐~真相。The truth began to dawn on him finally/
　　　He eventually got to the bottom of it. 　　　　《新世纪》

《新世纪》在对"明白"进行释义时[见例(36)]，提供了例证"他最后才逐渐~真相"，然而在目的语转换过程中，两种译文都偏离了原型的翻译(前者改变了源语的句法结构，而后者选用了低频的、文化义较深的短语"get to the bottom of")，脱离了中国用户的认知轨道，因此对用户提高语言生成能力意义不大。所以，在多维释义模式下，我们将立足于原型原则为例证提供具有原型特征的翻译[见例(37)]，确保源语例证和目的语例证在原型语义框架内等值转换。

(37)　【明白】míngbai <Vt> Sb know/realize/understand Sth:
他最后才逐渐~真相。He eventually realized the truth.

6.1.2　完型原则

完型心理学强调对事物整体认知的重要性，认为整体大于部分之和。在汉英学习词典的多维释义中，这种完型原则通过两种方式得以体现：表述内容的多维性和表述结构的完整性。

首先，汉英学习词典的多维释义模式在表征内容上包括概念义和其他附属义，具有多维特征，这种多维的释义内容在本质上不是众多释义构成体的无序组合，而是强调整体性，共同构成表义的完型结构。在"酌量"中，一方面，在表征内容上，多维释义结构不仅提供了传统的对应语块"give due consideration/use ones' judgement"，也提供了词类标注、句法结构①、例证显示等[见例(38)]。语言图式、知识图式和网络图式的有机结合，使该词的意义系统形成完型的表征结构，全面反映了该词的原型语义结构。另一方面，通过补充功能义项(<Adv>)，不仅再现了源语词目的语法化过程，具体表现为功能义项的拓展和语义不确定性的增强(具体见1.2.3节)，而且通过完型结构强化了对目的语词语义结构的映射。

(38)　【酌量】<V>Sb give due consideration/use one's judgement

---

① 在汉英学习词典多维释义过程中，编者将句法模式和搭配结构融为一体，这样表述更清晰、结构更完整。此外，由于心理动词在句法上涉及EO(感受者做宾语)和ES(感受者做主语)的转换，因此在句法标注时也需要明确论元结构(如Sb, Sth, N等)。

（to Sth）：最后的解决办法你自个儿酌量。You should use your own judgement to the final solution. <Adv> as one thinks fit：我们将酌量刊登一些经济方面的文章。We'll publish some articles on economy as we thinks fit.

其次，各表征内容的完型特征在表述结构上涉及对应词和例证。在对应词中，编者可通过"用法标注"和"论元补充"等方式实现对目的语词的完型表征。如在"希图"的释义中，传统词典都局限于提供对应词"harbor the intention of；try to；attempt to"，而多维释义在分析归纳源语词的搭配结构和论元组织的基础上，以补充说明的形式，将源语词的隐性论元结构和搭配模式进行显性补充，以此形成了对源语词语义结构的完型表征[见例(39)]。当然，我们也可直接用标注的形式，如"多指不好"加以补充说明[见例(40)]，这样更直观、简洁。

(39)　【希图】xītú<Vt> Sb harbor the intention of(cheating, bribery)；Sb try to(make profits)；Sb attempt to(escape)：~蒙混过关 try to wangle; try to get by under false pretences

(40)　【希图】xītú<Vt> Sb harbor the intention of Sth/doing Sth; Sb try to/attempt to do Sth ~蒙混过关 try to wangle；try to get by under false pretences
提示：所接对象多指"不好的事物"。

6.1.3　整合原则

意义驱动的多维释义模式认为，整合一直贯穿于目的语词的语义表述过程中。表述是源语意义表征在经目的语对应图式的映射、重构后的概念化过程，在这个过程中编者需要整合源语词语义结构、双语经验知识和百科知识，并用目的语重构源语的复合语义图式。在汉英学习词典的释义中，编者需要以整合的形式，尽力完善目的语的表征形式和表征效果。

1)这种整合原则表现为语言、知识和文化图式的整合，它主要存在于对应词和例证中。如在"猜"的释义中，《实用翻译》只立足于语言图式，提供了对应词汇"fathom"，但由于"fathom"具有"非正式的、多用于否定句"的语用特征，多维释义模式将通过"标注语用知识"和"例证补充"[见例（41）]的方式将知识图式整合到语言图式中。

(41) 【猜】<V> Sb think/guess/imagine（Sth）；Sb fathom Sth（非正式，多用于否定句）：我~不出他的意图。I can't fathom his intention.

2)这种整合原则也表现为释义内部各组构成成分之间的融合。为实现共同的表义需要，各释义构成体需要打破传统释义中关于对应词、例证的区分和界限，强调协作和融合。如在"预谋"中[见例（42）]，《实用翻译》的例证和对应词几乎一样，没有新信息出现，而这种编排完全是源于传统释义结构中对"对应词"和"例证"的条块分割。

(42) 【预谋】I<动> plan in advance: 这是他们事先~好了的。They had planned in advance.　　　　　　　《实用翻译》

多维释义模式将立足于语义表征目的，对两者进行整合，删除原有例证并代之以内容更丰富、结构更完整的例证（见例（43））。

(43) 【预谋】<Vt> Sb plan Sth in advance（多指贬义）：这次抢劫是这些年轻人事先~好了的。The youngsters had planned the robbery in advance.

3)整合原则也体现在例证之间。在传统释义中编者对例证的排列往往比较主观，没有很好地从用户角度进行整合，因此在释义中可能出现例证结构雷同甚至重复。如在例（44）中，两个例证都使用了相同的对等

词 "look forward to"，且后者在语义结构上包括了前者。因此，汉英学习词典在多维释义时会将两个例证整合为一个，并增加其他对应词的用法[见例(45)]。

(44)【向往】yearn for; look forward to; be attracted toward: ~幸福生活 look forward to a happy life　我们都~那一天：科学工作者能发现更多宇宙秘密。We all look forward to the day when the scientists can discover more secrets of the universe.　　　　　　　《汉英辞典》

(45)【向往】<Vt> Sb yearn for/look forward to/be attracted toward Sth: 他~自由。He yearned for freedom. 我们都~那一天：科学工作者能发现更多宇宙秘密。We all look forward to the day when the scientists can discover more secrets of the universe.

6.1.4　顺应原则

词典是服务于用户的，所以词典释义对用户需求的满足度将决定词典的释义质量和表征效果。对用户查阅需求的满足客观上要求释义模式顺应用户的知识结构和认知特征。在汉英学习词典的多维释义模式中，这种顺应原则涉及两方面：释义结构成分的有序排列和范畴化归类。

1)释义结构成分的有序排列。中国用户对二语词汇的习得具有明显的渐进性特征(见 3.5.1 节)，然而，主流的汉英词典对这种顺应性却认识不足，如《实用翻译》中 "爱"的对应词在排列上很随意、杂乱[见例(46)]，所以用户在查阅时很迷茫，难以正确选择对应词。因此，汉英学习词典的多维释义将顺应用户的这种习得特征，对释义各组构成分实行由简单到复杂的渐进性排列。在对应词方面，多维释义模式[见例(47)]将顺应用户的习得机制，将对应词汇进行渐进性排列(由词到短语，由高频词到低频词)。

(46) 【爱】like; enjoy; have a passion for; love; care for; affect; take a fancy   《实用翻译》

(47) 【爱】like; love; enjoy; affect; care for; have a passion for; take a fancy

此外，例证排列的杂乱也是当前汉英词典的弱项之一。例如，在"害怕"中[见例(48)]，作者提供了两个例证。然而，不管是从句型结构(前者为复合句，后者为简单句)而言还是从对应词的使用(fear 比 be afraid of 的使用频率更低)而言，第 1 个例句都比第 2 个更复杂、认知阈限更高。因此，为了顺应学习者的渐进性习得机制，汉英学习词典的多维释义将按由简到繁的顺序重新排列例证[见例(49)]。

(48) 害怕[-pà]她不再~他们会误解她了。She no longer feared that they should misunderstand her. 这小女孩非常~打雷。The little girl is intensely afraid of thunder.

                                        《汉英辞典》

(49) 【害怕】这小女孩非常~打雷。The little girl is intensely afraid of thunder. 她不再~他们会误解她了。She no longer feared that they should misunderstand her.

2)释义结构成分的范畴化归类。范畴化归类是人类对客观世界的主要认知方法之一，通过范畴化的归类、属性的组合和重叠，人类对客观世界形成了经济高效的认知模式。汉英学习词典的多维释义模式将顺应人类的这种范畴化特征，并将这种顺应原则运用于各语义表征成分内部，如对应词、例证、句法结构描述等。

《汉英辞典》对"害怕"提供了 21 个对应词汇[见例(33)]，但在对应词排列方面却令人费解，既不是按照词类功能排列，也不是按照频率或语义原型特征(中心→边缘)排列，因此完全背离了用户的范畴化认知特征。事实上，我们可以按照词类功能进行划分(动词→形容词→介词)。

这样，既顺应了人类范畴化的认知模式，也有利于用户的分析和记忆（具体见 6.1.1 节）。

在句法结构方面，汉英学习词典的多维释义将立足于对应词的结构模式（词→短语）和原型语义特征（中心意义→边缘意义）进行范畴化归类，并在排列方式上体现这种渐进特征（具体见 6.2.1 节）。

6.1.5　关联原则

强化释义内部组构成分之间的关联性有利于编者将各表征形式有机结合，以语义为驱动共同服务于意义表征需要。汉英学习词典的多维表征将以语义为核心，在各表征构成体内构建显形和隐性的关联，具体包括以下四个方面。

1) 强化对应词与例证的关联。例证是对释义的补充和具体应用，因此编者应强化两者之间的关联，共同服务于语义表征的需求。

(50)　【思考】sīkǎo <动> think; consider; ponder: 不加~ without due consideration ‖ 经过认真~after serious thought ‖ 稍稍~　on a moment's consideration ‖ 多年来我一直在~这个问题　The question has occupied my thoughts for years. ‖ 他~了一会儿，然后作了回答。He was thoughtful for a while and then answered.

《新世纪》

在例(50)中，编者对"思考"释义时，将其词类标注为<动>，提供的也是动作性很强的对应词，但在例证中却提供了很多表状态的名词短语（如"不加~without due consideration"），使对应词和例证在表义的过程中出现了偏离（即例证无法服务于对应词的表义需求）。对于以上问题，汉英学习词典的多维释义将通过两种途径来强化对应词与例证的关联。一方面，补充与目的语对应词语义关联更强的例证，如例(51)中的"He thought for a while and then answered"。另一方面，对那些与目

178

地语对应词关联较弱的例证进行删除或移位(移到与之密切关联的义项中)。如在"思考"中，可将"without due consideration"和"after serious thought"移位到名词义项下[见例(51)]。这样，不仅增强了义项与例证的关联，还完善了语词的表征结构。

> (51)【思考】sīkǎo <V> Sb think; Sb consider/ponder(over) Sth: 思考问题。ponder a problem ‖ 他~了一会儿，然后作了回答。He thought for a while and then answered. <N> thought, consideration: 不加~ without due consideration ‖ 经过认真~after serious thought

2)强化例证与源语词目的关联。随着汉英词典源语词目和例证的不断增加，源语词目和例证之间可能会重复，但目前多数汉英词典对这种情况都很少提及。汉英学习词典的多维释义模式将通过参见标志(如"⇨")在例证与源语词目之间建立关联。

> (52)【愣】lèng　<Vi> Sb be dumbfounded/dazed: 他愣了半天没说话。For a long while he remained speechless. ⇨ 发~
>
> 【发愣】fālèng <Vi> Sb be in a daze/look distracted: 这个老人整天~。The old man was there in a daze all day.

在"愣"中，"⇨"的连接作用强化了例证与源语词目的关联性。事实上，这种将例证指向源语词目的参见模式，不仅保证了释义的闭环性，也有效节约了词典的空间，扩大了词典的信息容量。

3)通过同义辨析，强化对应词之间的语义关联。英语词汇的丰富性及中国用户英语词汇知识的相对不足，使对应词的语义辨析一直困扰着多数词典用户，并影响用户对目的语词的正确使用(见3.3.3节)。事实上，强化对应词汇的语义辨析，增强用户二语词汇的深加工能力，这也是中国用户所期盼的(具体见 4.5 节)。因此，汉英学习词典的多维释义将强化对应词的语义辨析，提高用户的目的语生成能力[见例(53)]。

(53)　【陶醉】辨析：intoxicate 指某人兴奋而无法自制。
enchant 强调极度喜悦。 carry away 强调过度兴奋，失
去自制力。revel in 指尽情享受、沉迷于某事物。

4)强化例证与句法和搭配结构的关联。多维释义模式强调增强用户
的能产性，因此汉英学习词典在释义过程中将完善目的语词的句法结构
和搭配模式，并用例证加以补充说明。换言之，多维释义强调目的语词
的句法结构、搭配模式与例证的关联性，以此形成意义表征的有机构成
体。如在例(54)中，例句与搭配结构的关联性可以帮助用户全面了解该
词的结构和用法。

(54)　【猜】<V> Sb suspect Sth/That/Sb of Sth：我猜他和这件
事情有点牵连。I suspect that he is more or less involved
in it.

6.2　汉英学习词典的多维释义结构

双语词典的多维释义模式及词典研究的用户转向，为汉英学习词典
的多维表征提供了丰富的理论基础，而主流汉英词典的使用调查、用户
二语词汇习得机制的探悉，以及汉英词典查阅现状的分析，则从实证角
度为本研究提供了现实依据。本节仍以心理动词为例，通过特定的例证
说明来系统阐释汉英学习词典的多维释义结构。具体而言，汉英学习词
典的多维释义结构在内容上包括汉语词目语义框架的多维映射、释义过
程中交际模式的等值转换，以及用户认知特征与释义成分的有机结合。

6.2.1　汉语词目语义框架的多维映射

汉英学习词典的释义是通过对汉语语词的语义概括、分析，从语言

图式、知识图式和网络图式等方面对目的语进行归纳、总结（具体见 5.1 节）。具体而言，汉英学习词典语义框架的多维映射在内容结构上包括 3 类图式和 9 个参数（表 6-1）。

表 6-1　汉语词目语义框架多维映射中的参数设置

图式结构	语言图式				知识图式				网络图式
成分结构	形态结构	句法结构			概念结构		语用规则	附加意义	系统关系
表征结构	形态标注	词类标注	句法标注	例证说明	义项划分	对应表达	语用标注	附加说明	系统说明

1. 语言图式

多维释义模式认为，语言图式在本质上是以语义为内核的整体，它在内容上包括形态标注、词类标注、句法标注和例证说明等。语法形式的各表征层面的图式，包括语音、形态、句法都是意义的表征手段（章宜华，2006a）。汉英学习词典的多维释义模式对语言图式的转换将立足于以下几方面。

（1）形态结构

形态结构主要通过对应词和例证两种形式加以体现，但多维释义模式更强调语义的驱动性，即各表征成分共同服务于语义的表征需求。

1）形态结构主要是以对应词的方式体现在多维表征体系内。但这里的对应词完全不同于传统释义模式下对应词的简单堆砌。它摒弃了传统词典"单纯提供对应词"的模式，而尽力把语块纳入释义单元，在内容上包括对应词以及其规约的句法结构和搭配形式，以此形成一个微观的语义构式，如例（55）中的"believe（in）"。因此，目的语词的形态结构变异可以表现在构式结构中，如"be convinced in/that"则明确显示了"convince"的分词形式。

（55）【相信】 <Vt> Sb believe（in）/trust Sth; Sb be convinced

in Sth/That; Sb have faith in Sth: 科学家~真理。The scientists believed in truth. 我们要~政府。 We must trust government. 我~他会把这件事干好。I am convinced that he will do it well. 群众要~党。The masses must have faith in the party.

2)将标记性形态变化融入到例证结构，以斜体或颜色差异等方式来实现字体突显。由于服务对象和自身的特殊性，汉英学习词典对对应词的形态变化将采取灵活的处理方式，如将标记性形态变化与例证结构合二为一，用醒目的方式加以标记，这对于英语水平较低的用户意义更明显。在心理动词中，如果其形态变化涉及过去时或分词的不规则变化，则编者可在例句选择中有意识地将这种标记性形态变化加以突显。

(56) 【思考】 <Vt> Sb think Sth deeply: 老板~了一下，很快给了我们答复。The boss *thought* it deeply and then gave us a reply quickly.

如在"思考"中[见例(56)]，对"thought"的"斜体加黑"提醒读者，该词为"think"的过去时，这样编者就将形态变化融入例证结构中，共同服务于表义需求。

(2)句法结构

认知语言学认为语法形式是语义的象征结构，表现为语言图式。汉英学习词典在多维表征过程中将主要围绕词类标记和句法标注两方面进行表征。

1)全面完善词类标记。在标记过程中，立足于用户需求(见5.3.4节)和编纂实践，我们将以英文简写为主，着力于对对应词的功能义项进行范畴化分类。

(57) 【害怕】be afraid; be scared; fear; show the white feather; have a dread of; dreadful; have cold feet; get

cold feet.   《外文汉英》

(58) 【害怕】<Vt> Sb fear n/That; Sb be afraid of Sth/That; Sb
     be scared by Sth <Adj> dreadful

通过对"害怕"的对应词进行对比分析，多维释义模式将对其进行
功能义项的分类，包括<Vt>和<Adj>两大类[见例(58)]。这种分类有两大
好处，一方面，它的意义表征更科学、合理。语法是语义的象征结构，
所以功能义项（作为句法结构内容之一）的差异性则明示了对应词语义结
构的区别，因此理应分类处理。另一方面，它有利于用户的正确使用。
将对应词按词类进行分类处理，有利于用户掌握其功能特征，并将它与
所学的语法知识有机结合，从而提高对应词的正确使用率。

2) 对目的语词的原型句法模式和搭配结构进行描述。在描述中我们
将通过缩写代码对句法和搭配进行直接表述，并用例证进行补充说明。
一方面，缩写代码不仅结构简洁、信息承载能力强，而且这种表征方式
具有通用性。这在相关研究中（Tarp，2008；章宜华和雍和明，2007）可
以找到佐证。如对"哀悼"可用下列方式[见例(59)]进行详细说明，其中
"Sb mourn/grieve for/over Sth"描写搭配模式，事实上，这种详细的
搭配模式在表述搭配结构的同时，也蕴涵了句法模式，因此没有必要再
单独列出其句法结构。这种方法不仅经济有效，而且清晰明确，利于用
户理解和记忆。

(59) 【哀悼】<Vt> Sb mourn/grieve for/over Sth: 他们正~死
     难烈士。They are mourning for the martyrs. 伟人长眠，
     举国~。The whole nation grieved over the great man's
     death.

另一方面，例证在本质上是对抽象的缩写代码的具体化，能帮助用
户掌握特定的句法规则。同时，文本例证由于对目的语词的语境进行了
完整补充，因此能与缩写代码有机结合，构成一个完型的语义表征结构，

所以表征能力更强。如在上例中"They are mourning for the martyrs"和"The whole nation grieved over the great man's death"则表明在"mourn/grieve"后面跟不同的介词(for 和 over)时意义差别很大，前者强调悼念对象，而后者表示悼念原因。

2. 知识图式

知识图式是语义承载和转换的复合系统，在内容上包括概念结构、语用规则和附加意义。

（1）概念结构

在汉英学习词典的多维表征过程中，编者需要通过义项划分、提供对应词等方式全面、系统地描述语词语义框架和概念结构，并通过翔实的例证将抽象的概念结构转换为具体的言语输出。

1) 尽量以蕴涵句法结构和搭配内容的语块为意义表征单位，强化对其概念结构的描写。相对于离散的单词，语块具有整体性和完型特征，所以在记忆中储存更稳定。此外，由于语块结构固定，所以更便于提取，且不受语言生成规则的制约，也可省去交际中语法层面上的操作(Wray, 2002)。

（60）【猜】<V> Sb guess N/That; Sb suspect Sb/That/Sb of Sth:
这小孩~着了一个谜语。The kid guessed a riddle.　我~
他和这件事情有点牵连。I suspect that he is more or less
involved in it.

如在"猜"的多维表征过程中[见例(60)]，编者提供的是两组暗含句法模式和搭配结构的语块，而语块和例证的有机结合则能全面显示源语词汇的概念结构。

2) 以框架为语义转换的载体，每一个义项构成一个微观的语义框架。在汉英学习词典的多维释义模式中，编者将通过语义框架的聚合功能，强化框架内各对应词之间的关联性，使其尽力服务于表义的总体需求。

在框架描述中，编者需要系统描述其核心框架元素。但鉴于词典空间的有限性，在多维释义过程中编者应将这些与概念结构有关的信息巧妙地融入到意义表征体内。如在对"兴奋"进行释义时[见例(61)]，编者通过完整的框架将核心元素"experiencer"(people, animal)和"content"(news, facts, event)呈现在用户面前。但对于非核心元素，如circumstance(条件)、degree(程度)、manner(方式)、reason(原因)、time(时间)等，由于空间有限，所以应尽量省略或在例证中隐性地呈现。此外，虽然框架结构的意义表征功能强大、结构清晰，但由于所占空间大，所以一般只用于语义结构复杂、对应语词用法比较灵活的表达方式（尤其是那些 ES 和 EO 具有互换功能的动词，如"surprise, amaze, enchant 等"）。

(61) 【兴奋】<V> ①(people, animal) be excited at/by/That (news, facts, events)：学生们看了电影非常~。The students were very excited by the film. ②(news, facts, events) excite(people, animal)：最近的很多发现使地理学家们很~。The recent discoveries greatly excited the geographers.

在汉英学习词典的多维释义中，编者还将通过目的语词的语块结构、例证说明及同义辨析等方式进行框架描述，以此全面展现对应词的语义框架结构。

3)在对概念结构的表述过程中，编者需要整合各类概念表征形式，通过分类加工，形成可理解性输入。输入理论(Krashen, 1982)认为，增加可理解性输入信息可以帮助学习者习得二语词汇知识。鉴于汉英学习词典的编纂实践，这种"增加可理解性输入"主要表现为对语义域内的对应语块进行有序排列、加工组合和范畴分类。

中国用户对二语词汇的习得具有渐进性，因此在语义域内对其对应语块的排列也应该顺应这种习得顺序。这样，用户在查阅过程中，能根据自己的情况，由简到繁检索自己所需的信息。这种渐进性不仅包括使用频率（由高到低），也包括原型特征（由原型意义到边缘意义）。

(62)　【猜】　guess; conjecture; speculate　　　《汉英翻译》

(63)　【猜】<V> Sb guess（N/That）; Sb suspect N/That/Sb of Sth; Sb speculate on/about Sth/That: 这小孩~着了一个谜语。The kid guessed a riddle. 我~他和这件事情有点牵连。 I suspect that he is more or less involved in it. 他~近期可能会下雨。He speculates that it will rain these days.

如对"猜"的所有对应词的渐进排列[见例（63）]，不仅有效增加了用户的可理解性输入信息，以此调动用户的学习积极性并不断扩大其词汇量，也改变了原来排列[见例（62）]中的混乱和无序（既不是按使用频率排，也非按字母顺序排）。

汉英词典释义过程中的加工组合，具体表现为编者对语义、句法结构都相同的对应语块进行结构上的再加工（如结构的重叠与合并），以便节约词典空间。

(64)　【陶醉】<V> Sb be enchanted /carried away（by Sth）: 他的表演使我们~了。We were enchanted by his performance. 我们不能~于已有的成绩。 We must not be carried away by our success.

如在"陶醉"中[见例（64）]，对应语词的合并组合不仅有效节约了空间，也有效地加深了用户的记忆。毕竟，同类结构的聚合和加工有利于学习者在新、旧知识之间产生记忆关联，形成信息网络节点，更容易长久记忆。

(2)语用规则

在多维释义中，汉英学习词典将对目的语词蕴涵的标记性语用特征、语义使用的规则限制等进行标注说明。双语词典的语用信息主要指因情景因素、场合制约而在遣词造句时对选择词汇方面的指示。在汉英学习词典的多维释义中，编者应着力于强化目的语词的标记性语用特征并描述其特定的规则限制。

1) 标注标记性语用特征。在双语词典中进行相关的语用信息阐释有利于用户理解、选择和正确使用词典的语义信息，而标注由于结构简单、表义清晰，所以被广泛用于目的语词的语用信息表征中。在标注形式上，结合汉英词典的特征和用户需求 (见 4.5.2 节)，我们将主要用汉语简称的方式。但这种语用标注不同于传统汉英词典。一方面，它立足于"英语本位法"，所以其标注对象为英语。另一方面，它强调融合性，即将多种语用标注内容融为一体，如〈接贬义和喻义〉[见例 (65)]。

(65) 【迷恋】<V> ①Sb be infatuated with/ enamoured with Sth/That〈接贬义和喻义〉：那个国家的许多贵族都~纸醉金迷的生活。Many nobles in that country were infatuated with a life of luxury and dissipation. ② Sb (madly) cling to Sth: 多数幼儿都迷恋母亲。Most of the small children cling to their mothers.

2) 描述语用规则限制。对语用规则的描述主要通过对目的语词加以修饰或限制，以此清晰指出其使用场合、语用功能等。对语用规则限制的描述主要通过提示说明、同义辨析等方式。

(66) 【琢磨】<Vt> Sb figure out Sth; Sb reckon N/That: 很难~出个办法来。 It's very difficult to figure out a way. 我~他一定会来。I reckon that he will come. 提示: figure out 多在美语中使用，而 reckon 多用于口语。

在语用限制的标注过程中，无论是提示说明还是同义辨析，在本质上它们都以语义为联结体，在不同的目的语词之间进行语用对比，以此凸显特定语词的规则限制。心理词库是分节点、有规则地储存的，所以这种对语义规则限制的描述能有效激活用户的记忆机制，通过与例证的有机结合，形成对特定目的语词的复合语义结构的全面认识，并提高用户的应用和生成能力。

（3）附加意义

多维释义强调对语义整体性的把握，即将语义看做以概念意义为主，包含内涵义、象征义、联想义、语法义、情感意义等其他附加意义的意义集合体。汉英学习词典的多维释义主要通过标注和语义辨析的方式对附加意义进行补充说明。同时，为了节约空间，并使语义结构清晰，新型汉英词典也可通过论元结构提示的方法来突显其语用附加意义。

(67) 【沉迷】<Vt> Sb be addicted to（drink, drugs）：她~于网络，不能自拔。She was deeply addicted to internet.

在"沉迷"的意义表征过程中[见例（67）]，语用标注（drink，drugs）暗示了对象的"贬义"内涵，并提示用户在使用过程中注意其附加意义。这种语用标注不仅明确显示了其搭配对象（drink，drugs），也含蓄地显示了其附加意义，因此不仅有利于全面表述目的语词的语义结构，而且对用户生成正确的句子意义重大。

语义辨析有利于对多个目的语词附加意义进行补充说明，此外，语义对比能帮助用户深化对同义词的语义加工，以此获得足够的可理解性输入，增强对目的语词的生成能力。

(68) 【沉迷】辨析：be addicted to 表示对酒、毒品等的着迷、喜爱。be infatuated with/by 指对某物痴情，常用比喻义。be indulged in 表尽情享受某物，中性词。be obsessed with/by 则强调对……的着迷，无任何原因。

如在"沉迷"的意义表征过程中，对比 4 个语块在内涵意义、情感意义方面的差异，将有助于用户形成正确的语义结构体系。

3. 网络图式

网络图式主要指意义表征中蕴涵的系统关系。在系统地说明释义中的词汇网络结构时，我们将通过丰富中观结构的方式，强化外部信息结构、宏观结构和微观结构之间的关联，以此来构建系统的框架网络结构。在纸质词典中，中观结构的建立可以依靠一些参见符号、注释、标引和相关说明等，将处于词典不同位置的相关信息连接起来（章宜华，2008）。立足于汉英学习词典的编纂实践，我们将整合各类表征成分，通过标注、提示、辨析、参见、例证等显性结构来描述表征过程中的事件-角色关系、值-事件关系、值-属性关系、联想关系、比较关系、同义/近义关系以及语用选择限制等。

(1) 事件-角色关系和值-事件关系

事件-角色关系主要描述的是语词的分布结构，而值-事件关系则主要表明特定事件中动词属性的 "X 值"，即肯定、确认、褒扬、贬抑的程度与范围（章宜华，2008）。事件-角色、值-事件、值-属性关系可以通过句法模式、搭配结构、语法提示和例证的形式来表现。对于事件-角色关系，汉英学习词典的多维释义模式将通过描写概念框架的整体图式来揭示各框架成分的角色，用完整的图式结构来补充中国学习者学习外语时的语境不足。如在例(69)中，编者可以通过两个框架来定义，并通过框架的完型表征功能实现对源语 "嫌恶" 的全息表征。一方面，"嫌恶" 作为 "体验" 框架的成员，在表征过程中凸显了框架内的主要元素，如体验者（people, animal）、体验过程（hate/detest/loathe/disgust）、体验内容（people, thing, behavior）。此外，该释义还通过框架描述的形式，显性再现了框架内各构成体之间的逻辑联系和语义关联，而对多个框架的对比分析则有利于用户明确对应词的论元分布结构，以及 ES 与 EO 的动态转换关系。

另一方面,该释义还通过语块的形式来丰富对应词的语义搭配结构,并通过句法结构描述、例证翔实阐述的方式,在词条微观语义结构中构建完型的语义框架结构。最后,辨析主要是对目的语词的值-事件关系进行对比分析,使用户更加明确其内涵意义和情感意义,有效避免了使用中的语用失误。

(69)　【嫌恶】<Vt>　① (people, animal) hate/detest/loathe/disgust (people, animal, thing, behavior). Sb hate/ detest/ loathe N; Sb be disgusted at/by/ with N: 全世界人民都~无耻之徒。All people around the world　hate the shameless person.　这名市长~追逐名利之徒。The mayor loathed fame and fortune seeker.　老板~他的不诚实。The boss was disgusted at his dishonest.　② (people, animal, thing, behavior) disgust (people, animal). Sb/Sth disgust Sb: 他的行为使每个人都~。His behavior disgusted everybody.

辨析: disgust 常指因为事物或所见所闻造成的强烈厌恶,讨厌。hate 憎恨,厌恶,强调“恨”。loathe 讨厌,嫌弃,不愿与之交往(无强烈厌恶感)。

(2) 比较关系、同义/近义关系

比较关系、同义/近义关系将通过标示出一组能与目的语词形成对比关系的词,来加强用户对框架模式和语义结构相同的词的对比分析,避免相似词汇之间的混淆和误用。在汉英学习词典多维释义模式中,构建比较关系、同义/近义关系的词汇网络,可通过在释义过程中提供源语同义/近义词或对目的语词进行同义辨析等方式进行。

1)在词目的源语释义中用同义词或反义词进行释义,以此建立词目之间的语义关联。如在例(70)中,编者对“看重”提供中文对应词“重视”,通过同义的语义关联,使用户能认识更多的同义或近义目的语词(如 attach importance to,pay attention to)以此增强二语习得效果。毕竟,通过同义/近义关系，源语词目不断拓展其信息表征体的宽度和深度，并与心理词库形成了多处交汇，从而延伸了信息接触面，进而形成多层面的信息启动节点。而信息启动点的扩延，有助于用户形成更丰富的语义网络体系，有利于提高记忆质量和储存效果。

(70)【看重】<Vt> ①(重视)Sb think highly of/value/set store by Sth：她一直都很~父母的忠告。She always values her parents′ advice. ②(高估)Sb overestimate Sth: 别把问题~了。Don′t overestimate seriousness of the problem.

(71)【重视】<Vt>(认为很重要)Sb attach importance to/pay attention to/think highly of Sth: 政府非常~农业现代化。The government attached importance to the modernization of agriculture.

2)通过辨析的方式，帮助用户建立同义/近义关系，以此增加对目的语词语义结构差异的认识。如在"嫌恶"中[见例(69)]，通过详细描述和对比分析，"disgust 常指因为事物或所见所闻造成的强烈厌恶，讨厌。hate 憎恨，厌恶，强调"恨"。loathe 讨厌，嫌弃，不愿与之交往(无强烈厌恶感)"，使用户了解它们之间的共性和差异性。

(3)联想关系

在汉英学习词典的多维释义过程中，编者可以通过建立相关词目的联想词场，帮助用户通过联想的方式进行信息查询，增强自主学习能力。基于汉英纸质词典容量的有限性和中国用户的现实需求，这种联想词场主要涉及相邻和相似联想等，并用灵活的手段融入表征成分内。如在例(72)中，编者通过联想在"迷"和"痴迷"之间建立语义关联，在不增加词典容量的情况下为读者提供了更多相关的二语词汇知识，以此不断增加读者的可理解性输入。事实上，通过建立联想词场，汉英学习词典的多维释义在语义相邻、相近的目的语词之间建立了一种隐性关联，并通过目的语词的搭桥功能将其组构成更大的目的语词汇群[如例(72)中的 confuse, crazy about, be infatuated/obsessed with/by]，最后发展成内容更丰富、结构更复杂的词汇关系网络。

(72)　【迷】<V> Sb be confused /crazy about N：这小孩对电脑游戏着~。The kid was crazy about the computer games. ⇨痴~；~恋

【痴迷】<V> Sb be infatuated/obsessed with/by Sth（多接贬义对象）：他对赌博很~。He was infatuated with gambling.

(4)语用选择限制

语用选择限制在内容上涉及语言环境、语言外部环境、语体和语域等方面。对于语用选择限制，汉英词典主要通过标注、提示说明和辨析的形式加以表现。语用选择限制在本质上也属于知识图式，对其结构特征和表征模式，前面也有详细阐述（见 6.2.1 节中的知识图式），这里不再赘述。

6.2.2　释义过程中交际模式的等值转换

双语词典的释义是以语义为核心，以语言交际功能为描述重点，具体表现为对源语交际模式的等值转换。根据汉英词典释义的相关理论综述和特征分析（见第 1、5 章）及实证调查（见第 2~4 章），我们认为在汉英学习词典交际模式的等值转换过程中，编者需要立足于框架转换和图式映射这两个方面进行系统构建（图 6-1）。

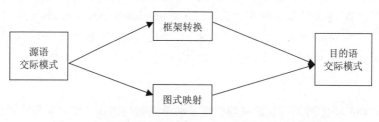

图 6-1　汉英学习词典多维释义中交际模式的等值转换

1. 框架转换的原型特征

框架的语义系统性有助于读者全面了解其语义结构，因此成为原型交际模式转换的有效手段之一。汉英学习词典的多维释义模式将通过原型框架映射的方式，在源语交际模式与目的语交际模式之间进行等值转换。而这种原型框架转换主要涉及三方面的内容：义项粒度的原型特征、对应词的原型特征和例证的原型特征。

（1）义项粒度的原型特征

在义项粒度方面，汉英学习词典的多维释义应参考单语词典，并结合权威语料库的研究成果，力争对源语语义的原型特征实现全息表征（胡文飞，2013）。在参考单语词典过程中，编者需要把握好继承力度。一方面，避免对单一蓝本的过度依存，防止汉英词典蜕变为某一汉语蓝本的"双解词典"。事实上，汉英词典的现状调查（2.3.1 节）表明，这种过度依存特征在当前的汉英词典编纂中非常普遍。如对于《现汉》和《新汉英》中的"决计"[见例（73）和例（74）]，两者不仅义项划分完全是中英对照，连例证也表现出高度相似性。然而，单语词典不同的编纂理念和服务对象使其义项设置和排列都可能不同于汉英词典，因此理应有所区别。另一方面，编者也要避免对单语词典的绝对排斥，毕竟双语词典的编纂也离不开对单语蓝本的继承。

（73）【决计】①动 拿定注意；决定：无论如何，我~明天就走。②副 表示肯定；一定：这样办~没错儿。　　　　《现汉》

（74）【决计】①（主意已定）have decided; have made up one's mind: 我~明天就走。I've decided to go tomorrow. ②（一定）definitely; certainly; ~不会错。It definitely can't go wrong.　　　　《新汉英》

如何确定源语词目的义项粒度，科学的方法应该是立足于多本单语蓝本词典，并参考权威语料库，力求科学、合理、有据。如在"预谋"的释义中，在所调查的 8 部汉英词典中，有 7 部（除《实用翻译》）都只设立了 1 个义项，且都是动词，《外文汉英》就是一个很好的代表[见例(75)]。究其原因，可能是《现汉》就只设立了一个义项[见例(76)]。

(75)　【预谋】　plan beforehand; prearrange　　《外文汉英》

(76)　【预谋】　动 做坏事之前有所谋划，特指做犯法的事之前
　　　　　有所谋划。　　　　　　　　　　　　　　　　《现语》

然而，通过检索北京大学现代汉语语料库（CCL 语料库）①，结果显示（表 6-2），在该词所收录的 354 个例句中，"预谋"的用法中涉及两类词：名词和动词。其中，9.3%的例句涉及的是名词用法（如"他没有想到我是军人，并没有产生从我身上捞取情报的念头和预谋"），而在 90.7%的动词用法中约89%的用法蕴涵贬义，但仍有1.7%的用法为中性用法（如"在成绩面前，公安机关的各级领导保持清醒的头脑，预谋良策，主动出击，积极提高驾驭治安局势的水平"）。

表 6-2　"预谋"在语料库中的用法归类

项目	动词		名词
	贬义	中性	
例句数目/个	315	6	33
占总数的比例/%	89	1.7	9.3

因此，汉英学习词典的多维释义将综合单语蓝本信息和语料库信息，将其划分为 3 个义项[见例(77)]，包括 2 个动词义项（包括贬义和中性用法）、1 个名词义项，以此更清晰、合理地表达源语词汇的义项

① 北京大学现代汉语语料库（http://ccl.pku.edu.cn:8080/ccl_corpus/）包括两个子库：现代汉语语料库和古代汉语语料库，共包含语料 4.77 亿字。

结构。

(77) 【预谋】<Vt>　Sth (illegal or bad) be premeditated（多用被动）：这个罪犯承认他是~杀人。The criminal confessed that the murder had been premeditated. Sb plan Sth beforehand/<u>in advance</u>：领导应及早发现问题，~良策并争取胜利。The leaders should discover the problems, plan a strategy beforehand and try to achieve success. <N> premeditation：日本侵略中国是个政治~。It's a political premeditation that Japan intruded China.

(2) 对应词的原型特征

就对应词的等值性而言，汉英词典的编者应使目的语词与源语词的原型语义结构尽量等值，防止其内涵意义、指称意义等出现偏离。然而，汉英词典的释义现状调查（2.3.2 节）表明，这种语义偏离也是常见的。所以，汉英学习词典的多维释义模式将从两方面来确保目的语词与源语词在原型语义结构上对等。

一方面，编者需要增强语言功底，深化对目的语词语义结构的全面了解，防止因语言水平、认识差异而导致的对目的语词语义结构的误解。如在 "苦" 的释义中，《外文汉英》和《新世纪》分别提供了例证 "苦雨"①及其翻译[见例（78）和例（79）]。然而，凭借母语使用者的语感并查阅 "苦雨" 的相关资料，我们发现以上两种释义都是值得商榷的。"苦雨" 的真正含义为 "久下成灾的雨"，源自《礼记·月令》中 "孟夏行秋令，则苦雨数来"。它既不强调 "雨量大"，也没有 "受苦" 之主观感受，是典型的性状描写，而非动作描述。因此，我们将更换目的语词，以 "continuous/incessant rain" 的原型特征（性状描述）来映射源语词的内涵本质。

---

① 该处选择 "苦雨"，主要是由于 "苦雨" 是心理动词 "苦" 的例证之一，尽管不同的词典对该例证的翻译仍存有争议。

(78) 【苦】　~雨　too much rain　　　　　　　《外文汉英》

(79) 【苦】　~雨　suffer from incessant rain　　《新世纪》

(80) 【苦】　~雨　the continuous/incessant rain

另一方面，控制对应词的数量。对应词的无限扩大势必会导致同义的泛化，进而使部分与源语词目不等值的对应词也被收入，形成假性语义等值。关于这点，本书在描述多维释义的原型原则(6.1.1 节)时有所涉及，这里不再详述。此外，用户需求调查表明(4.5.5 节)，中国用户在查阅过程中都比较务实，对大量的对应词汇并不感兴趣。

(3)例证的原型特征

在例证方面，汉英学习词典的多维释义将降低对单语蓝本的依存，从大型语料库中撷取通用性强、使用频率高的活语言。一方面，编者在继承单语蓝本的例证时需要从典型性、构词能力、时效性等方面加以权衡，力争收录经典、高频、生命力强的例证，并合理控制其继承比例。目的语词的生成能力和使用频率决定着例证的生命力，与释义质量间接相关。在对"思考"进行配例时[见例(82)]，《新汉英》继承了《现汉》的配例风格，只提供了两个短语例证。由于两个短语例证都只涉及"think"，且例句中缺乏对该词句法结构的完整再现，因此，用户对该释义中的对应词如何生成正确、得体的句子仍然心存疑虑，没有获得预期的查阅目标。而在多维释义中，我们将在提供短语例证的同时提供适当的句子例证，以此为用户提供正确的使用场景[见例(83)]。

(81) 【思考】动 进行比较深刻、周到的思维活动：独立~｜~
问题　　　　　　　　　　　　　　　　　　《现语》

(82) 【思考】 think deeply; ponder over; reflect on; deliberate: ~的一代　thinking generation; 独立~ think things out for oneself; think independently 《新汉英》

(83) 【思考】<V> Sb think deeply of/ reflect on/ ponder(over)Sth.: 独立~ think independently 你必须仔细~一下这个问题。You should reflect on/ponder(over) the problem. <N> consideration: 不加~ without due consideration 当地政府邀请了很多学者来发表他们对环境问题的~和见解。The local government invited many scholars to state their considerations and views about environment problem.

另一方面，汉英学习词典的编者也应综合利用权威语料库(如国家语委语料库、北京大学汉语语料库等)，从中提取精练、简洁、典型的活语料，并根据编纂宗旨、使用对象对这些进行适当改编。如在"思考"中，检索北京大学现代汉语语料库，我们发现它还可以作为名词，且使用频率也比较高，所以我们需要增加义项[见例(83)]，并从中选择了一个典型例证("当地政府邀请了很多学者来发表他们对环境问题的~和见解")，以此完善了该词的意义表征结构。

2. 图式映射的等值特征

多维释义模式(章宜华，2002；2005；2006a；2009；章宜华和雍和明，2007)认为，双语词典释义过程中的图式映射包括语言图式、知识图式和网络图式。在汉英学习词典的意义表征过程中，这种图式映射的等值特征在结构上以义项表征的形式存在，在内容上涉及对应词、标注体系、例证等。

1)对应词的等值特征主要涉及语义结构、语用功能和语法结构等方面。在语义结构方面，编者应确保源语词和目的语词在语义结构方面的最大限度等值，既要避免语义偏离，又要防止目的语对源语词目的语义扩延和缩小。在语法结构方面，编者应通过灵活的方式(包括等值表征、语法标注等)在时态结构、论元结构等方面实现等价映射(胡文飞，2013)。如在"明白"的对应词中[见例(84)]，《汉英辞典》的编者提供了"be aware of"，但由于源语"明白"可做"一价"和"二价"动词，所以我们需要将"be aware of"改变为"be aware(of)"①，这样才能实现等价映射[见例(85)]。

(84)　【明白】④know；understand, be aware of

《汉英辞典》

(85)　【明白】④Sb understand/realize/know/be aware(of)Sth

在语用功能方面，编者需要综合对比源语与目的语词的语用差异，在必要时通过语用标注的形式使两者在语用功能方面等值，避免语用功能的扩充和收缩。在例(86)中，《汉英 78》对"妄图"提供的是中性的"try in vain; vainly attempt"，也没有附加的语用说明。然而查阅《现汉》并检索北京大学汉语语料库，结果表明该词的所接对象多具有贬义特征。所以，多维释义将通过补全搭配对象(Sth bad or illegal)或语用提示(后接贬义特征的对象)的方式来突显这种语用限制[见例(87)]。

(86)　【妄图】try in vain; vainly attempt: ~打破一个缺口 vainly attempt to make a breach ~掩盖事实真相 try in vain to cover up the truth　　　　　　《汉英 78》

(87)　【妄图】<V> Sb try in vain/make a futile attempt to do Sth(bad or illegal)(接具有贬义特征的对象): ~报复 try in vain to take revenge　那个骗子~欺骗那名老妇人。That trickster made a futile attempt to cheat the old woman.

2)汉英词典例证的等值特征主要涉及语义特征、形式特征、语用特征和标记特征。词典的权威性及例证的翻译指导功能使编者必须明确例

---

① be aware (of) 表示括号中的 of 是可以省略的，这时 be aware 则构成"一价动词"，如：当父母给他仔细分析了当前的形势后，他终于明白了。Finally he was aware after his parents analyzed the current situation in detail.

证语义等值的重要性，所以在等值翻译中必须"尽量直译，适度意译"。（章宜华和雍和明，2007：311）然而对目前汉英词典现状的调查（2.3.2 节）表明，例证的等值特征也亟待提高。具体而言，汉英学习词典的多维释义将立足于以下几方面。在形式特征方面，编者在提供目的语翻译时应尽量保持源语句型结构，避免产生源语句和目的语句在句型结构上的不对等（如将主动句转换为被动句）。在例（88）中，源语例句"把话说明白"为典型的主动句，强调"动作性"，但在转换过程中被替换为被动句"The views are correctly understood"，且更强调"结果"。汉英词典的多维释义将竭力保证源语例证与目的语例证在句型结构上的对等，如例（89）中的"这名官员没有明白形势的严重性"完全等值于"The official failed to comprehend the seriousness of the situation."

(88) 【明白】④know; understand, be aware of: 双方把话说~。The views of each other are correctly understood by the other.　　　　　　　　　　　　　　《汉英辞典》

(89) 【明白】④Sb understand/see/realize/know/be aware (of) Sth: ~事理 know what's what?　这名官员没有~形势的严重性。The official failed to comprehend the seriousness of the situation.

语用特征的等值，其核心在于减少双语转换过程中源语句和目的语句在语场（field）、语旨（tenor）和语式（mode）等交际情景中的差异，尽量增加其等值度。关于标记特征，例证等值强调在例证翻译中尽量保持中心词的标记特征对等，避免在语码转换过程中产生标记特征的变易。如在对"理解"的释义中[见例（90）]，《汉英辞典》提供的对应词是动词，而且源语例证"这非我所能理解"反映的也是该词目的非标记性语义特征，在搭配结构上是非标记性的主谓结构（"我能理解"）。但在例证转换过程中，作者提供的是名词"understanding"，在搭配结构上也变换为标记性更强的偏正结构（"my understanding"），偏离了源语例证的结构特征。因此，汉英词典在多维释义中将减少这种例证，在例证翻译中尽量保持中心词的标记等值。如在例（91）中，"you're understanding what I am saying" 能更科学地反映源语词汇"你能理解我说的话"的非标记特征。

(90) 【理解】understand; comprehend: 这非我所能~。It passed my understanding.   《汉英辞典》

(91) 【理解】<V> Sb understand/comprehend/ <u>take in</u> Sth: 我希望你能~我说的话。I hope you're understanding what I am saying.
提示: take in 特指理解"听到或阅读到的东西"。

6.2.3　用户认知特征与释义成分的有机结合

在汉英学习词典的释义过程中，编者需要整合用户接受视野并顺应其认知心理，将用户认知特征与释义组构成分有机结合。具体而言，这种用户认知特征与释义组构成分的有机结合，体现在语义框架的多维映射和交际模式的等值转换中。

1. 语义框架多维映射过程中的用户考虑

在双语词典的多维释义过程中，编者需要对各种图式结构进行全面转换和映射。汉英学习词典的多维释义将从对应词、例证、标注体系和同义辨析等方面综合考虑用户的现实需求，并将用户的认知特征与释义成分有机结合。

1) 对应词的数量问题。数量准则意味着在表征过程中，编者应控制对应词的数量，以呈现语义结构、满足交际需要为准则。在对等词方面，结合调查结果（见 2.3.2 节）和用户对对应词的心理期盼（见 4.5.5 节），我们认为在对应词数量方面，编者应避免一味"求多求全"，而应以用户的实际需要为主。立足于认知心理学和信息加工的相关理论并综合用户的查阅需求，汉英学习词典在释义中将尽量把单一义项的对应词控制在 10 个以内，关于这一点，我们在论述对应词的原型原则(见 6.1.1 节)时已有阐述，这里不再赘述。

2)避免重复例证。在例证方面，编者应避免例证的重复，尽量合并、减少结构相同或相似的例证，删除那些在句法体系、搭配结构方面对目的语词无新增内容的例句。如在"看重"[见例(92)]中，我们可以将两个例证合并为"我~老师的忠告。I value the teacher's advice"[见例(93)]。

(92) 看重[– –]①~老师的忠告　value the teacher's advice
我~友谊。　I value friendship.　　　　　　《汉英辞典》

(93)【看重】①我~老师的忠告 I value the teacher's advice.

此外，对于那些语义、句法和搭配结构都比较复杂的对应词汇，应尽量配置例证，以此增强目的语词的可接受性和认知可及性。

3)标注体系的注意事项。在标注体系方面，鉴于语用标注内容复杂，并结合用户的客观需求(见 4.5.2 节)，汉英学习词典在多维释义过程中将用汉语简称对英语对应词进行语用标注。此外，对于词类标注和句法搭配，在充分尊重用户的习得现状(见 3.3.1 节)和心理期盼(见 4.5.3 节和 4.5.4 节)，并借鉴英、美词典界常规做法的基础上，我们将用英语对目的语的词类、句法模式、搭配结构进行标注。同时，在标注过程中，力争使标注形式和标注过程简洁、规范，可接受性强。最后，鉴于用户认知和记忆加工的经济性需求，以及词典空间的有限性，我们将对语法、语义标注进行合并与范畴化归类[见例(94)]。当然，合并与归类的前提是确保表征模式内容完整、结构清晰。

(94)【陶醉】 <V> ①Sb be carried away/enchanted(by Sth); be intoxicated with Sth: 他的表演使我们~了。We were enchanted by his performance. 他有点自我~了。

He was a little intoxicated with self-satisfaction. ②Sb reel in Sth/doing Sth: 这只军队正~于胜利。The army was reveling in their victory.

4)同义辨析和提示说明。汉英学习词典的多维释义模式在表征过程中应重视同义词的辨析，防止用户对目的语的"同义泛化"，但鉴于词典空间的有限性，编者应合理控制其数量和篇幅，但不能回避重点。

2. 对交际模式进行等值转换中的用户考虑

对当前汉英词典的抽样调查(见 2.3.2 节)表明，部分语词在交际模式的转换中出现了意义的偏离或流损，因此汉英学习词典的多维释义模式将强化交际过程中的等值转换。由于用户是词典的服务对象，因此在对交际模式进行等值转换过程中必须兼顾用户的认知特征，并将用户的认知特征与释义成分有机结合。

1)编者在选取对应词和例证时应顺应用户对原型的记忆优势特征。立足于交际模式的原型特征，汉英学习词典的多维释义将提供原型对等词的原型用法，数量不必过多，且尽量提供 1~2 句蕴涵动词最大句法结构的整句例证[见例(95)]。而对于非原型用法，可通过短语例证方式来丰富表达形式。

2)对应词和例证的排列应顺应人类的认知顺序。总体而言，其排列应遵照从原型向外边缘扩展的基本准则，即越接近源语语义结构的对应词，其位置应越靠前。同时，在语义等值情况下，对应词应按使用频率从高到低排列。

(95)　【沉迷】<V>　①Sb be addicted to Sth/doing; Sb be infatuated / obsessed　with/by Sth: <贬> 他~于酒色之中。He was addicted to /infatuated with/ obsessed with drinking and womanizing. ②Sb indulge/be indulged in Sth/ doing: 年轻人不应该~于吃喝玩乐。The youth should not be indulged in eating, drinking and merry-making. ~于幻想 indulge in fantasy

3)加强各表征体内部的关联性，以此形成可理解性输入，从用户的角度增加词汇习得效果。心理词库在人的大脑中是以语义网络的形式储存的，而强化汉英词典释义系统内部各构成体之间的语义关联，有利于扩大意义表征的信息接口，并与用户大脑的先备知识有效关联，从而有利于增强习得效果。汉英学习词典的多维释义模式客观上要求表征成分相互关联，强调构成体之间的协作与融合。

一方面，强化同一义项内对应词与例证之间的相关性。例证是释义的延续和完善，是抽象意义表征的具体化。因此，从根本上讲，例证应该在语义和词类功能两方面映射特定对应词的结构和用法，所以汉英学习词典的多维释义模式强调对应词和例证之间在语义和功能等方面的关联性和协作性，防止出现例证和对应词脱节。关于这一点，本书在前面已经有所涉及(见 6.1.5 节)，这里不再赘述。

另一方面，丰富例证与源语词目之间的参见结构。在大、中型语文词典中，部分源语例证与词目之间可能出现重复，所以需要丰富中观结构，并完善表征成分之间的关系网络(具体见 6.2.1 节)，以及蕴涵于表征结构成分内部的参见结构。这样，既能增强词目与例证之间的关联性，使词典内部结构更为紧凑，也能增强用户习得效果。

6.3 小　结

第 2~4 章的调查分析为系统构建汉英学习词典的多维释义模式提供了依据和准则。释义现状调查为构建多维表征模式提供了现实依据，习得机制探悉为它提供了内在动因，而查阅现状分析则提供了客观准则。第 5 章的理论阐述则为构建多维表征模式提供了理论基础。在此基础上，我们构建了汉英学习词典的多维释义模式：

　　首先，汉英学习词典的多维释义应立足于原型原则、完型原则、整合原则、顺应原则和关联原则。

　　其次，汉英学习词典的多维释义在结构上包括：对汉语词目语义框架的多维映射（包括语言图式、知识图式和网络图式）；强化释义过程中交际模式的等值转换（包括原型特征、等值特征和交际特征）；用户认知特征与释义成分的有机结合。

第 7 章

汉英词典多维释义模式对中国 EFL 学生英语生成能力的影响

7.1 研究概述

传统的词典用户研究，在本质上是一种基于逻辑关系的理性思辨，所以内省式的研究范式占主导。然而，诱导实验法也是词典学研究的基本方法之一，它与问卷调查和直接观察同为词典学研究的三大研究方法（Hartmann，1987）。由此可见，词典学需要一些实证研究，用定量的方法对用户进行综合描述，如国外的相关研究（Herbst，1996；Wajnryb，1997）。

供中国用户使用的汉外词典，通常应该是"积极型"的，因为"它的使命就是帮助用户以母语的语言单位作为检索标志，了解采用外语中什么样的对应手段来表达自己的思想"（黄建华，1987：96）。从词典功能的角度看，积极型词典（包括汉英词典）应为用户提供两类知识：认知类知识（cognitive knowledge）和交际类知识（communicative knowledge），而后者建立在前者基础上（Tarp，2008）。换言之，对后者的测试在本质上也包括了对前者的考察。所以，在对中国学习者的需求分析中，我们将主要立足于对其交际类知识（它外在地表现为词汇生成能力）的分析。

在词汇知识维度划分中，Laufer(1998)将词汇知识划分为理解性词汇知识(receptive vocabulary knowledge，RVK)、控制型生成性词汇知识(controlled productive vocabulary knowledge, CPVK)和自由型生成性词汇知识(free productive vocabulary knowledge, FPVK)。Meara(1996)区分了 RVK、CPVK 和 FPVK，并提出它们具有非对称性，PVK 的习得过程常常先于 CPVK 和 FPVK。Melka(1997)系统对比并区分了以上三种词汇知识，并将词汇习得过程分为四个中间阶段(intermediary phase)：imitation and /or reproduction without assimilation，comprehension，reproduction with assimilation 和 production。而 Waring(1999)和 Henriksen(1999)则坚信理解性词汇和生成性词汇的发展是个连续的过程。对于 RVK、CPVK 和 FPVK 知识的测试，Waring(1999)对比了四种测试模式，即 multiple-choice, translation, oral or written production 和 illustration way，并提供了相关的实证研究。所有这些研究成果，不仅使我们对词汇知识的层级关系和连续体特征有了深入的了解，也在测试手段上为我们提供了参考，所以本书将延续他们对词汇知识的范畴分类，从 FPVK 和 CPVK 两方面分析汉英词典心理动词释义模式对中国 EFL 学生英语生成能力的影响。

7.1.1　研究对象和问题

从汉英词典心理动词释义现状调查(见第 2 章)我们不难看出：主流的汉英词典释义模式表现出一定的共性，但更多表现的是相对的差异性。本章将立足于这种差异性，以心理动词为研究对象，通过诱导实验来客观验证汉英学习词典的多维释义模式对用户生成能力的影响，力争在真正意义上实现"以用户为中心"的研究范式的转向。

本研究的对象为广东××大学英语专业 2008 级本科学生。一方面，全部受试(98 人)来自 3 个自然班，都是英语专业且都拥有共同的母语背景，都有 8~9 年的英语学习经历，因此该研究对象具有广泛的代表性。

另一方面，全部受试的英语成绩都处于中上等水平（他们都通过高考和口语考试），并根据高考成绩（高、低分兼顾）随机统一编入 3 个平行班，因此英语水平在总体上非常接近或相似。在实验中，有 5 人没有参加生成性词汇知识测试，所以最终进入统计的有效受试为 93 人。

本研究主要从实证的角度考察释义模式（在深度和广度上具有显著差异）与中国学习者的英语生成能力（控制型生成能力和自由型生成能力）的关系。本研究旨在回答下列问题：

1）同等条件下，不同的释义模式是否会影响中国用户的英语生成能力？

2）同等条件下，汉英学习词典的多维释义模式是否能更好地满足学生英语的生成性需求？

3）受试的控制型生成性词汇知识和自由型生成性词汇知识是否随着释义模式的变化而呈动态变化？这种变化有何特征？

7.1.2　测试工具

本研究的测试工具包括两类：基础英语测试题（用于英语水平测试）和释义效果测试题（测试释义模式与学习者生成能力的关系）。

1. 基础英语测试题

基础英语测试题包括主观题和客观题，该题是在参考同类院校试题结构的基础上综合多名教师集体智慧制作而成的，因此信度和效度都较高。

2. 释义效果测试题

释义效果测试题包括单项选择和自由造句。在本研究中，我们将从60 个心理动词（见 2.3.1 节）中，根据语义、类别、句法、认知、功能等特征，通过分层抽样从中选择 10 个构成题干和释义对象。分层抽样既有代表性又有针对性，所以非常实用。此外，为了防止学生在句子生成过程中受原有词汇知识的干扰，所提供的英文对等词都采用"造词法"进行改编(将对等词开始两个字母和最后两字母合成新词，如 addicted 则改写为 aded)，使其以"生词"的形式出现。同时，为了防止学生对相邻相近的词产生联想，进而影响查阅质量，我们对部分改写后的词进行了再组合、再改造(如将 guess 改写为 guss，再改编为 guee)，以确保对等词对所有受试都是陌生的，并在结构上接近英语单词。这样能使控制变量(用户的原有词汇知识)中立化，从而减少对自变量(释义模式)和因变量(用户生成能力)的影响。

单项选择(共 5 题)。单项选择主要用于测试用户的控制型生成性词汇知识，它要求测试者根据句子的中文意义，从 4 个被选项中选出最适合的释义(具体见附录 C1、附录 C2 和附录 C3)。每题选择正确得 2 分。对于 3 组同一英语水平的测试者，选择题的题干相同，但备选项(释义模式)在广度和深度上具有典型差异。实验 1 班、2 班所提供的释义模式(包括对等词和例句)全部来自实验中的 8 部汉英词典①，并按照释义内容和层次划分为两类(1 班只提供对等词，2 班提供对等词和例证，具体见附录 C1 和附录 C2)。实验 3 班的释义模式(见附录 C3)立足于"汉英学习词典的多维释义模式"并采用选择题的形式，在广度上包括了词类标注、句法标注、语用标注、对应表达、例证说明、同义辨析等，在深度上强化释义的原型特征、等值特征和交际特征。

自由造句(共 5 题)。自由造句主要用于测试用户的自由型生成性词汇知识，它要求学生从提供的 4 个英文对等词中选择一个进行造句(具体见附录 C1、附录 C2 和附录 C3)。对于三组同一水平的测试者，相同的英文单词，不同结构的释义模式(与单项选择类似，具体见附录 C1、附录 C2 和附录 C3)。评分标准是：满分 2 分，动词语法正确 1 分(如词类、

① 为了更好地控制测试对象(以确保他们在测试过程中都参阅了词条内容)，并利于数据统计，本研究将对应词和例证用 A、B、C、D 的形式进行编排，所以在表面上与现实的词典词条略有差异，但内容与真实的词典完全一致。

搭配），动词语义正确 1 分（如语用、语体是否恰当）。同时，为了评分的客观、公正，将综合两名评分人的结果，取平均分。

7.1.3 测试过程

本研究包括前期测试和规模测试。前期测试主要测试学生的英语基础水平，我们在同一时间用相同的试题（基础英语考题）对 3 个自然班的学生进行英语水平测试，以验证所有测试小组是否处于同一英语水平，为规模测试提供前提条件。在规模测试中，我们将为测试者提供相同的试题（包括选择题和自由造句）和不同的心理动词释义模式（见附录 C1、附录 C2 和附录 C3）。所有受试在同一时间接受测试，并在 20 分钟内完成实验。所有数据将通过 SPSS 进行组间单因素方差分析，以验证其差异性和显著性。

在统计内容上，我们主要通过描述性统计、方差齐性检验（test of homogeneity of variance）和组间单因素方差分析（one way ANOVA）进行组间差异比较。在以上 3 项内容中，方差齐性检验是组间单因素方差分析的必备前提，因为进行方差分析就是假定各组数据的方差整齐。

7.2 英语水平的组间差异对比

在测试中，虽然所有受试均来自英语水平相近的 3 个自然班，但为了确保 3 个测试组在整体上处于同一英语水平，我们再次对 3 个实验班进行英语水平组间差异对比，因为只有确保实验组（3 班）和对照组（1、2 班）处于同一水平，我们的实验才能进行深入分析。

由于所有受试均来自总体呈正态分布的中国英语专业学习者，且各组之间方差具有同质特征（$p=0.113$），所以我们可以通过组间单因素方差分析来检验各组之间在英语水平方面的差异性。在本实验中，我们对 3 个组进行零假设，即假定各组之间的英语水平无差异。

表 7-1 表明，对 3 个组进行英语水平组间单因素方差分析时，$F_{(1,179)}=1.190$，显著值 ($p =0.309$) 远远大于 0.05，因此接受零假设，也就是说 3 个组的英语水平在 0.05 的水平上没有显著差异。换言之，所有 3 个组的受试处于同一英语水平，组与组间没有显著差异。

表 7-1　英语水平的组间单因素方差分析表

			平方和	自由度	均方	F 值	P 值
组内			184.074	2	92.037	1.190	0.309
	线性项	未加权	1.314	1	1.314	0.017	0.897
		加权	1.033	1	1.033	0.013	0.908
		离差	183.042	1	183.042	2.367	0.127
组间			6959.539	90	77.328		
总和			7143.613	92			

7.3　英语生成能力的组间对比

词汇知识体系是个复杂的、多层次的系统，而对积极性词汇知识的深入分类使我们明确，要实现对特定用户英语生成能力的描写，必须立足于研究视角的多元化取向。所以，在对各组受试进行英语生成能力对比时，本节拟从静态描写和动态对比两方面进行分析。静态描写主要立足于受试整体输出水平、控制型生成性词汇知识、自由型生成性词汇知识等 3 方面进行系统分析，并通过描述性统计、方差齐性检验和组间单因素方差分析进行组间差异比较。对于动态对比，我们将对比分析 3 个组在生成性词汇知识方面的发展规律，以此更全面地描写其发展模式。

7.3.1　生成性词汇知识的整体分析

1. 描述性统计

　　各项描述性数据（表 7-2）表明，各受试组的生成性词汇知识表现出以下特征：

表 7-2　生成性词汇知识的描述统计表

	数量	均值	标准差	标注误	95%均值的置倍区间		最小值	最大值
					下限	上限		
1.00	30	7.783 3	2.032 85	0.371 15	7.024 3	8.542 4	4.00	12.00
2.00	32	12.687 5	2.770 09	0.489 69	11.688 8	13.686 2	4.00	19.00
3.00	31	17.032 3	2.810 50	0.504 78	16.001 4	18.063 2	9.00	20.00
总值	93	12.553 8	4.544 14	0.471 21	11.617 9	13.489 6	4.00	20.00

　　1）就均值而言，在 1 组、2 组、3 组之间，英语生成能力的均值呈现逐级上升的趋势，实验 3 组的成绩（17.0323）远远高于对照 2 组（12.6875）和 1 组（7.7833）。在总分 20 分的前提下，这种均值的差异性已经非常明显。

　　2）各实验组之间的标准差在总体上差异较小（分别为 2.032 85、2.770 09 和 2.810 50），由此可见它们的离散度也非常接近，都比较低。

2. 组间单因素方差分析

　　3 个组整体成绩之间的同质性显著值（$p = 0.485$）表明各实验组的方差在 0.05 的水平上没有显著差异，即各组的方差是同质的、整齐的。这种高度的同质性表明，在各组间进行单因素方差分析是科学的，也是可行的。

在本实验中，我们将对 3 个组进行零假设，即假定 3 个组的英语总体生成能力无显著差异。当我们对各实验组的英语生成能力进行组间单因素方差分析时，结果表明：$F(2,90)=98.753$，显著值（$p=0.000$）远远小于 0.05，因此否定零假设，也就是说 3 个组的英语整体生成能力在 0.05 的水平上具有显著差异。简言之，实验组和控制组之间在英语的整体生成能力方面有显著差异。综合描述性统计的相关数据，结果表明实验组（基于多维释义模式）的成绩远高于控制组（基于传统释义模式），且差异非常显著。

7.3.2 控制型生成性词汇知识的组间差异对比

1. 描述性统计

受试各项统计数据（表 7-3）表明，各组的控制型生成性词汇知识具有以下特征：

表 7-3 控制型生成性词汇知识的描述统计表

	数量	均值	标准差	标注误	95%均值的置信区间		最小值	最大值
					下限	上限		
1.00	30	4.600 0	1.499 43	0.273 76	4.040 1	5.159 9	2.00	6.00
2.00	32	7.125 0	1.601 41	0.283 09	6.547 6	7.702 4	4.00	10.00
3.00	31	8.903 2	1.535 25	0.275 74	8.340 1	9.466 4	6.00	10.00
总值	93	6.903 2	2.331 56	0.241 77	6.423 0	7.383 4	2.00	10.00

1）就均值而言，在 1、2、3 组之间，英语生成能力的均值呈现逐级上升的趋势，实验组（3 组）的成绩（8.9032）高于 2 组（7.1250）和 1 组（4.6000）。由此可见，这种组间的均值差异性已经比较

明显。

2)各组之间的标准差在总体上差异较小(分别为1.499 43、1.601 41和1.535 25)，由此可见它们的离散度非常接近，都比较低，总体数据基本呈正态分布。

2. 组间单因素方差分析

组间单因素方差分析的前提是各测试组的数据具有同质性。在控制型生成性词汇知识方面，3个组成绩之间的同质性显著值(p =0.959)表明各组的方差在0.05的水平上没有显著差异，即3个组的方差是同质的、整齐的，因此可以进行组间差异对比。

在组间单因素方差分析中，我们首先对3个组进行零假设，即假定3个组在控制型生成性词汇知识方面无显著差异。实验组和控制组的组间单因素方差分析显示，$F(2,90)$=59.479，显著值(p =0.000)远远小于0.05，因此否定零假设，也就是说3组受试的控制型生成性词汇能力在0.05的水平上具有显著差异。结合其描述性统计结果(表7-3)，我们可以初步断定，实验组(基于多维释义模式)的成绩远高于控制组(基于传统释义模式)，且差异非常显著。

7.3.3 自由型生成性词汇知识的组间差异对比

1. 描述性统计

受试各项统计数据(表7-4)表明，各实验组的自由型生成性词汇知识具有以下特征：

1)就均值而言，在1组、2组、3组之间，英语生成能力的均值呈现逐级上升的趋势，实验组(3组)的成绩(8.1290)远远高于对照2组(5.5625)和对照1组(3.1833)。在总分只有10分的前提下，这种差异性已经非常明显了。

表 7-4　自由型生成性词汇知识的描述统计表

	数量	均值	标准差	标注误	95%均值的置信区间		最小值	最大值
					下限	上限		
1.00	30	3.183 3	1.453 20	0.265 32	2.640 7	3.726 0	0.00	6.00
2.00	32	5.562 5	1.874 06	0.331 29	4.886 8	6.238 2	0.00	9.00
3.00	31	8.129 0	1.565 08	0.281 10	7.555 0	8.703 1	3.00	10.00
总值	93	5.650 5	2.589 47	0.268 52	5.117 2	6.183 8	0.00	10.00

2）各组之间的标准差在总体上差异较小（分别为 1 组的 1.453 20、2 组的 1.874 06 和 3 组的 1.565 08），由此可见它们的离散度非常接近，都比较低，总体都呈正态分布。

2. 组间单因素方差分析

在自由型生成性词汇知识方面，3 个组成绩之间的同质性显著值（$p=0.224$）表明各实验组的方差在 0.05 的水平上没有显著差异，即各实验组的方差是同质的、整齐的。因此可见，3 个组之间可以进行组间单因素方差分析。

在进行单因素方差分析时，我们首先对 3 个组进行零假设，即认为实验组（3 组）和对照组（1 组、2 组）之间在自由型生成性词汇知识方面无差异。当我们对各组进行组间单因素方差分析时，统计结果显示 $F(2,90)=69.958$，显著值（$p=0.000$）远远小于 0.05，因此否定零假设，也就是说 3 个组自由型生成性词汇的整体生成能力在 0.05 的水平上差异显著。结合其描述性统计结果（表 7-4），我们可以断言，实验组在自由型生成性词汇知识方面的输出能力远远高于控制组，且差异显著。

7.3.4 控制型生成性词汇知识与自由型生成性词汇知识的 动态对比

图 7-1 表明，控制型生成性词汇知识与自由型生成性词汇知识的均值表现出以下特征：

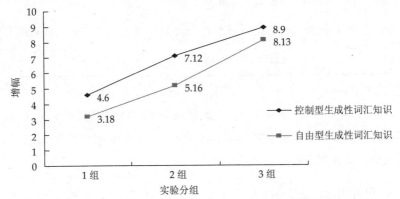

图 7-1　控制型生成性词汇与自由型生成性词汇知识的均值对比

1) 在所有 3 个组中，控制型生成性词汇知识的均值总是高于自由型生成性词汇知识。如图 7-1 所示，控制型生成性词汇知识的均值分别为 4.6、7.12 和 8.9，高于同等条件下自由型生成性词汇知识的 3.18、5.16 和 8.13。

2) 从 1 组到 2、3 组，两种生成性词汇知识都呈现不断上升趋势，虽然上升幅度略有差异。图 7-1 显示，在控制型生成性词汇知识中，从 1 组到 2 组的增幅(约 2.52)远远高于从 2 组到 3 组的增幅(约为 1.78)。而在自由型生成性词汇知识方面，从 1 组到 2 组的增幅(约 1.98)远低于从实验 2 组到 3 组的增幅(2.97)。总体而言，从 1 到 3 组，自由型生成性词汇的增幅(4.95)远大于控制型生成性词汇的增幅(4.3)。

3) 控制型生成性词汇知识与自由型生成性词汇知识的差异处于动态变化中。图 7-1 表明：在 1 组中，两种词汇知识的差异为 1.42，但这种差异在实验 2 组中剧增为 1.96，到了实验 3 组，这种差异又急剧缩短，降低为 0.77。

7.4 结果与讨论

通过以上实证研究我们发现：汉英学习词典的多维释义模式能更好地满足学生的输出需求，更有利于提高学生的词汇生成能力；控制型生成性词汇知识和自由型生成性词汇知识随着释义模式的变化而呈现动态变化。

7.4.1 汉英学习词典的多维释义模式能更好地满足学生的输出需求

通过提供不同释义模式，并对相同水平的中国用户的生成能力进行组间差异对比（见表 7-2、表 7-3 和表 7-4），我们发现在汉英学习词典的多维释义模式下，用户对特定词汇的生成能力更强，因为后者的均值（无论是控制型生成性词汇还是自由型生成性词汇知识）都远远高于对照组。此外，这种差异性在统计学意义上极具显著性，可见这种差异是很大的。换言之，汉英学习词典的多维释义模式能更好地满足学生的输出需求。

1. 汉英学习词典的多维释义模式符合词汇组织的系统性表征需求

一方面，语言是系统的。无论是结构主义的"二元对立"、形式语言学的"规则系统"、功能语言学的"元功能划分"还是认知语言学"完型特征"，无不预设着"语言是系统的"这样一个基本前提。因此，作为语言底座的词汇，其系统性是自明的。而这种系统性客观上要求对词义进行多维表征，因为双语词典（包括汉英词典）应该能满足词典使用者旨在培养词汇能力的词汇系统信息的认知需求（魏向清，2005b：7）。而汉英学习词典的多维释义模式则强调对源语词的系统表征，将释义看做是对各图式结构（包括语言图式、知识图式和网络图式）的多维映射和对交际模式的等值转换，因此从根本上顺应了词汇组织的系统性表征需求。

另一方面，多维表征也顺应了词汇网络特征的客观要求。语言的词汇在大脑中是以形式多样的多维网络关系（multi-dimensional network）的方式存在的（Moe，2004：55）。词汇的网络特征要求词典的语义表征必须围绕其系统意义（sense）和外指意义（reference）。

2. 汉英学习词典的多维释义模式符合词典表征的功能性需求

就功能而言，词典所提供的信息主要用于增强用户的认知功能（cognitive function，即增加用户的语言知识）和交际功能（communicative function，即解决交际问题）（Tarp，2008：132）。汉英词典的多维释义模式在本质上更能满足这种多元的功能性需求。一方面，汉英学习词典的多维释义模式描写了对应词的形态结构、词类标注等（具体见表6-1），这种基于静态语言知识的描写能增强用户对对应词认知功能的了解。另一方面，汉英学习词典的多维释义模式还完善了句法结构、语用结构、系统关系等极具启发和推演本质的表征系统，这种对隐性、动态知识的探悉能增强用户对词汇的驾驭能力，进而提高其交际能力和语言使用的得体性。

3. 汉英学习词典的多维释义模式符合用户的二语词汇的习得机制

汉英学习词典的多维释义模式的构建建立在对规模用户群体习得机制分析的基础上，因此实践意义较强，更有利于用户的正确使用。

1）它符合用户对二语词汇习得的渐进性需求。传统对应词的离散性、意义表征的不完整性极大地挫伤了用户的积极性，而多维释义模式通过对语词语义结构的完型表征、极力突显意义内核等方式，增加了用户的可理解性输入，大大调动了用户的积极性。随着用户查阅兴趣和频率的提高，其二语词汇水平将呈渐进发展趋势，因为查阅词典也是一种有效的学习途径和手段，有利于词汇知识的发展和输出能力的提高。

2) 它对语词标记性特征的突显增强了用户的习得效果。无论是标记性注释还是补充说明，都是对特定语义结构形式的突显，因此有利于记忆加工。首先，句法标注的形式有效地突显了二语词汇的论元结构特征，而例证则以具体、明确的形式来补全其交际场景，因此实现了对语词论元结构的完型表征，有利于用户的长久记忆，毕竟，完整、关联性较强的整体，比杂乱、离散的个体更容易储存(胡文飞和章宜华，2011b)。其次，汉英学习词典的多维释义模式通过标注体系(包括词类、语用等)和补充说明(如同义辨析、用法提示等)等方式，来完善语义表征结构。标注的简洁性和补充说明的系统性不仅能补全其语义表征，还通过意义整合的途径，帮助用户了解特定语词的标记性语义特征，以及相同语义域内对应词汇的区别性特征，因此从输入角度有效地强化了用户的习得效果，防止生成过程中的"同义泛化"，所以输出能力更强。

3) 它能帮助用户降低母语负迁移的影响。母语负迁移是中国学习者在二语学习中所面临的难题之一。通过对中国用户常见错误的分析归类，汉英学习词典的多维释义模式采用"用法标注"、"提示说明"和"同义辨析"等方式将这些错误融入到词典的意义表征过程中。一方面，它以突显的方式从输入的角度提醒用户留心那些容易受母语影响的语法、语义结构，以此有效刺激用户的记忆，帮助用户减少这种负迁移的影响，增强输出的正确性和得体性。另一方面，由于这些提示都来自现实的、可靠的活语料，因此科学性和接受性更强，也容易被用户所接受和掌握，通过潜移默化成为词汇能力的一部分。

4. 汉英学习词典的多维释义模式顺应了用户的生成性需求

用户的生成性需求围绕人类的生成技能，在内容上包括说、写，以及一语到二语(L1 to L2)的翻译等(Rundell，1999：36)。一方面，中国用户对汉英词典内容的追求更趋多元化(多数用户希望获得对应词的搭配结构、句法模式，并希望增加词类标注、用法标注、同义辨析等内容，具体见 4.5 节）。汉英词典多维释义模式的多维表征取向从根本上顺应了这种多元化需求，因为其本质在于"多角度地揭示语词的各种意义属性，并在微观结构中建立系统语义网络"（章宜华和雍和明，2007：292）。另一方面，中国用户对汉英词典表征模式的期盼更趋理性。在词典编纂中，编者总是在收录内容与可及性之间寻求一个最佳切入点，事实上，这种动态、理性的词典评价体系已经逐渐被用户所接受。其结果是，用户对汉英词典语义表征介质、释义内容、改进模式的期盼更为理性，参与意识更强。简言之，汉英学习词典的多维释义模式是在充分尊重用户选择（具体见 4.3 节）并切实考虑编者操作可行性（见 6.2 节）基础上融贯、整合而成的，因此认知可及性更强，更能顺应用户的生成性需求。

7.4.2　中国用户生成性词汇知识的动态特征

静态的描写主要在于突显汉英学习词典的多维释义模式的优势和长处，而动态对比两种生成性词汇知识在 3 组用户中的发展模式，则间接反映词汇知识的发展潜势，以及不同释义模式的表征效果。

1. 用户的控制型生成性词汇知识高于自由型生成性词汇知识

关于这一点，我们从图 7-1 中很容易看出。出现这种情况，原因是多方面的。一方面，从认知过程来看，学习者对二语词汇的习得是渐进的，对控制型生成性词汇知识的习得往往先于自由型生成性词汇知识。事实上，这也符合多数学者（Nation，1990；Melka，1997；Henriksen，1999；Laufer and Nation，1999；Waring，1999；2004）对词汇知识的类型划分以及对其发展模式的分析。另一方面，从教育模式来看，应试教育使中国学习者对外语词汇知识的掌握重理解、轻产出。中国学生背词汇是为临时对付考试，并非为了学词汇，学得快，忘得也快（桂诗春，2005）。其结果是，多数中国学生（包括英语专业学生）词汇自由生成能力都极低。对他们而言，多数二语词汇都处于理解层次（能认识）或控制型输出层次（能判断选择），而非自由型输出层次（自由使用）。

2. 用户的词汇生成能力随着表征模式的丰富而迅速提高

中国用户的词汇（包括控制型和自由型生成性词汇）输出能力随着表征模式的丰富（从实验 1 组到 3 组）而迅速提高。这种变化趋势在图 7-1 中表现得非常明显，这再次证明单独提供对应词是无法满足用户的英语输出需求的，而多维释义能在很大程度上弥补这种不足。一方面，多维释义以"完型"表征模式全面突显了对应词汇的认知和交际语境。完型结构强调整体性和综合性，秉信"整体大于部分之和"（王寅，2007：64）。而多维释义在本质上是对这种完型表征模式的发展和运用，其形态结构、语义结构、语用结构等表征模式，是多维释义直观、显性的表现形式，而对概念框架的描述则是以隐性、背景化模式来概括对应词汇的交际语境。意义的关联性意味着必须把它放在整体概念框架中来描写（章宜华和雍和明，2007：291）。另一方面，多维释义以"相融性"（lexical compatibility）结构模式再现了对应词汇的系统网络结构。词汇"相融性"主要通过横组合（syntagmatic）和纵聚合（paradigmatic）关系揭示了词汇的系统结构（Piotrowski，1990）。在汉英词典中，多维释义模式将这种词汇相融性具体为聚合中的句法结构归类、同义词汇辨析及组合关系中的搭配模式等。通过对这种暗含组合、聚合规则的词汇相融性特征的描写，编者能更好地再现对等词的系统网络结构，因为"释义应投射出词项的分布结构和词与词之间的语义聚合关系，用有限的语词生成无限多的文本-意义关系对"（章宜华和雍和明，2007：291）。

3. 汉英学习词典的多维释义模式对不同词汇知识的增强效果表现出差异性

汉英学习词典的多维释义模式对自由型生成性词汇知识的增强效果好于控制型生成性词汇知识。这一点我们从图 7-1 中可以看出（具体见

7.3.2 节)，而原因是多方面的。

首先，从信息加工角度来看，前期的信息输入(input)对后期语言的生成意义重大，因为它能为词汇的自由输出提供模仿和自我监控。相比传统的"对应词"释义，汉英学习词典的多维释义模式增加了句法结构、框架结构、例证结构、网络图式，这种多维表征结构丰富了语言输入，使用户在自由输出过程中的模仿对象更加多样化。此外，句法结构、语用结构还为用户在自由输出过程中提供了"自我监控"的镜像，帮助用户根据特定情景调整自己的表征模式。而控制型生成性词汇知识主要涉及知识的提取和选择，其本质是一种信息的存取和组织，其加工成分不多，且内核成分比较固定，张力不足。换言之，相对于传统释义模式，多维释义模式在控制型生成性词汇的信息量上增加不多，因此多数受试的控制型生成性词汇知识的增长效果不如自由型生成性词汇知识显著。

其次，汉英学习词典的多维释义模式在本质上更强调自由型生成性词汇知识。多维释义模式认为"词典释义应该反映原型的交际模式，双语词典的译义就是对原型交际模式的转换"(章宜华和雍和明，2007：297)。这种以交际模式为核心的释义本质能为用户提供更多的积极性词汇知识，所以更有利于提高用户的自由生成能力。

4. 控制型和自由型生成性词汇之间的差异是动态的

各组控制型和自由型生成性词汇之间的差异处于动态变化中，而汉英学习词典的多维释义模式能将这种差异压缩到最小。从图 7-1 我们可以看出，多维释义模式在使受试的积极性词汇整体水平急剧提升的同时，有效地缩小了受试在控制型生成性词汇知识与自由型生成性词汇知识间的差异。

第一，就二语词汇的习得过程而言，各种词汇知识(包括控制型生成性词汇和自由型生成性词汇)处于动态变化之中，它随着学习者输入知识的变化而变化。由于两者的动态发展处于非对称状态(Clark，1993；Meara，

1996)，因此这种非同步的变化必然促使两者之间的差异发生改变。

第二，由于传统释义模式(实验 1 组和 2 组)以"提供对应词"为释义核心，因此在表征模式上偏向于描述控制型生成性词汇知识，因此对自由型生成性词汇知识涉及不多。而汉英学习词典的多维释义模式不仅继承了传统释义的优点，还提供了句法描述、框架结构、搭配结构等，有利于增强用户的自由输出能力，并有效缩小了控制型生成性词汇知识和自由型生成性词汇知识间的差异。

7.5 小　　结

本章选取具有代表性的用户群体(中国英语专业学生)，从实证的角度对不同的释义模式(在深度和广度上具有显著差异)与中国英语学习者的英语生成能力(控制型生成能力和自由型生成能力)的关系进行研究，结果表明：

1)不同的释义模式会影响中国用户的输出能力。同等条件下，在广度和深度方面具有明显差异的释义模式对用户输出能力的影响具有显著差异。

2)同等条件下，汉英学习词典的多维释义模式能更好地满足学生的生成需求，更有利于提高学生的词汇生成能力。

3)控制型生成性词汇知识和自由型生成性词汇知识随着释义模式的变化而呈现动态变化。一方面，无论采用哪种释义模式，用户的控制型生成性知识总是高于自由型生成性词汇知识。另一方面，汉英学习词典的多维释义模式对受试的自由型生成性词汇知识的增强效果，好于对其控制型生成性词汇知识的效果。此外，各实验组控制型和自由型生成性词汇之间的差异处于动态变化中，而汉英学习词典的多维释义模式能将这种差异降到最小。

第 8 章

结　　论

　　通过对传统汉英词典的释义模式的梳理和调研，本书以心理动词为研究对象，并对主流汉英词典的释义模式、用户的习得机制和查阅现状进行系统分析。在此基础上，我们构建了汉英学习词典的多维释义模式，并对其表征效果进行了实证研究。本章将总结主要结论和发现，并剖析本研究的理论和实践意义。

8.1　主要结论和发现

　　本研究的结论和主要发现包括以下 4 个方面。

1. 主流内向型汉英词典以消极型词典为主，缺乏真正的学习型词典

　　当前主流汉英词典的释义多以消极型词汇知识为主，缺乏学习型词典，具体表现为释义结构单一、表征能力有限。就释义宗旨而言，多数汉英词典仍将"准确"作为其释义宗旨和原则，而对其应用性涉及不多。事实上，主流汉英词典集中关注的是对等词汇的消极型知识(如对应词、例证)，而对积极型知识涉及不多。此外，传统内向型汉英词典释义的表征能力也有限，具体表现为释义过程中对源语词原型语义结构、语用知识、句法结构等表征实体的偏离。

　　总体而言，主流的汉英词典在释义方面仍缺乏足够的积极型词汇知

识，对用户的目的语生成能力帮助不大，因为用户查询到对应词后，需进一步查阅英英或英汉词典以获得其用法知识。对应词和有限的例证不足以形成完整的目的语表征体系，而各表征成分之间的条块分割也大大限制了其整体的表征能力和表征效果的提高。

2. 用户的查阅需求以积极性词汇知识为主，期望学习型汉英词典

　　用户的查阅需求表明，多数用户希望获得对应词的积极性词汇知识。这种查阅需求在内容上具有多维性，在结构上强调能产性。一方面，多数用户希望获得对应词的句法结构、语用说明，以及部分对应词的同义辨析。此外，在交际模式的表征介质方面，多数用户希望编者用简体表征(汉语或英语)进行词类、语用标注，而对句法描述和搭配结构则应立足于全面、清晰的表征模式，以此增强表征效果。另一方面，无论是对查阅结构而言还是对表征内容而言，用户在查阅过程中都非常关注积极性词汇知识，强调对目的语词的正确、合理使用。积极性词汇知识涉及目的语词的句法机构、搭配模式、语用说明、同义辨析等，是学习型词典的核心内容。由此可见，用户的查阅需求在本质上以获取积极性知识为主，期望使用学习型汉英词典。

3. 汉英学习词典的多维释义模式实现了词目语义框架的多维映射和交际模式的等值转换

　　汉英学习词典的多维释义模式通过对汉语语词的语义概括、结构分析，从语言图式、知识图式和网络图式等 3 方面对它的语义结构进行全方位、多维度的描写，实现了对源语词的全息表征。此外，汉英学习词典的多维释义模式也实现了对交际模式的等值转换。该模式不仅强化了交际模式转换过程中的原型特征，还合理控制了对特定单语蓝本的依存度，并提高了释义的等值性(强化其语义、语用、语法和功能等值)和交

际效果。

4. 汉英学习词典的多维释义模式能满足用户的查阅需求

汉英学习词典的多维释义模式能有效满足用户的查阅需求，根本原因在于它建立在坚实的理论基础上，并整合汉英词典的释义现状和用户需求融贯而成。首先，用户调查是汉英学习词典的多维表征模式构建的现实基础和客观依据。汉英学习词典的多维释义模式立足于用户二语习得机制和查阅需求，是在科学分析的基础上系统构建的。这种"源于用户并回归用户"的研究范式，集中体现的是用户的意愿，因此能满足其查阅需求。其次，在多维释义模式的构建过程中，无论是对释义原则的确立还是对释义结构的阐释，都体现着用户的意志，用户需求贯穿于整个释义模式的构建过程。事实上，将用户的认知心理特征与释义成分有机结合也是汉英学习词典释义结构的核心内容之一，它隐性融贯于语义框架的多维映射和交际模式的等值转换中。最后，基于不同释义模式的控制型测试从实证的角度证明了汉英学习词典多维释义模式的科学性和合理性，再次证明该释义模式能更好地满足用户的查阅需求。

8.2   理论与实践意义

综上所述，本研究的理论和实践意义主要包括以下方面。

1. 将现有的汉英词典释义理论系统化

本研究通过对传统汉英词典释义理论的回顾和反思，指出了传统"对应词释义"的诸多不足，并从多维系统性、原型交际性、国别差异性和用户互动性等方面概述了汉英学习词典的性质和特征，使汉英词典释义理论更科学、系统。通过回顾反思、词典抽样调查、用户二语词汇习得规律和查阅现状分析，本研究在多维释义的框架下系统构建了汉英学习词典的多维释义模式(包括释义原则和释义结构),使汉英词典的释义研究更加规范,理论更加完善。

2. 明确了未来汉英学习词典释义的研究方向

本研究表明,用户研究是汉英词典最重要,也是最有前途的一部分,这为未来汉英学习词典的释义研究指明了方向。一方面,未来汉英词典需要把用户研究(包括需求分析、查阅策略、认知模式等)融入释义研究的各个层面,并将其作为新型释义模式构建的重要基础之一。另一方面,将控制型测试引入到用户研究中,以客观、真实的"查阅过程"代替传统研究中的"用户预设",以科学的数据分析代替传统的定性推测。只有这样,才能更科学、全面地了解用户。

3. 对未来汉英词典编纂极具指导意义

本研究的结果对未来汉英词典的编纂具有一定的指导意义。首先,汉英词典的多维释义模式建立在对传统释义模式理论思辨和客观分析的基础上,因此能有效弥补传统释义的诸多不足。立足于前人的理论研究使多维释义模式的理论根基更稳固,而对前人研究的批判和反思也能使该模式更完善。其次,本研究构建的汉英学习词典的释义模式结构清晰、操作性强。从宏观的释义原则到微观的释义结构,整个阐释过程清晰、严谨,而各种举例说明则更系统地突显了该模式的科学性和实用性。

4. 在研究方法上实现了理论思辨、语料检索和诱导实验的综合运用

传统的汉英词典研究,在本质上是一种基于逻辑关系的理性思辨。然而,相关研究(Tono,2001;Hartmann,2003;曾泰元,2005)表明,词典学界常用的研究方法包括理论思辨、诱导实验和基于语料库的研究方法。所以,立足于学界的主流研究模式,并切实考虑客观

现实，本研究尝试性地将以上 3 种方法整合到研究中。事实证明，综合的研究方法能从不同视角（编者、词典本体和用户）提供更客观、有效的数据和结论，增强研究的系统性和科学性。这种多元的研究体系不仅为未来的词典学研究指明了发展方向，也在操作手段上提供了很重要的样本和典范。

参考文献

Al-Kasimi A M. 1977. Linguistics and Bilingual Dictionaries [M]. Leiden: E. J. Brill.

Anderson J R. 1983. The Architecture of Cognition [M]. Cambridge: Harvard University Press.

Arad M. 1998. Psych-notes [Z]. UCL Working Papers in Linguistics 10. London: University College London.

Ariel M. 1988. Referring and accessibility [J]. Journal of Linguistics, 24: 65-87.

Atkins B T S. 1998. Using Dictionaries: Studies of Dictionary Use by Language Learners and Translators [M]. Tübingen: Max Niemayer Verlag.

Atkins B T S, Rundell M. 2008. The Oxford Guide to Practical Lexicography [M]. Oxford: Oxford University Press.

Baker M. 2000. In Other Words: A Course Book on Translation [M]. Beijing: Foreign Language Teaching and Research Press.

Barnhart C L. 1962. Problems in editing commercial monolingual dictionaries [C] //Householder W, Saporta S. Problems in Lexicography. Bloomington: Indiana University: 161-181.

Baxter J. 1980. The dictionary and vocabulary behavior: a single word or a handful [J]. TESOL Quarterly, (3): 325-336.

Béjoint H. 1981. The foreign student's use of monolingual english dictionaries: a study of language needs and reference skill [J]. Applied Linguistics, (3): 207-222.

Béjoint H. 2002. Modern Lexicography: An Introduction [M]. Beijing: Foreign Language Teaching and Research Press.

Belletti A, Rizzi L. 1985. Psych-verbs and theta-theory [J]. Natural Language and Linguistic Theory, （6）: 291-352.

Biber D, Johansson S, Leech G, et al. 1999. Longman Grammar of Spoken and Written English [M]. New York: Longman.

Burt M, Duley H. 1975. On TESOL 75: New Directions in Second Language [C]. New York: Regents.

Carter R V. 1998. Vocabulary: Applied Linguistics Perspective [M]. New York: Routledge.

Clark E V. 1993. The Lexicon in Acquisition [M]. Cambridge: Cambridge University Press.

Collins A M, Loftus E F. 1975. A spreading activation theory of semantic processing [J]. Psychological Review, 82: 407-428.

Corder S. 1978. Error Analysis and Interlanguage [M]. Oxford: Oxford University Press.

Cowie A P. 1987. The Dictionary and the Language Learner: Papers from the EURALEX Seminar at the University of Leeds [C]. Tübingen: Max Niemeyer Verlag.

Cowie A P. 1997. Oxford Advanced Learner's Dictionary [Z]. Fourth edition. Oxford: Oxford University Press.

Cowie A P. 2002. Dictionaries for Foreign Learners: a History [M]. Beijing: Foreign Language Teaching and Research Press.

D'andrade R. 1987. A folk model of the mind [C]// Holland D, Quinn N. Cultural Models in Language and Thought. Cambridge: Cambridge University Press: 112-148.

De Groot A M B, Poot R. 1997. Word translation at three levels of proficiency in a second language: The ubiquitous involvement of conceptual memory [J]. Journal of Language Learning, （2）: 215-264.

Decher H W, Raupach M. 1989. Transfer in Language Production [C]. Norwood: Ablex.

Diab T A A. 1990. The Role of Dictionaries in ESP, with Particular Reference to Student Nurses at the University of Jordan [D]. PhD. Dissertation. Exter: University of Exter.

Dirven R, Verspoor M. 1998. Cognitive Exploration of Language and Linguistics [M]. Amsterdam: John Benjamins: 397-402.

Dulay H, Burt M, Krashen S. 1982. Language Two [M]. New York: Oxford University Press.

Ellis R. 1994. The Study of Second Language Acquisition [M]. Oxford: Oxford University Press.

Fauconnier G. 1975. Polarity and the Scale Principle [Z]. CLS 11. Chicago: Chicago Linguistic Society: 188-199.

Fauconnier G. 1994. Mental spaces: Aspects of Meaning Construction in Natural Language [M]. New York: Cambridge University Press.

Fauconnier G. 1997. Mappings in Thought and Language[M]. Cambridge: Cambridge University Press.

Fillmore C J. 1975. An alternative to checklist theories of meaning [C]// Cogen C, Thompson II, Wright J. Proceedings of the Berkeley Linguistic Society. Berkeley: Berkeley Linguistics Society: 123-131.

Fillmore C J. 1985. Frames and the semantics of understanding [J]. Quaderni di Semantica, 6, (2): 222-254.

Fillmore C J, Petruck M R L, Ruppenhofer J, et al. 2003. FrameNet in action: the case of attaching [J]. International Journal of Lexicography, (3): 297-332.

Firth R. 1957. Papers in Linguistics 1934-1951 [C]. London: Oxford University Press.

Frawley F. 1989. The dictionary as text [J]. International Journal of Lexicography, (3): 231-248.

Goldberg A E. 1995. Constructions: A Construction Grammar Approach to Argument Structure [M]. Chicago and London: The University of Chicago Press.

Gove P. 1967. The Role of the Dictionary[C]. New York: The Bobbs- Merrill

Company: 5-7.

Granger S. 1998. Learner English on Computer [C]. London & New York: Longman.

Greenbaum S. 1987. Dictionaries of English: The Users perspective [M]. Michigan: The University of Michigan Press.

Grice H P. 1975. Logic and conversation [C] // Cole P, Morgan J. Syntax and Semantics, 3: Speech Acts. New York: Academic Press: 41-58.

Halliday M A K. 1985. An Introduction to Functional Grammar[M]. London: Arnold.

Hanks P. 1990. Evidence and intuition in lexicography [C]// Tomaszczyk J, Lewandowska-Tomaszczyk B. Meaning and Lexicography. John Benjamins Publishing Company: 31-41.

Hanks P. 1992. Computational Analysis and Definitional Structure [M]. Tübingen: Max Niemeyer Verlag.

Hanks P. 2008. Do word meaning exist?[C] // Fontenelle T. Practical Lexicography. Oxford: Oxford University Press: 125-135.

Hartmann R R K. 1983. Lexicography: Principles and Practice [C]. London: Academic Press.

Hartmann R R K. 1987. Four perspectives of dictionary use: a critical review of research methods[C]// Cowie A P. The Dictionary and the Language Learner: Papers from the EURALEX Seminar at the University of Leeds. Tübingen: Max Niemeyer Verlag.

Hartmann R R K. 2001. Teaching and Researching Lexicography [M]. Pearson Education Limited.

Hartmann R R K. 2003. Lexicography : Critical Concepts [M]. London and New York: Routledge.

Hartmann R R K, James C. 1998. Dictionary of Lexicography [Z]. London: Taylor & Francis Limited.

Henriksen B. 1999. Three dimensions of vocabulary development [J]. Studies in Second Language Acquisition, 21: 303-320.

Herbst T. 1996. On the way to the perfect learner's dictionary: a first comparison of OALD5, LDOCE3, COBUILD2 and CIDE [J]. International Journal of Lexicography, (4): 321-357.

Herbst T, Stein G. 1987. Dictionary using skills: a plea for a new orientation in language teaching [C]// Cowie A P. The Dictionary and the Language Learner (Lexicographica Series Major17). Tübingen: Max Niemeyer Verlag: 115-127.

Hopper P J, Thompson S A. 1980. Transitivity in grammar and discourse [J]. Language, (2): 251-299.

Hoppeer P J, Traugott E. 1993. Grammaticalization [M]. Cambridge: Cambridge University Press.

Hornby A S. 1965. Some problems of lexicography [J]. ELT Journal, (3): 104-110.

Hudson R. 1988. The linguistic foundations for lexical research and dictionary design [J]. International Journal of Lexicography, (1): 287-312.

Humblé P. 2001. Dictionaries and Language Learners [M]. Frankfurt am Main: Hagg und Herchen.

Jackendoff R. 1990. Semantic Structure [M]. Massachusetts: The MIT Press.

Jespersen O. 1951. The Philosophy of Grammar [M]. London: George Allen & Unwin Ltd: 58.

Johnson S. 1970. The Plan of a Dictionary of the English Language [M]. Menston: Scolar Press.

Juffs A. 1996. Learnability and the Lexicon: Theories and Second Language Acquisition Research [M]. Philadelphia: John Benjamins.

Juffs A. 2000. An overview of the second language acquisition of links between verb semantics and morpho-syntax[C]// Archibald J. Second Language Acquisition and Linguistic Theory. Malden: Blackwell: 170-179.

Kolers P A. 1963. Interlingual word associations [J]. Journal of Verbal Learning and Verbal Behavior, 2: 291-300.

Krashen S D. 1982. Principles and Practice in Second Language Acquisition [M]. New York: Pergamon Press.

Kristeva J. 1986. Word, dialogue, and the novel [C]// Moi T. The Kristina Reader. New York: Columbia University Press: 36.

Lakoff, G. 1973. Hedges: a study in meaning criteria and the logic of fuzzy concepts [J]. Journal of Philosophical Logic, （2）: 458-508.

Lakoff G. 1987. Women, Fire and Dangerous Things [M]. Chicago: The University of Chicago Press.

Lakoff G, Johnson M. 1999. Philosophy in the Flesh—the Embodied Mind and its Challenge to Western Thought [M]. New York: Basic Books.

Landau S I. 2001. Dictionaries: The Art and Craft of Lexicography [M]. Cambridge: Cambridge University Press.

Langacker R W. 1987. Foundations of Cognitive Grammar（I）[M]. Stanford: Stanford University Press.

Laufer B. 1998. The development of passive and active vocabulary in a second language: same or different?[J]. Applied Linguistics, 19: 255-271.

Laufer B, Kimmel M. 1997. Bilingualized dictionaries: how learners really use them[J]. System, （3）: 361-369.

Laufer B, Nation P. 1999. A vocabulary size test of controlled productive ability[J]. Language Testing, （1）: 33-51.

Leech G. 1974. Semantics [M]. Harmondsworth: Penguin Books.

Levin B. 1993. English Verbs Classes and Alternation [M]. Chicago: Chicago University Press.

Lyons J. 1977. Semantics, vol. I &II [M]. London: Cambridge University Press.

Marconi D. 1997. Lexical Competence [M]. Cambridge: the MIT Press.

Meara P. 1996. The Dimensions of Lexical Competence [M]. Cambridge: Cambridge University Press.

Melka F. 1997. Receptive vs. productive aspects of vocabulary[C]// Schmitt N, McCarthy M. Vocabulary: Description, Acquisition, and Pedagogy.

Cambridge: Cambridge University Press: 84-102.

Miller G A. 1956. The magical number seven, plus or minus two: some limits on our capacity for processing information [J]. Psychological Review, 63: 81-97.

Miller G A, Fellbaum C. 1992. Semantic network of english [C]// Levin B, Pinker S. Lexical Semantics and Conceptual Semantics. New York: Cambridge University Press.

Moe R. 2004. Producing dictionaries using semantic domains [C]// Chan Sin-Wai. Translation and Bilingual Dictionaries. Tübingen: Max Niemeyer Verlag: 55-61.

Muncie J. 2002. Processing writing and vocabulary development: comparing lexical frequency profile across drafts [J]. System, 30: 225- 235.

Nation I S P. 1990. Teaching and Learning Vocabulary [M]. New York: Newbury House.

Nida E A. 1964. Toward a Science of Translating: With Special Reference to Principles and Procedures Involved in Bible Translating [M]. Leiden: E. J. Brill.

Ogden C K, Richards I A. 1923. The Meaning of Meaning [M]. London: Routledge & Kegan Paul.

Ooi V B Y. 1998. Computer Corpus Lexicography [M]. Edinburgh: Edinburgh University Press.

Palmer F R. 1965. The English Verb [M]. Harlow: Harlow Longman Group Ltd. C.

Pesetsky D. 1995. Zero Syntax: Experiencer and Cascades [M]. Cambridge: the MIT Press.

Piotrowski T. 1990. The meaning-text model of language and practical lexicography [C]// Tomaszczyk J, Lewandowska- Tomaszczyk B. Meaning and Lexicography. Amsterdam/ Philadelphia : John Benjamins Publishing Company: 277-286.

Potter M C, So K F, Eckardt B V. 1984. Lexical and conceptual representation in beginning and proficient bilinguals [J]. Journal of Verb Learning & Verbal Behavior, 23: 23-38.

Quine W V O. 1999. Two dogmas of empiricism[C]// Maria Baghramian. Modern Philosophy of Language. Washington: Counterpoint: 137-161.

Quirk S R. 1978. Longman Dictionary of Contemporary English [Z]. London: Longman.

Quirk S R. 1993. Longman Dictionary of Contemporary English [Z]. New Edition. London: Longman.

Robison R. 1965. Definition [M]. London: Clarendon Press.

Rosch E. 1973. Natural categories [J]. Cognitive Psychology, 4: 323-350.

Rundell M. 1999. Dictionary use in production[J]. International Journal of Lexicography, (1): 35-53.

Saussure D J. 1960. Course in General Linguistics [M]. London: Peter Owen Limited.

Schwanenflugel P J, Fabricius W V, Noyes C R, et al. 1994. The organization of mental verbs and folk theories of knowing [J]. Journal of memory and language, 33: 376-395.

Sellars W. 1963. Science, Perception and Reality [M]. New York: Humanities Press.

Sinclair J. 1987. Looking Up: An Account of the COBUILD Project in Lexical Computing [M]. London: Harper Collins Publishers.

Snell-Hornby M. 1986a. The Bilingual Dictionary-Victim of its Own Tradition? [M] Amsterdam: John Benjamins Publishing Company.

Snell-Hornby M. 1986b. Zurilex'86 Proceedings [M]. Tübingen: Francke Verlag.

Svensén B. 1993. Practical Lexicography: Principles and Methods of Dictionary-Making [M]. Oxford: Oxford University Press.

Talmy T. 2001. Toward a Cognitive Semantics (I) [M]. Cambridge: The MIT Press.

Tarp S. 2008. Lexicography in the Borderland Between Knowledge and

Non– Knowledge [M]. Tübingen: Max Niemeyer Verlag: 21-25.

Taylor J. 1989. Linguistics Categorization: Prototypes in Linguistic Theory[M]. Oxford: Clarendon Press.

Tomaszczyk J, Lewandowska-Tomaszczyk B. 1990. Meaning And Lexicography [C]. Amsterdam: John Benjamins Publishing Company.

Tono Y. 1989. Can a dictionary help one read better? [C] //James G. Lexicographers and Their Works. Exeter: University of Exeter Press: 192-200.

Tono Y. 2001. Research on Dictionary use in the Context of Foreign Language Learning [M]. Tübingen: Max Niemeyer Verlag.

Toope M. 1996. Examples in the Bilingual Dictionaries [D]. Ottawa : University of Ottawa.

Traugott E C. 1982. From propositional to textual and expressive meanings: some semantic-pragmatic aspects of grammaticalization [C]// Lehmann W P, Malkiel Y. Perspectives in Historical Linguistics. Amsterdam: John Benjamins: 45- 71.

Traugott E C, Heine B. 1991. Approaches to Grammaticalization ⑴ ⑵ [M]. Amsterdam: John Benjamins.

Tsunoda T. 1999. Transitivity and intransitivity [J]. Journal of Asian and African Studies, 57: 1-9.

Turner M, Fauconnier G. 1995. Conceptual integration and formal expression [J]. Metaphor and Symbolic Activity, 10: 183-203.

Varantola K. 1998. Translators and their use of dictionaries: user needs and user habits [C]// Atkins B T S. Using Dictionaries: Studies of Dictionary Use by Language Learners and Translators. Tübingen: Max Niemeyer Verlag: 179-192.

Verschueren J. 2000. Understanding Pragmatics [M]. Beijing: Foreign Language Teaching and Research Press.

Wajnryb R. 1997. Review of the language activator dictionary [J]. EA Journal , ⑵: 99-103.

Waring R. 1999. Tasks for assessing second language receptive and productive vocabulary [EB/OL]. http://www1.harenet.ne.jp/waring [2008-08].

Waring R. 2004. Measuring receptive vocabulary size-reliability and validity of the yes/no vocabulary test for French-speaking learners of dutch [EB/OL]. http://www1.harenet.ne.jp/waring [2008-08].

Weinreich U. 1953. Language in Contact: Findings and Problems [M]. The Hague: Mouton.

Wiegand H E. 1984. On the structure and contents of a general theory of Lexicography [C]//Hartmann R R K. Lexeter's 83 Proceedings. Tübingen: Max Niemeyer Verlag: 13-30.

Wray A. 2002. Formulaic Language and Lexicon [M]. Cambridge: Cambridge University Press.

Zgusta L. 1971. Manual of Lexicography [M]. Hague: Mouton.

陈炳迢. 1961. 辞书编纂学概论[M]. 上海：复旦大学出版社.

陈承泽. 1982. 国文法草创[M]. 北京：商务印书馆.

陈国华，周榕. 2006. 基于语料库的使役性心理谓词的习得比较研究[J]. 解放军外国语学院学报，(4)：39-43.

陈如川. 1998. 关于现代汉语中"自动-使动"双向心态动词的考察[J]. 阜阳师院学报，(4)：82-85.

陈忠诚. 2003. 汉英词典通病病历卡[J]. 汕头大学学报(人文社会科学版)，(1)：7-11.

陈忠诚. 2005. 《新时代汉英词典》系列翻译纠错[J]. 汕头大学学报(人文社会科学版)，(2)：9-12.

陈忠诚. 2006. 简评诸汉英词典[J]. 外语研究，(2)：69.

储泽祥，谢晓明. 2002. 汉语语法化研究中应重视的若干问题[J]. 世界汉语教学，(2)：5-14.

崔伯阜. 1961. 语法基础知识[M]. 南京：江苏人民出版社.

戴曼纯，刘晓英. 2008. 中国英语学习者心理动词习得实证研究[J]. 外语学刊，(5)：114-122.

党会莉，李安兴. 2004. 汉英词典编纂中对读者需求的预计及对策[J]. 外语研究，(2)：41-43.

党会莉，于艳英. 2004. 两本汉英词典的比较——兼评《新世纪汉英大词典》的编纂特色[J]. 西安外国语学院学报，（3）：67-68.

蒂费纳·萨莫瓦约. 互文性研究[M]. 邵炜译. 天津：天津人民出版社，2003.

丁炳福. 2002. 试论汉英词典的词性标注[J]. 辞书研究，（6）：61-67.

丁勉哉. 1959. 现代汉语语法讲义（上册）[M]. 上海：华东师范大学函授部.

董燕萍，桂诗春. 2002. 关于双语心理词库的表征结构[J]. 外国语，（3）：23-29.

段奡卉. 2002. 从使用者的角度谈汉英词典的编纂——兼评《汉英大辞典》[J]. 外语研究，（6）：70-73.

范晓，杜高印，陈光磊. 1987. 汉语动词概述[M]. 上海：上海教育出版社.

丰竟. 2003. 现代汉语心理动词的语义分析[J]. 淮北煤炭师范学院学报，（1）：106-110.

符淮青. 1982. 表动作行为的词的意义分析[J]. 北京大学学报，（3）：63-71.

高厚堃. 1988. 关于《汉英词典》（1978）的思考[J]. 外语教学与研究，（2）：65-69.

高奇. 2001. 系统科学概论[M]. 济南：山东大学出版社.

高增霞. 2003. 汉语担心——认识情态词"怕""看""别"的语法化[J]. 中国社会科学院研究生院学报，（1）：97-103.

葛校琴. 2002. 编纂理念的变化——从《汉英词典》到《新时代汉英大词典》[J]. 外语与外语教学，（4）：50-53.

桂诗春. 2000. 新编心理语言学[M]. 上海：上海外语教育出版社.

桂诗春. 2005. 谈当前的外语教学[J]. 中国外语，（1）：5-8.

桂诗春，宁春岩. 1997. 语言学方法论[M]. 北京：外语教学与研究出版社.

桂诗春，杨惠中. 2003. 中国学习者英语语料库[M]. 上海：上海外语教育出版社.

哈特曼 R R K，斯托克 F C A. 1980. 语言与语言学词典[Z]. 黄长著等，译. 上海：上海辞书出版社.

寒食. 1993. 从《汉英词典》到《现代汉英词典》看我国综合性汉英词典的历史进程[J]. 外语与外语教学，（2）：27-30.

韩宝成. 2000. 外语教学科研中的统计方法[M]. 北京：外语教学与研究出版社.

韩琴. 2006. 心理动词句法语义研究[D]. 武汉：华中师范大学硕士学位论文.

郝琳. 1999. 动词受程度副词修饰的认知解释[J]. 佳木斯大学社会科学学报，

（5）：40-42.

何家宁，张文忠. 2009. 中国英语学生词典使用定量实证研究数据收集与统计方法现状分析[J]，现代外语，（2）：94-101.

赫迎红. 2006. 浅谈大型汉英词典的词条和义项设立[J]. 辞书研究，（2）：110-119.

胡开宝. 2005. 双语共现与双语词典翻译的特殊性[J]. 解放军外国语学院学报，（3）：77-81.

胡明扬，谢自立，梁式中，等. 1982. 词典学概论[M]. 北京：中国人民大学出版社.

胡文飞. 2009. 《牛津实用词典编纂指南》评介[J]. 现代外语，（2）：211-213.

胡文飞. 2011a. 渐进性、迁移性与有灵性的融合：中国学习者对心理动词的产出现状分析[J]. 外国语文，（4）：58-63.

胡文飞. 2011b. 汉英词典释义模式的理论综述[J]. 辞书研究，（4）：68-81.

胡文飞. 2013. 常态与拓展：汉英学习词典多维表征模式的构建[J]. 外国语，（2）：50-57.

胡文飞，贺义辉. 2007. 论接受和产出性词汇知识在外语阅读中的作用———一项基于中国非英语专业学生的实证研究[J]. 中国外语，（5）：90-95.

胡文飞，章宜华. 2010. 准则构建及其在语文词典释义中的应用[J]. 外语研究，（3）：63-67.

胡文飞，章宜华. 2011a. 基于用户视角的汉英词典释义表征能力的调查[J]. 外语研究，（3）：78-84.

胡文飞，章宜华. 2011b. 汉英词典的释义模式对中国 EFL 学习者英语生成能力的影响[J]. 外国语，（5）：54-62.

胡文飞，周君. 2012. 主流汉英词典的意义表征现状分析：基于微观结构的实证研究[J]. 外语研究，（4）：52-58.

胡文耕. 1995. 整体论[M]. 北京：中国大百科全书出版社.

胡裕树，范晓. 1995. 动词研究[M]. 开封：河南大学出版社.

黄伯荣，廖序东. 1980. 现代汉语下册（试用本）[M]. 兰州：甘肃人民出版社.

黄建华. 1987. 词典论[M]. 上海：上海辞书出版社.

黄建华. 2000. 词典学研究[M]. 广州：世界图书出版公司.

黄建华，陈楚祥. 1997. 双语词典学导论[M]. 北京：商务印书馆.

黄建华，章宜华. 2001. 亚洲辞书论集[C]. 上海：上海辞书出版社.

惠宇. 2003. 新世纪汉英大词典[Z]. 北京：外语教学与研究出版社.

霍恩比 A S. 1997. 牛津高阶英汉双解词典[Z]. 北京：高务印书馆.

金立鑫. 2007. 语言研究方法导论[M]. 上海：上海外语教育出版社.

金吾伦，蔡仑. 2007. 对整体论的新认识[J]. 中国人民大学学报，（3）：2-9.

阚怀末，王颖. 2003. 上海大学英语专业学生英语词典使用情况的调查[C]//曾东京. 双语词典研究. 上海：上海外语教育出版社.

库尔特·考夫卡. 1997. 格式塔心理学原理（上册）[M]. 黎炜译. 杭州：浙江教育出版社.

拉迪斯拉夫·兹古斯塔. 1983. 词典学概论[M]. 北京：商务印书馆.

兰佳睿. 2007. "发+X"式心理动词的认知语义考察[J]. 语言科学，（5）：56-61.

黎锦熙. 1992. 新著国语文法[M]. 北京：商务印书馆.

李安兴. 2003. 语料库与汉英词典条目释义质量的提高[J]. 辞书研究，（5）：29-38.

李蒂西. 2000. 关于汉英词典如何进一步完善提高的几点意见[J]. 辞书研究，（2）：76-82.

李尔钢. 2002. 现代辞典学导论[M]. 上海：汉语大词典出版社.

李开. 1990. 现代词典学教程[M]. 南京：南京大学出版社.

李开荣. 2001. 英汉双语词典等值释义的感知和取向视角[J]. 辞书研究，（6）：52-58.

李临定. 1990. 现代汉语动词[M]. 北京：中国社会科学院出版社.

李明. 2003. 语料库·蓝本·双语词典[C]//曾东京. 双语词典研究. 上海：上海外语教育出版社：171-180.

李明，周敬华. 2001. 双语词典编纂[M]. 上海：上海外语教育出版社.

李曙华. 2002. 从系统论到混沌学[M]. 桂林：广西师范大学出版社.

梁德润. 1999a. 关于外向型汉英词典框架研究的探讨[J]. 北京航空航天大学学报（社会科学版），（2）：69-71.

梁德润. 1999b. 内向型汉英词典的框架与实践[J]. 辞书研究，（4）：57-62.

林明金. 1999. 浅谈双语词典的词义辨别及其处理模式[J]. 辞书研究，（1）：

101-107.

林杏光. 1995. 以格关系划分汉语动词次类[J]. 汉语学习，（4）：22-23.

凌冰. 1954. 语法知识提要[M]. 北京：大众出版社.

刘华文. 1997. 词典学接受理论初探[J]. 外语与外语教学，（3）：47-50.

刘华文. 2002. 试论英汉双语词典的认知模式[J]. 四川外语学院学报，（1）：119-123.

刘润清. 1999. 外语教学中的科研方法[M]. 北京：外语教学与研究出版社.

刘月华，潘文娱，故韡. 1983. 实用现代汉语语法[M]. 北京：外语教学与研究出出版社.

陆嘉琦. 1997. 关于积极型汉外双语词典编纂的思考[J]. 外语与外语教学，（2）：48-50.

陆嘉琦. 2005. 漫议汉外词典中的词类问题[J]. 广东外语外贸大学学报，（增刊）：34-36.

吕叔湘. 1982. 中国文法要略[M]. 北京：商务印书馆.

吕叔湘. 2002. 中诗英译比录[M]. 北京：中华书局.

罗杰·B. 迈尔森. 2001. 博弈论——矛盾冲突分析[M]. 于寅，费剑平译. 北京：中国经济出版社.

罗思明，王军. 2003. 高级词典用户技能心理表征实验研究[J]. 外语与外语教学，（6）：58-60.

罗思明，王军，曹杰旺. 2004. 词典用户技能及心理表征实验研究[J]. 辞书研究，（2）：121-131.

马广惠. 2002. 中美大学生英语作文的语言特征分析[J]. 外语教学与研究，（5）：345-349.

马建忠. 1983. 马氏文通[M]. 北京：商务印书馆.

马庆株. 1988. 自主动词和非自主动词[J]. 中国语言学报，（3）：157-180.

梅俊杰. 1998. 两部汉英词典：比较与借鉴[J]. 辞书研究，（3）：110-118.

潘菽. 1998. 意识——心理学的研究[M]. 北京：商务印书馆.

彭聃龄. 2001. 普通心理学[M]. 北京：北京师范大学出版社.

彭世勇. 2007. 跨文化敏感：英语专业与非英语专业学生对比[J]. 宁夏大学学报（人文社会科学版），（1）：171-176.

彭宣维. 2001. 20 世纪中国英语类词典发展史[J]. 辞书研究，(2)：1-12.

钱冠连. 2002. 语言全信论[M]. 北京：商务印书馆.

钱厚生. 1993. 双语词典释义原则与问题[J]. 辞书研究，(3)：50-57.

乔丽彩. 2006. 现代汉语心理动词研究[D]. 石家庄：河北师范大学硕士学位论文.

申小龙. 1993. 汉语与汉民族思维的文化通约[J]. 社会科学战线，(6)：246-253.

申小龙. 2000. 语言与文化的现代思考[M]. 郑州：河南人民出版社.

沈家煊. 1994. "语法化"研究综观[J]. 外语教学与研究，(4)：17-25.

沈家煊. 1995. "有界"与"无界"[J]. 中国语文，(2)：367-370.

沈家煊. 2000. 认知语法的概括性[J]. 外语教学与研究，(1)：29-34.

素欣. 2004. 第四代汉英词典的编纂新理念——《新世纪汉英大词典》评介[J]. 外语教学，(2)：6-8.

谭晓晨. 2006. 中国英语学习者产出性词汇发展研究[J]. 外语教学与研究，(3)：202-207.

唐青叶. 2004. like 类与 please 类心理动词的视角研究[J]. 外语教学，(3)：39-43.

陶原珂. 2004. 汉英词典中的文化义差及语差释义[J]. 深圳大学学报(人文社会科学版)，(2)：104-108.

外语教学与研究出版社词典编辑室. 1988. 现代汉英词典[Z]. 北京：外语教学与研究出版社.

王冬梅. 2004. 动词转指名词的类型及相关解释[J]. 汉语学习，(4)：5-11.

王馥芳. 2004. 当代语言学与词典创新[M]. 上海：上海辞书出版社.

王海峰. 2004. 现代汉语中无标记转指的认知阐释[J]. 语言教学与研究，(1)：40-46.

王红斌. 2004. 包含名宾心理动词的事件句和非事件句[J]. 南京师大学报(社会科学版)，(2)：139-144.

王鲁男. 2007. 标记性与二语习得[J]. 四川外语学院学报，(6)：82-88.

王仁强. 2006. 认知视角的汉英词典词类标注实证研究[D]. 广州：广东外语外贸大学博士学位论文.

王瑞晴，王宇欣. 2006. 汉英大词典[Z]. 北京：外文出版社.

王文斌，徐睿. 2005. 英汉使役心理动词的形态分类和句法结构比较分析[J]. 外国语，(4)：22-29.

王寅. 2001. 语义理论与语言教学[M]. 上海：上海外语教育出版社.

王寅. 2007. 认知语言学[M]. 上海：上海外语教育出版社.

王寅，严辰松. 2005. 语法化的特征、动因和机制——认知语言学视野中的语法化研究[J]. 解放军外国语学院学报，(4)：1-6.

王钟林. 1979. 现代汉语语法[M]. 呼和浩特：内蒙古人民出版社.

王宗炎. 1985. 语言问题探索[C]. 上海：上海外语教育出版社.

维特根斯坦 L. 1953. 哲学研究[M]. 北京：商务印书馆.

魏向清. 2005a. 实论现代双语词典译义的本质及其多元研究理据[J]. 辞书研究，(3)：60-68.

魏向清. 2005b. 双语词典译义研究[M]. 上海：上海译文出版社.

文秋芳，丁言仁，王文字. 2003. 中国大学生英语书面语中的口语化倾向——高水平英语学习者语料对比分析[J]. 外语教学与研究，(4)：268-275.

文雅利. 2007. 现代汉语心理动词研究[D]. 北京：北京语言大学博士学位论文.

吴光华. 1998. 辨析在汉英词典中的作用[C]. 中国辞书学会双语词典专业委员会第三届年会暨学术研讨会论文集.

吴光华. 2001. 汉英辞典(新世纪版)[Z]. 上海：上海交通大学出版社.

吴光华. 2003. 新汉英辞典[Z]. 上海：上海交通大学出版社.

吴积才，程家枢. 1981. 现代汉语[M]. 昆明：云南人民出版社.

吴景荣. 1978. 汉英词典[Z]. 北京：商务印书馆.

吴景荣. 1979. 我们走过的路——编写《汉英词典》的回顾[J]. 外语教学与研究，(3)：1-7.

吴景荣. 1980. 编写《汉英词典》的经验与教训[J]. 辞书研究，(2)：32-41.

吴景荣. 1992. 评 1979 年版《汉英词典》[J]. 外语教学与研究，(3)：57-59.

吴景荣，程镇球. 2000. 新时代汉英大词典[Z]. 北京：商务印书馆.

吴文智. 2008. 现代汉英词典中释文的实用性[J]. 外语研究，(3)：103-105.

吴文智，钱厚生. 2001. 实用汉英翻译词典[Z]. 桂林：漓江出版社.

吴文子. 2005. 《汉英词典》(修订版)四类英译问题例析[J]. 江苏外语教学研究，(2)：52-58.

武姜生. 2005. 坚持科学的语言观 打造汉英词典的精品——《新世纪汉英大词

典》简评[J]. 外语教学，（5）：93-95.

心筑. 2004. 汉英词典中的词类标注——兼评《新世纪汉英大词典》[J]. 西安外国语学院学报，（3）：69-71.

熊兵. 2000.《汉英词典》(修订版 1995) 评析[J]. 外语教学与研究，（6）：462-465.

徐睿，王文斌. 2005. 心理动词也析[J]. 宁波大学学报（人文科学版），（3）：65-70.

徐盛桓. 2007. 自主和依存[J]. 外语学刊，（2）：34-40.

徐式谷. 2002a. 历史上的汉英词典（上）[J]. 辞书研究，（1）：126-138.

徐式谷. 2002b. 历史上的汉英词典（下）[J]. 辞书研究，（2）：115-124.

杨彩梅，宁春岩. 2002. 本族语、目标语和中介语三语相交的二语习得模型[J]. 湖南大学学报（社会科学版），（3）：71-75.

杨端和. 2004. 语言研究应用 SPSS 软件实例大全[M]. 北京：中国社会科学出版社.

杨华. 1994. 试论心理状态动词及其宾语的类型[J]. 汉语学习，（3）：33-36.

杨惠中. 2002. 语料库语言学导论[M]. 上海：上海外语教育出版社.

杨文秀，张柏然. 2005. 英语学习词典中的语用信息研究述评[J]. 外语学刊，（3）：18-21.

杨友信. 1987. "以为" 在古汉语中的语法作用[J]. 聊城师范学院学报，（4）：67-71.

杨祖希，徐庆凯. 1992. 辞书学辞典[Z]. 上海：学林出版社.

姚喜明，张霖欣. 2008. 英语词典学导论[M]. 上海：复旦大学出版社.

姚小平. 2002. 论汉英词典的语法信息——六部汉英词典的比较[J]. 外语教学与研究，（2）：141-145.

姚振武. 1996. 汉语谓词性成分名词化的原因及规律[J]. 中国语文，（1）：31-39.

英国朗文出版公司. 1993. 朗文当代英语词典[Z]. 北京：世界图书出版公司.

雍和明. 2003a. 交际词典学[M]. 上海：上海外语教育出版社.

雍和明. 2003b. 英汉双语词典与英语单语词典用户语言需求与信息检索的比较[J]. 辞书研究，（6）：123-133.

于屏方. 2006. 动作义位释义的框架模式研究[D]. 广州：广东外语外贸大学博士学位论文.

俞理明. 2004. 语言迁移与二语习得——回顾、反思和研究[M]. 上海：上海外语教育出版社.

袁毓林. 1993. 现代汉语祈使句研究[M]. 北京：北京大学出版社.

源可乐. 1996. 关于学生汉英词典的编写[J]. 辞书研究，(2)：98-103.

曾东京. 1999. 中国百年汉英语文辞书纵横论[J]. 上海科技翻译，(2)：45-48.

曾东京. 2003. 双语词典研究[C]. 上海：上海外语教育出版社.

曾泰元. 2005. 语料库与汉英词典编纂[J]. 辞书研究，(1)：79-87.

张柏然，许钧. 1997. 译学论集[M]. 南京：译林出版社.

张泊江. 2000. 汉语连动式的及物性解释[C]//中国语文杂志社. 语法研究和探索(九). 北京：商务印书馆.

张春柏. 2004. 实用创新——汉英词典编纂界的一部新力作——评惠宇教授主编的《新世纪汉英大词典》[J]. 外语研究，(3)：10-13.

张宏. 2009. 外向型学习词典配例研究——以《汉英双解词典》为例[D]. 广州：广东外语外贸大学博士学位论文.

张后尘. 2005. 创新与双语词典编纂[J]. 辞书研究，(2)：97-106.

张积家，陆爱桃. 2007. 汉语心理动词的组织和分类研究[J]. 华南师范大学学报(社会科学版)，(1)：117-124.

张家合. 2007. 试论古汉语心理动词研究[J]. 学术论坛，(6)：183-185.

张京鱼. 2001. 汉语心理动词及其句式[J]. 唐都学刊，(1)：112-115.

张京鱼. 2002. 操汉语的英语学习者对心理谓词的习得：语义突显层级模式[D]. 广州：广东外语外贸大学博士学位论文.

张京鱼，张长宗，问小娟. 2004. 有生性在中学生英语心理谓词习得中的认知作用[J]. 外语教学与研究，(5)：351-356.

张煤. 1997. 国际英语学习者语料库与英语教学[J]. 国外外语教学，(1)：11-14.

张邱林. 1999. 动词"以为"的考察[J]. 语言研究，(1)：133-141.

张淑静. 2002. 中国英语专业学生 make 使用特点的调查报告[J]. 解放军外国语学院学报，(4)：58-63.

张顺生，殷书谊. 2002. 浅谈汉英词典及其编纂[J]. 安徽大学学报，(4)：75-78.

张万方. 1997. 前人走过的路——评本世纪初国人自编的四部汉英词典[J]. 辞书研究，(6)：133-139.

张文忠，吴旭东. 2003. 课堂环境下二语词汇能力发展的认知心理模式[J]. 现代外语，（4）：374-384.

张晓兰. 2004. 英语专业大二学生英语写作错误分析及启示[J]. 四川外语学院学报，（2）：152-155.

张志毅，张庆云. 2001. 词汇语义学[M]. 北京：商务印书馆.

章宜华. 1999. 学习词典释义结构与释义方法初探-英、法、汉语学习词典的对比研究[J]. 外国语，（3）：73-78.

章宜华. 2002. 语义学与词典释义[M]. 上海：上海辞书出版社.

章宜华. 2003. 双语词典翻译的等值原则——兼谈双语词典翻译与文学翻译的区别[J]. 学术研究，（5）：124-128.

章宜华. 2005. 多义性形成的认知机制与词典义项的处理——兼谈多义词的语义理据及词典义项的解读[J]. 广东外语外贸大学学报，（3）：13-18.

章宜华. 2006a. 认知语义结构与意义驱动释义模式的构建——兼谈外汉双语词典的释义性质与释义结构[J]. 现代外语，（4）：362-370.

章宜华. 2006b. 意义驱动翻译初探——基于认知语言学的综合翻译法[J]. 学术研究，（1）：138-141.

章宜华. 2008. 学习词典的中观结构及其网络体系的建立[J]. 现代外语，（4）：360-368.

章宜华. 2009. 语义. 认知. 释义[M]. 上海：上海外语教育出版社.

章宜华，雍和明. 2007. 当代词典学[M]. 北京：商务印书馆.

赵翠莲. 2004. 心理模型对汉英双解词典释义翻译的解释[J]. 辞书研究，（4）：45-53.

赵德全，张帅. 2008. 从信息论角度看汉语习语英译时的文化意象处理[J]. 河北师范大学学报(哲学社会科学版)，（6）：100-104.

赵刚. 2006. 关于汉英词典编纂的一些思考[J]. 辞书研究，（1）：94-100.

赵刚，汪幼枫. 2006. 从互文性角度看汉英词典的翻译[J]，国外外语教学，（4）：43-38.

赵彦春. 2003. 认知词典学[M]. 上海：上海外语教育出版社.

赵艳芳. 2001. 认知语言学概论[M]. 上海：上海外语教育出版社.

郑英树. 2002. 现代汉语语法论[M]. 成都：巴蜀书社.

中国社会科学院语言研究所词典编辑室. 1978. 现代汉语词典[Z]. 北京：商务印

书馆.

中国社会科学院语言研究所词典编辑室. 1983. 现代汉语词典[Z]. 北京：商务印书馆.

中国社会科学院语言研究所词典编辑室. 1996. 现代汉语词典[Z]. 北京：商务印书馆.

中国社会科学院语言研究所词典编辑室. 2002. 现代汉语词典[Z]. 北京：商务印书馆.

中国社会科学院语言研究所词典编辑室. 2005. 现代汉语词典[Z]. 北京：商务印书馆.

周有斌，邵敬敏. 1993. 汉语心理动词及其句型[J]. 语文研究，（3）：32-37.

附录 A1　非英语专业学生在 CLEC 中的心理动词使用特征

单位：次

心理动词	动词类型	词频归类	ST3			ST4		
			总数	错误	正确	总数	错误	正确
love	心理使役	3	51	3	48	44	4	40
fear	心理使役	3	6	3	3	7	5	2
suffer from	心理使役	3	9	3	6	12	1	11
scare	心理使役	1	1	1	0	0	0	0
guess	心理活动	3	5	0	5	15	0	15
doubt	心理活动	3	0	0	0	2	0	2
determine	心理活动	2	18	4	14	12	4	8
comprehend	心理活动	0	1	0	1	0	0	0
realize	心理活动	3	85	23	62	63	11	52
ponder	心理活动	0	0	0	0	0	0	0
neglect	心理活动	2	5	0	5	26	2	24
assume	心理活动	3	3	1	2	1	0	1
plan	心理活动	3	24	5	19	31	7	24
meditate	心理活动	0	0	0	0	0	0	0
please	心理状态	3	10	4	6	6	1	5
wish	心理状态	3	13	0	13	35	9	26

续表

心理动词	动词类型	词频归类	ST3			ST4		
			总数	错误	正确	总数	错误	正确
bother	心理状态	3	3	2	1	1	0	1
endure	心理状态	1	0	0	0	2	1	1
value	心理状态	1	4	0	4	3	1	2
distract	心理状态	1	1	0	1	1	0	1
confuse	心理状态	2	2	0	2	3	0	3
dread	心理状态	0	0	0	0	0	0	0
surprise	心理状态	2	17	2	15	11	0	11
satisfy	心理状态	3	12	7	5	36	15	21
annoy	心理状态	2	3	0	3	4	0	4
attempt	心理状态	2	0	0	0	4	0	4
yearn	心理状态	0	0	0	0	0	0	0
detest	心理状态	0	0	0	0	0	0	0
enrage	心理状态	0	0	0	0	0	0	0
volunteer	心理状态	1	0	0	0	0	0	0
indulge	心理状态	1	1	0	1	1	0	1

附录 A2 英语专业学生在 CLEC 中的心理动词使用特征

单位：次

心理动词	动词类型	词频归类	ST5			ST6		
			总数	错误	正确	总数	错误	正确
love	心理使役	3	102	3	99	43	0	43
fear	心理使役	3	2	0	2	55	3	52

续表

心理动词	动词类型	词频归类	ST5			ST6		
			总数	错误	正确	总数	错误	正确
suffer from	心理使役	3	15	1	14	94	4	90
scare	心理使役	1	4	0	4	5	0	5
guess	心理活动	3	26	3	23	2	0	2
doubt	心理活动	3	4	1	3	7	1	6
determine	心理活动	2	13	3	10	16	0	16
comprehend	心理活动	0	1	0	1	1	0	1
realize	心理活动	3	37	5	32	67	5	62
ponder	心理活动	0	0	0	0	1	1	0
neglect	心理活动	2	5	1	4	16	1	15
assume	心理活动	3	4	0	4	12	0	12
plan	心理活动	3	10	0	10	6	1	5
meditate	心理活动	0	0	0	0	1	0	1
please	心理状态	3	23	0	23	5	0	5
wish	心理状态	3	57	0	57	10	0	10
bother	心理状态	3	10	1	9	6	1	5
endure	心理状态	1	2	0	2	10	2	8
value	心理状态	1	1	0	1	16	2	14
distract	心理状态	1	0	0	0	0	0	0
confuse	心理状态	2	6	0	6	4	1	3
dread	心理状态	0	0	0	0	3	1	2
surprise	心理状态	2	17	6	11	8	4	4
satisfy	心理状态	3	34	5	29	28	5	23
annoy	心理状态	2	3	0	3	4	0	4
attempt	心理状态	2	0	0	0	4	0	4

续表

心理动词	动词类型	词频归类	ST5			ST6		
			总数	错误	正确	总数	错误	正确
yearn	心理状态	0	0	0	0	2	0	2
detest	心理状态	0	0	0	0	0	0	0
enrage	心理状态	0	0	0	0	0	0	0
volunteer	心理状态	1	0	0	0	2	0	2
indulge	心理状态	1	0	0	0	6	0	6

附录 A3　中国学生与母语使用者的心理动词使用频率对比

单位：次

心理动词	动词类型	词频	ST5	ST6	Native
love	心理使役	3	99	43	23
fear	心理使役	3	2	52	10
suffer from	心理使役	3	14	90	5
scare	心理使役	1	4	5	4
guess	心理活动	3	23	2	3
doubt	心理活动	3	3	6	6
determine	心理活动	2	10	16	38
comprehend	心理活动	0	1	1	4
realize	心理活动	3	32	62	60
ponder	心理活动	0	0	0	2
neglect	心理活动	2	4	15	6
assume	心理活动	3	4	12	19
plan	心理活动	3	10	5	11
meditate	心理活动	0	0	1	0

心理动词	动词类型	词频	ST5	ST6	Native
please	心理状态	3	23	5	7
wish	心理状态	3	57	10	37
bother	心理状态	3	9	5	3
endure	心理状态	1	2	8	11
value	心理状态	1	1	14	4
distract	心理状态	1	0	0	1
confuse	心理状态	2	6	3	8
dread	心理状态	0	0	2	0
surprise	心理状态	2	11	4	4
satisfy	心理状态	3	26	23	9
annoy	心理状态	2	3	4	4
attempt	心理状态	2	0	4	30
yearn	心理状态	0	0	2	1
detest	心理状态	0	0	0	0
enrage	心理状态	0	0	0	0
volunteer	心理状态	1	0	2	1
indulge	心理状态	1	0	6	2

附录 A4　中国学生与母语使用者的论元选择倾向对比表

单位：次

心理动词	ST5		ST6		Native	
	无灵性主目	有灵性主目	无灵性主目	有灵性主目	无灵性主目	有灵性主目
love	1	98	1	42	0	23
fear	0	2	1	51	0	10
suffer from	0	14	9	81	1	4

续表

心理动词	ST5		ST6		Native	
	无灵性主目	有灵性主目	无灵性主目	有灵性主目	无灵性主目	有灵性主目
scare	1	3	1	4	0	4
guess	0	23	0	2	0	3
doubt	0	3	0	7	1	5
determine	1	9	9	7	19	19
comprehend	0	1	0	1	0	4
realize	2	30	7	54	5	55
ponder	0	0	0	0	0	2
neglect	0	4	3	12	1	5
assume	0	4	1	11	6	13
plan	1	9	1	4	1	10
meditate	0	0	0	1	0	0
please	2	21	0	5	4	3
wish	0	57	1	9	6	31
bother	1	8	1	4	1	2
endure	0	2	1	7	2	9
value	0	1	4	10	1	3
distract	0	0	0	0	1	0
confuse	0	6	1	2	0	8
dread	0	0	0	2	0	0
surprise	4	7	1	3	2	2
satisfy	10	16	7	16	6	3
annoy	0	3	0	4	1	3
attempt	0	0	2	2	5	25
yearn	0	0	0	2	0	1
detest	0	0	0	0	0	0
enrage	0	0	0	0	0	0
volunteer	0	0	0	2	0	1
indulge	0	0	0	6	0	2

附录 B1　汉英词典的问卷调查

学校　　　　　　　　　　　　　专业

性别：男（　）女（　）　　　　年级

欢迎参加本次无记名问卷调查,请根据您的实际情况认真选择,感谢您的配合。

注：本问卷涉及的是**汉英词典**(Chinese-English Dictionary)

心理动词：指表示心理活动或心理状态的动词，如"思考、明白、爱"

英语对等词：指汉英词典中的英语释义

语用说明：即对该词的使用情景进行说明，如书面语/口语，正式/非正式，
　　　　　　　褒义/贬义等.

1. 你手上拥有几本**汉英词典**(包括电子词典)？

　A. 3 本以上　　　　　B. 3 本　　　　　C. 2 本

　D. 1 本　　　　　　　E. 无

2. 你平时使用汉英词典的频率？

　A. 很频繁　　　　　B. 频繁　　　　　C. 一般

　D. 很少用　　　　　E. 从不

3. 平时使用汉英词典主要用于：

　A. 汉英翻译　　　　B. 英语写作　　　C. 汉英翻译与英语写作

　D. 对话　　　　　　E. 其他　（请注明）

4. 你查阅汉英词典时，希望获得英语对应词的哪些信息？（可多选）

　A. 拼写　　　　　　B. 词类　　　　　C. 用法结构

　D. 语用说明　　　　E. 多个对应词的区别

5. 你在进行汉英翻译时，使用哪类词典比较多？（可多选）

　A. 英英单语词典　　B. 英汉双语词典　C. 英汉双解词典

　D. 汉英词典　　　　E. 其他(请注明)

6. 你在进行英语写作时，使用哪类词典比较多？（可多选）

    A. 英英单语词典   B. 英汉双语词典 C. 英汉双解词典

    D. 汉英词典   E. 其他（请注明）

7. 在查阅汉英词典的时候，如果你要查阅的词在释义上有多个英语对应词，通常你会选择哪一个？

    A. 第一个

    B. 将整个词条阅读完，综合例句使用作出选择

    C. 查阅英英词典或英汉（双解）词典选最合适的词语

    D. 选择熟悉的

    E. 随便选一个

8. 对于汉英词典所提供的多个陌生的英语对应词（不认识），你常常？

    A. 查阅英汉词典了解意义

    B. 选择第一个

    C. 选择有点印象的那个

    D. 随便选一个

    E. 放弃

9. 对于当前使用的汉英词典,你对它们的**释义**（包括对应词）？

    A. 很满意   B. 满意   C. 无所谓

    D. 不满意   E. 很不满意

10. 你认为汉英词典中**心理动词**的英语对应词，对其标注**词类**？

    A. 很有必要   B. 有必要   C. 无所谓

    D. 几乎没必要 E. 没必要

11. 你认为汉英词典中**心理动词**的英语对应词，对其标注**用法**？

    A. 很有必要   B. 有必要   C. 无所谓

    D. 几乎没必要 E. 没必要

12. 你认为汉英词典中的英语对应词，对其提供**例证**？

    A. 很有必要   B. 有必要   C. 无所谓

D. 几乎没必要　　　　　E. 没必要

13. 你认为汉英词典中**心理动词**的多个英语对应词，对其进行**同义辨析**？

A. 很有必要　　　　　B. 有必要　　　　　C. 无所谓

D. 几乎没必要　　　　　E. 没必要

14. 你认为汉英词典中**心理动词**的英语对应词，对其进行**语用说明**（如褒义、贬义、正式、非正式等）？

A. 很有必要　　　　　B. 有必要　　　　　C. 无所谓

D. 几乎没必要　　　　　E. 没必要

15. 你认为汉英词典**心理动词的释义**在那些方面亟待改进？（可多选）

A. 释义质量　　　　　B. 英语同义辨析　C. 例证

D. 语法信息　　　　　E. 文化信息

16. 你认为汉英词典中**心理动词**的对应词，其词类表标注采用哪种形式更好？

A. 英语简称(Vt, Vi, V 等)

B. 英语全称(Transitive Verb, Intransitive Verb, Verb)

C. 汉语全称(及物动词，不及物动词)

D. 汉语简称(动，及动)

E. 其他(请注明)

17. 你认为用哪种句法模式注释更有利于你学习和使用被释义词？

A. suspect [VN+adv/prep]

B. suspect [VO prep]

C. suspect [动词+直宾+宾补]

D. suspect [V 及物+名短直宾+介短]

E. 其他(请注明)

18. 你认为哪种搭配结构形式更有利于你使用被释义词？

A. 隐含在释义中： when you **suspect** sb **of** sth, you tend to believe that sb has done sth.

B. 隐含在例证中：She **was suspected of** involvement in the bombing?

C. 明码注释+例证：suspect verb suspect sb of sth/doing sth I suspected her of deliberately forgetting the book.

D. 以句法模式代替搭配：suspect [VN+adv/prep]　Don't suspect Tom of his honest.

E. 其他（请注明）

19. 对于汉英词典中英语心理动词的语用意义，你认为如何标注？

　　A. 英语简称（com, der）

　　B. 英语全称（commendatory, derogatory）

　　C. 英语缩写（C, D）

　　D. 汉语全称（褒义，贬义）

　　E. 汉语简称（褒，贬）

20. 在汉英词典中，心理动词的每个词义应提供多少个英语对应词？

　　A. 越多越好

　　B. 全部对应词汇

　　C. 视编纂宗旨和原则而定

　　D. 无所谓

　　E. 提供 1~2 个即可

附录 B2　中国用户查阅汉英词典的问卷统计

单位：个

问题序号	A	B	C	D	E
1	5	12	42	97	35
2	3	26	81	77	4
3	51	14	114	4	8
4	86	83	134	128	107

问题序号	A	B	C	D	E
5	6	86	108	52	7
6	7	62	99	73	7
7	5	117	44	24	1
8	113	10	65	3	0
9	8	110	25	45	3
10	67	115	7	1	1
11	86	96	9	0	0
12	67	114	8	1	1
13	64	99	21	4	3
14	52	117	20	0	2
15	88	95	89	89	56
16	155	11	10	14	1
17	52	14	45	80	0
18	38	39	87	27	0
19	50	33	20	16	72
20	18	40	86	6	41

附录 B3　中国英语专业用户查阅汉英词典的问卷统计

单位：个

问题序号	A	B	C	D	E
1	5	6	28	47	11
2	3	24	46	23	1

续表

问题序号	A	B	C	D	E
3	23	5	64	1	4
4	44	47	69	66	62
5	4	39	61	32	4
6	5	29	61	40	4
7	2	60	31	4	0
8	66	4	26	1	0
9	2	55	7	31	2
10	39	53	3	1	1
11	45	49	3	0	0
12	40	51	4	1	1
13	37	46	9	2	3
14	30	58	9	0	0
15	48	56	45	43	31
16	82	5	1	9	0
17	34	5	21	37	0
18	19	13	50	15	0
19	28	13	9	10	37
20	9	23	49	1	15

附录 B4　中国非英语专业用户查阅汉英词典的问卷统计

单位：个

问题序号	A	B	C	D	E
1	0	6	14	50	24

续表

问题序号	A	B	C	D	E
2	0	2	35	54	3
3	28	9	50	3	4
4	42	36	65	62	45
5	2	47	47	20	3
6	2	33	38	33	3
7	3	57	13	20	1
8	47	6	39	2	0
9	5	52	18	18	1
10	28	62	4	0	0
11	41	47	6	0	0
12	27	63	4	0	0
13	27	53	12	2	0
14	22	59	11	0	2
15	40	39	44	46	25
16	73	6	9	5	1
17	18	9	24	43	0
18	19	26	37	12	0
19	22	20	11	6	35
20	9	17	37	5	26

附录C1　实验1班的英语生成能力测试题

姓名：　　　　　　　　　　学号：

一、**选择题**：根据句子中、英文意义，从 A、B、C、D 选项中选出方框内的中文词最恰当的解释。

1. Many young men like to be_____in fantasies.（许多年轻人喜欢 沉迷 于幻想。）

    A. aded①　　　　　B. ined　　　　　C. inged　　　　　D. obssed

2. we_____he stole my car.（我们 猜 是他偷了我的汽车。）

    A. spte　　　　　B. suct　　　　　C. guee　　　　　C. imne

3. He_____when he heard that he had failed in the exam.（听说自己考试不及格，他 愣 住了。）

    A. rsah　　　　　B. inly　　　　　C. was dunded　　　D. ress

4. I am_____that you will keep your promise.（我 相信 你会实践你的诺言。）

    A. beved in　　　　　　　　　B. tusted

    C. coced　　　　　　　　　　D. have fath in

5. I can't_____what he was hinting at.（我 琢磨 不透他的暗示。）

    A. fiur out　　　　B. woer　　　　C. reon　　　　D. este

二、**选词造句**：下列每个汉字有 4 个对应的英文解释，从中选择一个英文解释进行造句（句子长度不少于 5 个单词）。

1. 恨

_____

---

① 为了防止学生在句子生成过程中受原有词汇知识的干扰，测试中所提供的英文对等词都采用"造词法"进行改编（将对等词开始两个字母和最后两个字母合成新词，如 addicted 则改写为 aded），使其以"生词"的形式出现。这样能使控制变量（用户的原有词汇知识）中立化，从而减少对自变量（释义模式）和因变量（用户生成能力）的影响。附录C2、附录C3同此。

A. haee   B. reet   C. haed   D. rnet

2. 陶醉

_____

A. inte   B. ennt   C. carr away   D. reel in

3. 哀悼

_____

A. moun   B. grve   C. coce   D. waal

4. 疼

_____

A. acee   B. fnod   C. dtoe   D. sroe

5. 嫌恶

_____

A. deon   B. haee   C. dist   D. lohe

附录C2 实验2班的英语生成能力测试题

姓名：   学号：

一、选择题：根据句子中、英文意义，从 A、B、C、D 选项中选出方框内的中文词最恰当的解释。

1. Many young men like to be_____in fantasies.（许多年轻人喜欢 沉迷 于幻想。）

　　A. added　沉迷于酒色之中　be aded to drinking and womanizing

　　B. ined　沉迷不醒　be deeply ined with sth

　　C. inged　沉迷于吃喝玩乐　be inged in eating, drinking and merry-making

　　D. obssed　沉迷于奢侈的生活　be obssed with luxury

2. we_____he stole my car.（我们猜是他偷了我的汽车。）

A. spte　他猜近期可能会下雨。　He sptes that it will rain these days.

B. suct　我猜他和这件事情有点牵连。　I suct that he is more or less involved in it.

C. guee　猜着一个谜语　guee a riddle

D. imn　我猜不出她的意图。　I can't imne what she means.

3. He_____when he heard that he had failed in the exam.（听说自己考试不及格，他愣住了。）

A. rsah　这是个愣头小子。　This is a rsah young fellow.

B. inly　他愣要我帮他。　He inly asked me to help him.

C. was dunded　他一问，大家都愣住了。　When he asked the question, everybody was dunded.

D. ress　他向前愣冲。　He made a ress rash towards the front.

4. I am_____that you will keep your promise.（我相信你会实践你的诺言。）

A. beved in　相信真理　beve truth

B. tusted　相信政府　tust government

C. coced　我相信他会把这件事干好。　I am coced that he will do it well.

D. have fath in　相信党，相信群众　have fath in the party and the masses

5. I can't_____what he was hinting at. 我琢磨不透他的暗示。

A. fiur out　琢磨出个办法　fiur out a way to do sth

B. woer　他心里在琢磨她是谁。　He was woering who she could be.

C. reon　我琢磨他一定会来。　I reon than he will come.

D. este　我琢磨能完成这项工程。　I este that I can finish this project.

二、选词造句：下列每个汉字有 4 个对应的英文解释，从中选择一个英文解释进行造句(句子长度不少于 5 个单词，且不能与例句一致)。

1. 恨

_____

A. haee　恨敌人　haee one's enemy

B. reet　遗恨　eternal reet

C. haed　恨得咬牙切齿　grind one's teeth with haed

D. rnet　他恨被别人干涉。　He rneted being interfered with by others.

2. 陶醉

_____

A. inte　自我陶醉　be　inted with self-satisfaction

B. ennt　他的表演使我们陶醉了。　we were ennted by his performance.

C. carr away　我们不能陶醉于已有的成绩。　we must not be carred away by our success.

D. reel in　陶醉于成功　reel in one's success

3. 哀悼

_____

A. moun　悼念死难烈士　moun for the martyrs

B. grve　伟人长眠，举国哀悼　The whole nation grved over the great man's death.

C. coce　对某人的逝世表示哀悼　express one's coces on one's death

D. waal　哀悼死者　waal the dead

4. 疼

_____

A. acee　疼得难忍　acee intolerably

B. fnod　这孩子谁都疼爱。　Every one is fnod of the kid.

C. dtoe　妈妈最疼小儿子　Mother dtoes on her youngest

D. sroe　嗓子疼　have a sroe throat

5. 嫌恶

A. deon　嫌恶旧习惯　hold the old custom in deon

B. haee　嫌恶无耻之徒　haee the shameless person

C. dist　遭人嫌恶　be regarded with dist

D. lohe　嫌恶追逐名利之徒　lohe fame and fortune seeker

附录 C3　实验 3 班的英语生成能力测试题

姓名：　　　　　　　　　　学号：

一、选择题：根据句子中、英文意义，从 A、B、C、D 选项中选出方框内的中文词最恰当的解释。

1. Many young men like to be_____in fantasies.（许多年轻人喜欢沉迷于幻想。）

　　沉迷：　**Sb+be aded/ined/inged/obssed+Prep+Sth**

A. <Vt> be added to sth/doing　<贬>　他沉迷于酒色之中。　He was aded to drinking and womanizing.

B. <Vt> be ined with/by　<贬>　她沉迷于网络，不能自拔。　She was deeply ined with internet.

C. <Vt> be inged in　年轻人不应该沉迷于吃喝玩乐。　The youth should not be inged in eating, drinking and merry-making.

D. <Vt> be obsessed with/by　<贬>　他沉迷于奢侈的生活。　He is obssed with luxury.

　　辨析：aded 表示对酒、毒品等的着迷、喜爱。ined 指对某物痴情，常用比喻义。inge 表尽情享受某物，中性词。obss 强调对……的着迷，无任何原因。

2. we_____he stole my car. （我们猜是他偷了我的汽车。）

猜：Sb+spte prep/guee+Sth ; Sb+suct/imne+Sth/that/Wh

A. <Vt> spte on/about/that　他猜近期可能会下雨。　He sptes that it will rain these days.

B. <Vt> suct n/that/sb of sth　我猜他和这件事情有点牵连。　I suct that he is more or less involved in it.

C. <V> guee(n/that)　这小孩猜着了一个谜语。　The kid gueeed a riddle.

D. <Vt> imne n/that　我猜不出她的意图。　I can't imne what she means.

辨析：spte 表推测，苦思冥想，有怀疑因素但证据不足。suct 表怀疑，对某事情倾向于相信，认为"很有可能"。guee 表推测，凭想象估计。imne 表猜想，随意进行无拘束的形象化过程。

3. He_____when he heard that he had failed in the exam.（听说自己考试不及格，他愣住了。）

愣：Sb+be dunded ; Sb+V+ rsah/ress+N　Sb+inly +V

A. <Adj> rsah　<比喻>这是个愣头小子。　This is a rsah young fellow.

B. <Adv> inly　他愣要我帮他。　He inly asked me to help him.

C. <V> be dunded　他一问，大家都愣住了。　When he asked the question, everybody was dunded.

D. <Adj> ress n　他向前愣冲。　He made a ress rash towards the front.

4. I am_____that you will keep your promise. （我相信你会实践你的诺言。）

相信：Sb+ tust/beve in + Sth ; Sb+be coced /have fath in+Sth

A. <V> beved(in)　科学家很相信真理。　The scientists beved in truth.

B. <Vt> tust　我们要相信政府。　we must tust government.

C. <Vt> be coced in/that　我相信他会把这件事干好。　I am coced that he will do it well. 提示：coce 常以人做主语，且多用被动式。

D. < Vt >have fath in　我们的群众要相信党。　The masses must

have fath in the party.

5. I can't_____what he was hinting at. 我 琢磨 不透他的暗示。

琢磨：Sb+woer/fiur out +Sth ； Sb+reon/este + Sth/that

A. <Vt> fiur out n/wh 很难琢磨出个办法来。 It's very difficult to fiur out a way.

B. <Vt> woer about/wh 他心里在琢磨她是谁。 He was woering who she could be.

C. <Vt> reon that 〈口，且少用被动〉我琢磨他一定会来。 I reon that he will come.

D. <Vt> este that 我琢磨能完成这项工程。 I este that I can finish this project.

辨析：fiur out 表弄明白、理解（可用于否定句）。woer 强调自问、自忖（少用否定句）。reon 表认为。este 表估计，不确定的判断。

二、选词造句：下列每个汉字有 4 个对应的英文解释（A、B、C、D），从中选择一个英文解释进行造句（句子长度不少于 5 个单词,且不能与例句一致）。

1. 恨

恨. Sb+haee/reet/rnet+Sth ； Sb + V+ Prep+haed/reet

A. <V> haee n/to do 他恨这些嘲笑他的人。 He haeeed those people who laughed at him.

B. <Vt> reet n/that 恨此事爱莫能助。 I regret that I can't help. <N> adj reet 老人带着遗恨离开了这个世界。The old man died with eternal reet.

C. <N> adj/prop haed 她恨得咬牙切齿。 She ground her teeth with haed.

D. <Vt>rnet n/doing 他恨被别人干涉。 He rneted being inter-fered with by others.

2. 陶醉

陶 醉 :(people,animal)+be inted with/ennted by/carred away by+(happiness, success, satisfaction, achievement) ;(people)+reel in+(victory, success)

A. <V> be inted with <多用比喻意义>他有点自我陶醉了。 He was a little inted with self-satisfaction.

B. <V> be ennted by 他的表演使我们陶醉了。 We were ennted by his performance.

C. <V> be carred away by 我们不能陶醉于已有的成绩。 We must not be carred away by our success.

D. <V> reel in n/doing 这支军队正陶醉于胜利。 The army was reeling in their victory.

　　辨析：inte 指某人兴奋而无法自制。ennt 强调极度喜悦。carr away：强调过度兴奋，失去自制力。reel in 指尽情享受、沉迷于某事物。

3. 哀悼

哀悼：Sb+moun/grve/waal + prep+Sb/Sth(the dead, death, martyr) ; Sb+(express, show)+ coce

A. <V> moun (for/over) n<正式> 他们正悼念死难烈士。 They are mouning for the martyrs.

B. <V> grve (for/over) n 伟人长眠，举国哀悼。 The whole nation grved over the great man's death.

C. <N>coce on sb<复数> 他对这位科学家的逝世表示哀悼。 He expressed his coces on the scientist's death.

D. <Vt> waal for n 全市人民都将哀悼死难者。 The whole city will waal for the dead.

辨析：morn 因为丧失某物而悲痛或表示哀悼，强调外部表现（如穿黑衣等）。grve 指精神痛苦，更强调内心的感受。waal 哀悼某人，有声的哭泣。

4. 疼

疼：(body, organ,animal) + ache/be sore; Sb+dtoe/be fnod + Prep+Sb /Sth(child, animal)

A. <V>acee 他的头疼得难忍。 His head is aceeing intolerably.

<N>ache 他的胃有点疼。 There was a dull ache in his stomache.

B. < Vt > be fnod of 这孩子谁都疼爱。 Every one is fnod of the kid.

C. <Vt> dtoe on 妈妈最疼小儿子。 Mother dtoes on her youngest.

D. < Adj >sroe（常作定语） 她嗓子疼。 She has a sroe throat.

5. 嫌恶

嫌恶：Sb+V+Prep+deon/dist; Sb+haee/dist/lohe+Sb/Sth(bad, immoral or illegal)

A. < N>n/prep deon 他母亲嫌恶旧习惯。 His mother hold the old custom in deon.

B. <Vt> haee 全世界人民都嫌恶无耻之徒。 All people around the world haee the shameless person.

C. <N>dist 这位老妇遭人嫌恶。 The old woman was regarded with dist.

<Vt> dist 老板嫌恶他的不诚实。 The boss disted his dishonest.

D. <Vt>lohe 这名市长嫌恶追逐名利之徒。 The mayor lohed fame and fortune seeker.

辨析：deon 指强烈的厌恶，憎恶。dist 常指因为事物或所见所闻造成的强烈厌恶，讨厌。haee 憎恨，厌恶，强调"恨"。lohe 讨厌，嫌弃，不愿与之交往（无强烈厌恶感）。

附录 C4 实验 1 班的统计数据

学生	选择	造句	生成合计	基础英语
ST1	4	1	5	41
ST2	4	3	7	49
ST3	6	4	10	79
ST4	4	4	8	86
ST5	6	4	10	87
ST6	2	5	7	80
ST7	2	6	8	74
ST8	2	2	4	72
ST9	6	3	9	82
ST10	4	0	4	88
ST11	4	3	7	81
ST12	6	3	9	87
ST13	2	3	5	78
ST14	6	5	11	75
ST15	6	4	10	74
ST16	4	3	7	66
ST17	6	3	9	74
ST18	6	5	11	70
ST19	4	4	8	73
ST20	2	3	5	74
ST21	6	6	12	82
ST22	6	3	9	73
ST23	4	2	6	65
ST24	6	2	8	83
ST25	4	4.5	8.5	81
ST26	6	1	7	63
ST27	6	1	7	69
ST28	6	2	8	54
ST29	4	3	7	71
ST30	4	3	7	62

附录 C5 实验 2 班的统计数据

学生	选择	造句	生成合计	基础英语
ST1	4	6	10	55
ST2	6	4	10	70
ST3	6	8	14	70
ST4	6	7	13	65
ST5	6	7	13	68
ST6	8	6	14	80
ST7	6	7	13	78
ST8	6	5	11	74
ST9	4	0	4	55
ST10	8	7	15	71
ST11	8	6	14	71
ST12	8	6	14	70
ST13	8	4	12	71
ST14	8	4	12	84
ST15	6	7	13	81
ST16	6	3	9	73
ST17	10	4	14	62
ST18	6	7	13	63
ST19	8	8	16	71
ST20	6	6	12	74
ST21	8	7	15	75
ST22	10	6	16	67
ST23	8	4	12	77
ST24	4	3	7	71
ST25	8	4.5	12.5	64
ST26	6	5.5	11.5	77
ST27	10	9	19	73
ST28	8	4.5	12.5	62
ST29	8	3.5	11.5	67
ST30	8	8	16	64
ST31	8	5	13	72
ST32	8	6	14	65

附录 C6 实验 3 班的统计数据

姓名	选择	造句	生成合计	基础英语
ST1	10	9.5	19.5	82
ST2	10	9	19	77
ST3	6	6	12	84
ST4	6	3	9	69
ST5	8	10	18	79
ST6	8	9	17	79
ST7	6	7	13	67
ST8	10	8	18	80
ST9	10	9	19	74
ST10	8	7	15	66
ST11	10	6.5	16.5	58
ST12	10	8.5	18.5	73
ST13	10	8.5	18.5	86
ST14	10	9	19	75
ST15	10	8	18	64
ST16	10	9.5	19.5	74
ST17	10	7.5	17.5	59
ST18	8	9	17	77
ST19	6	4	10	54
ST20	10	8.5	18.5	78
ST21	8	8	16	65
ST22	10	9	19	78
ST23	10	9	19	66
ST24	10	9	19	80
ST25	10	9.5	19.5	75
ST26	8	8	16	78

续表

姓名	选择	造句	生成合计	基础英语
ST27	8	8	16	77
ST28	10	10	20	78
ST29	6	8	14	65
ST30	10	9	19	65
ST31	10	8	18	75

作 者 简 介

胡文飞，男，四川外国语大学英语教授，语言学博士，硕士生导师。2012 年 9 月至 2013 年 9 月受国家留基委公派在美国亚利桑那大学语言学系学习，任中国双语词典专业委员会理事，中国认知神经语言学研究会理事，主要从事词典学和二语习得研究，先后主持省部级项目 3 项，参研国家社科基金 2 项、省部级项目 3 项，在《外国语》、《现代外语》、《外语研究》、《中国外语》、《外国语文》、《辞书研究》等期刊上发表论文 20 余篇。